2016年山西省教育廳哲學社會科學一般項目
"出土楚簡句法研究"（項目批準號：2016235）

弓海濤 著

楚簡句法研究

四川大學出版社
SICHUAN UNIVERSITY PRESS

項目策劃：徐　凱
責任編輯：徐　凱
責任校對：毛張琳
封面設計：墨創文化
責任印製：王　煒

圖書在版編目（CIP）數據

楚簡句法研究 / 弓海濤著． — 成都：四川大學出版社，2021.4
（博士文庫）
ISBN 978-7-5690-3911-5

Ⅰ．①楚… Ⅱ．①弓… Ⅲ．①竹簡－句法－研究－楚國（?-前223） Ⅳ．①H141

中國版本圖書館 CIP 數據核字（2020）第 199805 號

書　名	楚簡句法研究
著　者	弓海濤
出　版	四川大學出版社
地　址	成都市一環路南一段24號（610065）
發　行	四川大學出版社
書　號	ISBN 978-7-5690-3911-5
印前製作	四川勝翔數碼印務設計有限公司
印　刷	成都金龍印務有限責任公司
成品尺寸	170mm×240mm
印　張	16.75
字　數	275千字
版　次	2021年4月第1版
印　次	2021年4月第1次印刷
定　價	66.00圓

◆版權所有◆侵權必究

◆ 讀者郵購本書，請與本社發行科聯繫。
　電話：(028)85408408/(028)85401670/
　(028)86408023　郵政編碼：610065
◆ 本社圖書如有印裝質量問題，請寄回出版社調換。
◆ 網址：http://press.scu.edu.cn

四川大學出版社
微信公眾號

凡　　例

1. 釋文采用新式標點，釋義以原考釋爲基礎，儘量采用公認的説法。對於有异説者，使用脚注的方式注明本書所取觀點的出處，書末附有相應參考文獻。[　]表示同義換讀的字，【　】表示脱文能補出者，〖　〗表示衍文，〈　〉表示是確認的錯字，（?）表示關於字的隸定有疑問，□是對斷簡殘篇中能確定所缺字數的標示符號（一字對應一個方框），字數不能確定的用◎標示，根據文例能補出的字外加框綫，合文和重文下加＝，再用（　）注明，暫無定論的字僅作隸定，學界爭議較多不便隸定的字形直接用原形標示。

2. 爲閲讀方便，釋文所涉及討論的内容均以下畫綫標示。

3. 正文内容書目多用簡稱，如《上海博物館藏戰國楚竹書（一）》簡稱《上博一》，篇名不用簡稱；附録部分篇名也多用簡稱，附録前附有"篇名對照表"。

4. 爲簡略起見，前修時賢，包括本師，一律不稱先生，直呼其名。

目　錄

緒　論··(001)

第一章　兼語句研究······································(017)
　第一節　兼語句界説····································(017)
　第二節　兼語句使用分析及描寫······················(022)

第二章　雙賓語句研究···································(041)
　第一節　雙賓語句及相關問題界説··················(041)
　第二節　雙賓句式分析································(043)
　第三節　對雙賓語句的幾點認識·····················(054)

第三章　宾语前置句研究································(057)
　第一節　賓語前置界説································(057)
　第二節　賓語前置句式分析及描寫··················(058)

第四章　疑問句研究·····································(075)
　第一節　疑問詞語及短語·····························(075)
　第二節　疑問句的類型································(089)

第五章　"有"字句研究································(098)
　第一節　"有"字句界説·······························(098)
　第二節　"有"字句結構分析··························(100)

第六章　同位語結構……………………………………………(117)
第一節　同位語的定義………………………………………(117)
第二節　同位語結構分析……………………………………(118)
第三節　同位語句中句法結構分析…………………………(127)
第四節　同位語內部組成成分分析…………………………(129)
第五節　同位語在出土楚簡中的分布及原因………………(130)

結　語……………………………………………………………(132)
參考文獻…………………………………………………………(137)
附　錄……………………………………………………………(149)
附錄一　篇名（郭店和上博）對照表………………………(149)
附錄二　兼語句文例（以兼語動詞爲序）…………………(151)
附錄三　雙賓句文例…………………………………………(164)
附錄四　賓語前置句文例……………………………………(171)
附錄五　疑問句文例…………………………………………(180)
附錄六　有字句文例…………………………………………(201)
附錄七　同位語文例…………………………………………(235)

緒　論

一、研究意義及研究現狀

（一）研究意義

上古漢語的語言研究一直都是漢語史的重要組成部分，其價值與日俱增。而戰國上承西周春秋，下接秦漢，是漢語發展史上一個比較重要的時期，也是上古漢語語言研究中不可或缺的環節，所以對這個時期所出現的不同語料進行語言研究就顯得尤爲重要。因此，本書將以全面描寫楚簡句法結構、句型句式爲基礎，進而描繪楚簡漢語的基本面貌，從而透徹地掌握楚簡語言的實際情況，這不僅對拓寬戰國語言研究空間具有十分重要的意義，同時也必將對整個漢語史的構建有極其重要的價值。

當前，在戰國傳世文獻方面，已經涌現出大量的語言研究成果，如何樂士、楊伯峻的《古漢語語法及其發展》[1]、管燮初的《〈左傳〉句法研究》[2]等，這無疑對我們了解戰國時期的語言狀況有很大幫助，但是我們還需要對更多有價值的語料進行分析，以便更加精細地了解戰國時期的語言狀況。與傳世文獻相比，出土文獻的優勢在於爲我們提供了進行語言研究的一手資料，更加真實地記錄了戰國的語言狀況。迄今爲止，對出土文獻的語言研究多集中於詞彙方面，句式研究還比較薄弱，還沒有看到對出土楚簡的句式進行全面描寫、總體論述的論著，因此對出土楚簡句式進行詳盡的考察和分析，將有望填補出土文獻斷代句法系

---

[1] 楊伯峻、何樂士：《古漢語語法及其發展》，語文出版社，1992年版。
[2] 管燮初：《〈左傳〉句法研究》，安徽教育出版社，1994年版。

統定量研究的空白。

（二）研究現狀

出土楚簡的句式研究需要強有力的理論指導，出土文獻的相關句式研究也能爲出土楚簡提供很有價值的參照，因此筆者將研究現狀分爲三大塊進行介紹，分別是漢語語法理論著作、其他出土文獻的相關句式研究和出土楚簡語法研究。

1. 漢語語法理論著作

1898年，作爲漢語語法學理論的開山之作，馬建忠的《馬氏文通》對後世的語法研究産生了巨大影響。此後相關的主要語法理論著作有王力的《中國語法理論》（中華書局，1954年）、《漢語史稿》（中華書局，1980年）、《王力文集》（山東教育出版社，1990年）；吕叔湘的《中國文法要略》（商務印書館，1956年）、《漢語語法分析問題》（商務印書館，1979年）、《漢語語法論文集（增訂本）》（商務印書館，1984年）；朱德熙的《語法講義》（商務印書館，1982年）、《語法叢稿》（上海教育出版社，1990年）；吕叔湘、朱德熙的《語法修辭講話》（中國青年出版社，1979年）；高名凱的《漢語語法論》（上海開明書店，1948年）、《語法理論》（商務印書館，1960年）；邢福義的《語法問題探討集》（湖北教育出版社，1986年）、《語法問題發掘集》（湖北教育出版社，1992年）、《語法問題思索集》（北京語言學院出版社，1995年）、《漢語語法學》（東北師範大學出版社，1996年）；鄭奠、麥梅翹的《古漢語語法學資料匯編》（中華書局，1964年）；陸儉明的《陸儉明自選集》（河南教育出版社，1993年）；黎錦熙《新著國語文法》（商務印書館，2007年）；黎錦熙、劉世儒的《漢語語法教材》（商務印書館，1957年）；張志公的《漢語知識》（人民教育出版社，1979年）；張斌、胡裕樹的《漢語語法研究》（商務印書館，1989年）；廖序東的《文言語法分析》（上海教育出版社，1981年）；向熹的《簡明漢語史》（高等教育出版社，1993年）；李臨定的《李臨定自選集》（河南教育出版社，1994年）；范曉的《漢語的句子類型》（書海出版社，1996年）；劉景農的《漢語文言語法》（中華書局，1994年）；孫良明的《古代漢語語法變化研究》（語文出版社，1994年）；馬慶株的《漢語語義語法範疇問題》(北京語言文化大學出版社,1998年);呂冀平的《漢語語法基礎》(商務印書館,2000年);石毓智、李訥的《漢語語法化的歷程》(北京大學出版社,2001年);楊伯峻、何樂士的《古漢語與語法及其發展》(語文出版社,2001年);王建軍的《漢語存在句的歷時研究》(天津古籍出版社,2003年);李佐豐的《古代漢語語法學》(商務印書館,2004年)等。前輩時賢的語法著作從不同角度爲楚簡的句式研究提供了很好的理論指導。

2. 其他出土文獻的相關句式研究

(1) 有關甲骨卜辭的研究

一是以甲骨卜辭中某具體句型爲著眼點進行探討。有關被動式的探討,如董蓮池[1]在《甲骨文中的"於"字被動式探索》一文中對"於"字被動式從形式、句意及句型轉換三個角度進行研究,提出完全可以把"於"字被動式溯源到晚商時期。有關兼語句的探討,如張玉金[2]在《論殷墟甲骨文中的兼語句》一文中將甲骨文中的兼語句分爲112種句型,並對使令動詞爲"呼"的兼語句和使令動詞爲"令"的兼語句的區別作了探討。有關雙賓語義的探討,如徐志林、劉彭冰在《甲骨卜辭雙賓結構原型範疇理論研究》中重點揭示了殷商甲骨時代雙賓結構範疇的句式分布和語義特徵,提出:"漢語雙賓結構的'原型'就是具有'家族相似性'的'獻祭'事件範疇的典型成員,這類典型'獻祭'事件的語言表達結構就是雙賓結構的原型範疇,進而揭示漢語雙賓句式的源頭及其句式語義發展的綫索。"[3] 有關甲骨句類問題的探討,如張玉金[4]在《殷墟甲骨文句類問題研究》一文中重點對甲骨文中疑問句到底包括哪些部分進行了研究,提出了卜辭中的命辭和占辭都是疑問句的觀點。有關甲骨文句型轉換的探討,如劉青在《甲骨文句型的轉換和衍生》一文中指出:"甲骨文中的祭祀動詞句表面看,雖然句型複雜,但是在複雜的表層結構背後,却是异常簡單的深層結構模式,從深層的邏輯結構向

---

[1] 董蓮池:《甲骨文中的於字被動式探索》,《古籍整理研究學刊》,1998年第4、5期合刊。
[2] 張玉金:《論殷墟甲骨文中的兼語句》,《古籍整理研究學刊》,2003年第1期。
[3] 徐志林、劉彭冰:《甲骨卜辭雙賓結構原型範疇理論研究》,《江西師範大學學報》,2008年第12期。
[4] 張玉金:《殷墟甲骨文句類問題研究》,《古漢語研究》,1997年第4期。

表層的語言結構轉換時，往往經過增删、移位、替换等程序。"① 有關動賓類型的探討，如鄭繼娥在《甲骨文中動賓幾個類型及其語義關係》一文中對甲骨文中的動賓結構，從單賓、雙賓再到獨有的三賓結構進行了具體分析，指出："單賓結構中的動賓語義共有9種關係，涉及的動詞種類很多，雙賓結構的動詞有語義的限制，種類不多，而三賓結構爲甲骨文所特有。"② 有關否定句的探討，如甘露③在《甲骨文中的雙重否定句》中指出甲骨文中的七個否定詞可以組成十種雙重否定形式，並對雙重否定詞在句中的語義語用作了分析。

二是以"全面詳盡"爲特點，不是針對某一句型，而是系統定量地對甲骨作語法研究，通常以學位論文和專著爲主。學位論文如鄧統湘④的《〈殷墟花園莊東地甲骨〉句型研究》、鄭邵琳⑤的《甲骨刻辭若干句法問題研究》等。陳夢家⑥在《殷墟卜辭綜述》一書中對甲骨文的詞法和句法作系統闡述，更側重論述甲骨卜辭的詞法問題，對句法沒有特別深入的具體研究。張玉金⑦在《甲骨文語法學》一書中對甲骨文中的句子成分、單句、複句、句類進行了細緻描寫，他的另一部著作《20世紀甲骨語言學》⑧在總結前人關於甲骨文語法研究利弊得失的基礎上，對甲骨文的句法和句類特別是賓字句和遘字句作了新的闡述。此外還有李曦⑨的《殷墟卜辭語法》、管燮初⑩的《殷墟甲骨刻辭的語法研究》等。

(2) 有關金文的研究

此類研究可分爲點和面兩個角度。"點"即就金文句式中的某一句型進行研究，有關被動式的，如潘玉坤⑪在《西周金文中幾個與被動表述有關的句子》一文中通過對6個句子的討論，指出判斷金文中的句子

---

① 劉青:《甲骨文句型的轉换和衍生》,《殷都學刊》,2001年第1期。
② 鄭繼娥:《甲骨文中動賓幾個類型及其語義關係》,《大連理工大學學報》,2004年第3期。
③ 甘露:《甲骨文中的雙重否定句》,《古漢語研究》,2001年第2期。
④ 鄧統湘:《〈殷墟花園莊東地甲骨〉句型研究》,西南大學碩士學位論文,2006年。
⑤ 鄭邵琳:《甲骨刻辭若干句法問題研究》,華東師範大學碩士學位論文,2010年。
⑥ 陳夢家:《殷墟卜辭綜述》,科學出版社,1956年版。
⑦ 張玉金:《甲骨文語法學》,學林出版社,2001年版。
⑧ 張玉金:《20世紀甲骨語言學》,學林出版社,2003年版。
⑨ 李曦:《殷墟卜辭語法》,陝西師範大學出版社,2004年版。
⑩ 管燮初:《殷墟甲骨刻辭的語法研究》,中國科學院語言研究所,1953年版。
⑪ 潘玉坤:《西周金文中幾個與被動表述有關的句子》,《中文自學指導》,2004年第1期。

是否爲被動句，單看標志詞是不行的，必須結合其意義內容、句法結構等，所以銘文的釋讀水平制約著銘文的語法研究；楊五銘①在《西周金文被動句式簡論》中利用西周青銅器銘文的材料，對先秦古漢語中的被動句式起源問題進行了探討；還有周清海②的《兩周金文裏的被動式和使動式》等。有關連動式的，如張景霓在《西周金文的連動式和兼語式》中對金文的連動式類型作了分析，指出："從動詞結構之間的語義關係可分爲表示先後連續發生的動作、表示目的、表示方式等三種類型。"③有關雙賓結構的，時兵④在《兩周金文的雙賓語結構研究》中考察了兩周金文雙賓語結構及替換結構和雙賓語動詞的使用情況。

"面"即全面地進行語法研究，如潘玉坤⑤在《西周金文語序研究》中對金文中的被動、雙賓、同位和介賓等結構等都作了細緻詳盡的探討，全文從始至終努力貫徹句法、語用、語義三結合的研究方法，這點非常值得我們借鑒。管燮初⑥的《西周金文語法研究》也是關於金文語法研究的著作，因其時代較早，所以材料範圍有局限，但是該書論述全面，既包括詞類也包括句法，較爲注重平面描寫。此外還有董豔豔⑦的《商代金文語言研究》等。

（3）有關春秋戰國出土文獻的研究

春秋戰國出土文獻在句式研究方面明顯弱於詞法研究。截至目前，句式研究成果有兩種形式：其一是專對某種句型進行探討的單篇論文，如甘露⑧在《睡虎地秦簡中的連謂句和兼語句》中對睡虎地秦簡中的連謂句和兼語句進行了系統分析，認爲按動詞結構的語義關係來分，睡虎地秦簡中的連謂句可以分爲四類，而兼語句從結構上可以分爲三類；朱城在《出土文獻"是是"連用後一"是"字的訓釋問題》中針對"是是"連用中的後一"是"字是否爲係詞進行了辨析，提出："'是是'連

---

① 楊五銘：《西周金文被動句式簡論》，《古文字研究》第 7 輯，中華書局，1982 年版。
② 周清海：《兩周金文裏的被動式和使動式》，《中國語文》，1992 年第 6 期。
③ 張景霓：《西周金文的連動式和兼語式》，《廣西民族學院學報》，1999 年第 3 期。
④ 時兵：《兩周金文的雙賓語結構研究》，《巢湖學院學報》，2003 年第 6 期。
⑤ 潘玉坤：《西周金文語序研究》，華東師範大學博士學位論文，2003 年。
⑥ 管燮初：《西周金文語法研究》，商務印書館，1981 年版。
⑦ 董豔豔：《商代金文語言研究》，西南師範大學碩士學位論文，2003 年。
⑧ 甘露：《睡虎地秦簡中的連謂句和兼語句》，《青海師專學報》，2001 年第 3 期。

用的後一"是"字用於判斷句中,應爲係詞,用於叙述句中,則是副詞。"① 其二是學位論文,如魏德勝②在《睡虎地秦墓竹簡》中對秦簡從詞到句做了全方位的語法分析,同時參照傳世典籍,並與前後文獻比較,追本溯源,探討漢語史的發展。此外還有楊巧琳③的《居延新簡語法研究》、梁春妮④的《春秋戰國銘文句法研究》、孟鳳芹⑤的《秦簡幾個語法問題的研究》等。

3. 楚簡語法研究

（1）詞類研究

單篇研究論文較多地集中在虛詞方面,涉及連詞、時間副詞、否定副詞等,如大西克也的《並列連詞"及""與"在出土文獻中的分布及上古漢語方言語法》以睡簡和包山簡爲主要考察對象,提出"睡簡中並列連詞基本都用'及',很少用'與',包山簡的並列連詞已經無一例外地用'與'不用'及',秦用'及'而楚用'與',應是兩地方言的反映"⑥；他還在《從方言的角度看時間副詞"將""且"在戰國秦漢出土文獻中的分布》中指出："秦簡的時間副詞多用'且',而楚簡多用'將','且'在楚簡中主要當連詞表示遞進義,二字似分工明確。"⑦ 大西克也成功地從方言角度討論了楚簡虛詞的使用規律,此法很值得我們借鑒。鄧佩玲在《郭店楚簡〈老子〉否定詞研究》一文中結合《老子》异文,發現："不同時代的傳本使用的否定詞有差別,時代較早的版本較多使用'弗'和'亡',而在較晚出的傳本中,'弗''亡'往往分別爲'亡''無'所代替。"⑧ 方法科學,分析也比較深入。王貴元在《戰國竹簡遣策的物量表示法與量詞》一文中對曾侯乙墓等6批戰國竹簡遣策的物量表示法和量詞進行了窮盡性研究,總結出"物量表示的四種模

---

① 朱城:《出土文獻"是是"連用後一"是"字的訓釋問題》,《古漢語研究》,2004年第4期。
② 魏德勝:《睡虎地秦墓竹簡》,首都師範大學出版社,2000年版。
③ 楊巧琳:《居延新簡語法研究》,華東師範大學碩士學位論文,2009年。
④ 梁春妮:《春秋戰國銘文句法研究》,華東師範大學碩士學位論文,2010年。
⑤ 孟鳳芹:《秦簡幾個語法問題的研究》,華東師範大學碩士學位論文,2011年。
⑥ 大西克也:《並列連詞"及""與"在出土文獻中的分布及上古漢語方言語法》,《古漢語語法論集》,語文出版社,1998年版。
⑦ 大西克也:《從方言的角度看時間副詞"將""且"在戰國秦漢出土文獻中的分布》,《紀念王力先生百年誕辰學術論文集》,商務印書館,2002年版。
⑧ 鄧佩玲:《郭店楚簡〈老子〉否定詞研究》,香港中文大學中文系專題研究論文,2001年。

式即'數名'（A式）、'數量名'（B式）、'名數'（C式）和'名數量'（D式）。其中，A式最爲常見，AC兩式基本以十爲分界，十以下（包括十）爲A式，十以上的數字用C式"①，同時還對18個固定量詞和動量以及臨時量詞作了説明。楊澤生②在《楚地出土簡帛中的總括副詞》一文中主要對"屯、皆、均、凡、鹹"5個總括副詞進行了窮盡性分析，並在文章末尾討論了"屯"和"皆"的意義差别以及"屯"和"均（鈞）""皆"的音義關係。此外還有周守晋③的《戰國簡帛仲介引時間的"以"》，寧赫、孫琳④的《楚簡〈老子〉否定副詞"不"與"弗"的比較》等。也有對實詞類的研究，如周守晋⑤在《〈郭店楚簡〉中的"是"和"此"》中對代詞"是""此"作了研究，通過對它們使用數量等差别的考察，提出二者可能在使用功能方面存有區别，也有可能與時代或地域有關；董琨⑥的《郭店楚簡〈老子〉异文的語法學考察》在進行异文探討的同時，對其中的動詞、代詞、副詞、連詞和語氣詞進行了考察。這種將傳世文獻與出土文獻相結合的研究方法很值得我們學習。李峰⑦在《郭店楚簡動詞初步研究》一文中將郭店楚簡動詞與甲骨文和西周金文中的動詞作比較，認爲郭店楚簡動詞不僅在詞類方面有所豐富，出現了表動作、心理、存現等幾類動詞，而且在語法功能方面也有所擴展，動詞作主語、賓語大量增加。文章所運用的比較法是其一大亮點。

關於詞類研究的另一形式是學位論文。學位論文中針對實詞研究的比例開始上升，如王穎⑧在《包山楚簡辭彙研究》中分别對名詞、動詞、形容詞、數量詞、代詞、副詞、介詞、連詞、助詞和語氣詞等進行了語法功能的系統定量研究，描寫細緻；袁金平⑨在《新蔡葛陵楚簡字

---

① 王貴元：《戰國竹簡遣策的物量表示法與量詞》，《古漢語研究》，2002年第3期。
② 楊澤生：《楚地出土簡帛中的總括副詞》，《簡帛語言文字研究》（第二輯），巴蜀書社，2006年版。
③ 周守晋：《戰國簡帛中介引時間的"以"》，《古漢語研究》，2004年第4期。
④ 寧赫、孫琳：《楚簡〈老子〉否定副詞"不"與"弗"的比較》，《長春工程學院學報》（社會科學版），2004年第1期。
⑤ 周守晋：《〈郭店楚簡〉中的"是"和"此"》，《漢語史論文集》，武漢出版社，2002年版。
⑥ 董琨：《郭店楚簡〈老子〉异文的語法學考察》，《中國語文》，2001年第4期。
⑦ 李峰：《郭店楚簡動詞初步研究》，《中華文化論壇》，2009年第1期。
⑧ 王穎：《包山楚簡辭彙研究》，廈門大學博士學位論文，2004年。
⑨ 袁金平：《新蔡葛陵楚簡字詞研究》，安徽大學博士學位論文，2007年。

詞研究》中以《新蔡葛陵楚墓》一書所收錄的竹簡爲主要研究對象，重點探討了學術界存有分歧的某些疑難字詞問題，對這些字詞提出了自己的見解。此外還有張鈺[①]的《〈郭店楚墓竹簡〉虛詞研究》、曹禮品[②]的《郭店楚簡名詞研究》、陸珏[③]的《楚簡文獻名物詞研究》、龍丹萍[④]的《郭店楚簡〈老子〉詞類研究》等。

(2) 句法研究

出土楚簡的句法研究目前所知成果不多，僅有的研究多是針對某一個討論點，多以單篇論文的形式出現。如：大西克也在《秦漢以前古漢語語法中的"主之謂"結構及其歷史演變》[⑤]一文中考察了包山簡中的"主之謂"結構，發現包山簡中主謂結構作賓語大多都帶"之"，"主之謂"高頻率出現，但睡簡稍有不同，有30例"主謂"直接作賓語的情況；梁冬青在《出土文獻"是是"句新解》中對先秦時期六種出土文獻中的"是"作了窮盡性分析，認爲："出土文獻'是是'句中的第二個'是'字不是係詞，而是副詞，應讀爲'寔'，用在謂語前作狀語，對事實的真實性，對動作行爲或事態進行強調。"[⑥] 觀點新穎，爲確定先秦時期係詞發展脈絡提供了有力的證據。吳辛丑在《楚竹書〈昔者君老〉"是"字句辨析》[⑦]中通過對前人關於"是"字句條分縷析的梳理以及對楚簡"是"字句的整理，提出上博楚簡、郭店楚簡中沒有"是"用爲係詞的情況，楚竹書所見"是"也不是係詞，這個觀點是被學界接受和認可的。

系統地針對出土楚簡做句式研究的目前所見到的僅有李明曉[⑧]的《戰國楚簡語法研究》，該書分爲詞法篇和句法篇，且重點在詞法篇。詞法篇中又以虛詞爲重點，對介詞、連詞、副詞、數量詞、助詞、語氣詞

---

① 張鈺：《〈郭店楚墓竹簡〉虛詞研究》，首都師範大學碩士學位論文，2004年。
② 曹禮品：《郭店楚簡名詞研究》，華東師範大學碩士學位論文，2007年。
③ 陸珏：《楚簡文獻的名物詞研究》，華東師範大學碩士學位論文，2007年。
④ 龍丹萍：《郭店楚簡〈老子〉詞類研究》，陝西師範大學碩士學位論文，2008年。
⑤ 大西克也：《秦漢以前古漢語語法中的"主之謂"結構及其歷史演變》，《第一屆先秦漢語語法研討會論文集》，岳麓書社，1994年版。
⑥ 梁冬青：《出土文獻"是是"句新解》，《中國語文》，2002年第2期。
⑦ 吳辛丑：《楚竹書〈昔者君老〉"是"字句辨析》，《出土文獻語言研究》（第一輯），廣東教育出版社，2006年版。
⑧ 李明曉：《戰國楚簡語法研究》，武漢大學出版社，2010年版。

等作了比較詳細的研究,文末還附有這些詞的詞語索引,對於今後的虛詞詞法研究有重要的參考價值。句法篇中對上古時期常見的判斷式、被動式、賓語前置式、處置式、兼語式、疑問句式等進行了探討,並就楚簡中某些典型句式"'A生於B,C生於A'、'不A,N不能……。不B,N不能……。不A不B,……'、'謂之'句和'之謂'句"等一一進行深入細緻的描寫。從全書來看,研究範圍廣闊,楚簡語法研究中的重要方面都有所涉及,爲今後的繼續研究提供了一個大的框架。然而,該文在句法研究方面稍顯不足,但是作爲第一部楚簡語法專論性著作,其開創意義是值得肯定的。

通過以上梳理,我們可以看出:第一,有關語法的理論著作不僅數量豐富,而且在雙賓句、賓語前置句等上古漢語的句式研究方面觀點也基本一致,所以出土楚簡句式研究已經有了一套完整的參考理論。第二,其他出土文獻的研究成果可以爲我們研究出土楚簡句式提供方法參考,還可以成爲縱向比較的參照物。第三,楚簡的語法研究現狀與本書句式研究關係最爲密切,就目前看,過去的研究多集中於詞類,特別是虛詞方面,提出了很多新的見解,取得了丰碩的成果。但是句式的研究則相對薄弱,僅是針對某部竹簡或是某篇文獻中的特殊語句,缺乏宏觀系統的研究,將整個戰國竹簡集中起來進行整體研究的僅有李明曉[1],但其著作的重心依然是詞類,所以我們選擇將出土楚簡中所搜集到的全部釋文材料作爲基礎語料,並以其中具體的句法結構、句型句式作爲切入點,對此進行系統考察。

二、出土楚簡文獻類別的劃分

不同類型的文獻在內容和性質上有很大的差別,其句式分布情況也存在差异,所以對楚簡文獻的句式進行研究,一定要對文獻從內容性質上進行分類。因此現就本書所涉及的楚簡文獻從內容角度作簡單的説明,具體如下。

---

[1] 李明曉:《戰國楚簡語法研究》,武漢大學出版社,2010年版。

（一）典籍文獻

典籍文獻主要指用來闡發某種學術思想的著作，具體包括：

1. 郭店楚簡

1993 年，湖北荆門市郭店 1 號墓屬於戰國中期偏晚，出土的竹書文獻共 18 篇，其中道家著作有《老子（甲）》《老子（乙）》《老子（丙）》《太一生水》；《語叢四》講遊説之説，李零認爲屬於道家陰謀派。儒家著作則有《緇衣》《魯穆公問子思》《窮達以時》《五行》《唐虞之道》《忠信之道》《成之聞之》《尊德義》《性自命出》《六德》《語叢一》《語叢二》《語叢三》等。①

2. 上海博物館藏戰國楚竹書②

1994 年春，我國香港地區古玩市場陸陸續續出現了一些竹簡，5 月後便陸續運到上海博物館。經科學測定與文字識讀，斷代定域爲戰國時代的楚國竹簡，因而定名爲楚竹書。楚竹書簡數共 1200 餘支，簡上文字總數有 35000 餘字，内容涵括哲學、文學、歷史、宗教、軍事、教育、政論、音樂、文字學等，以儒家類爲主，兼論道家、兵家、陰陽家。③ 上海古籍出版社從 2001 年起出版該批竹簡，至今已出到第七册。每册具體内容如下：《上博一》收錄 3 篇：《孔子詩論》《緇衣》《性情論》；《上博二》收錄 6 篇：《民之父母》《子羔》《魯邦大旱》《從政》（甲、乙）、《昔者君老》《容成氏》；《上博三》收錄 4 篇：《周易》《仲弓》《恒先》《彭祖》；《上博四》收錄 6 篇：《逸詩—交交鳴鵹》《逸詩—多薪》《昭王毀室·昭王與龔之脾》《柬大王泊旱》《内豊》《相邦之道》《曹沫之陳》；《上博五》收錄 8 篇：《鮑叔牙與隰朋之諫》《弟子問》《姑成家父》《鬼神之明》《季庚子問於孔子》《競建内之》《君子爲禮》《三德》；《上博六》收錄 8 篇：《競公瘧》《孔子見季桓子》《莊王既成申公

---

① 陳偉主編：《楚地出土戰國簡册（十四種）》，經濟科學出版社，2009 年版，第 138~139 頁。
② 馬承源主編：《上海博物館藏戰國楚竹書（一）》，上海古籍出版社，2001 年版；《上海博物館藏戰國楚竹書（二）》，上海古籍出版社，2002 年版；《上海博物館藏戰國楚竹書（三）》，上海古籍出版社，2003 年版；《上海博物館藏戰國楚竹書（四）》，上海古籍出版社，2004 年版；《上海博物館藏戰國楚竹書（五）》，上海古籍出版社，2005 年版；《上海博物館藏戰國楚竹書（六）》，上海古籍出版社，2007 年版；《上海博物館藏戰國楚竹書（七）》，上海古籍出版社，2008 年版。
③ 馬承源主編：《上海博物館藏戰國楚竹書（一）》，上海古籍出版社，2001 年版，前言。

臣靈王》《平王與王子木》《慎子曰恭儉》《用曰》《天子建州（甲、乙）》《平王問鄭壽》；《上博七》收錄5篇：《武王踐阼》《鄭子家喪（甲本）》《君人者何必安哉（甲本）》《凡物流形》《吳命》。

3. 夕陽坡2號墓竹簡

1983年冬，湖南省常德市德山夕陽坡下葬年代大致在戰國中晚期的2號楚墓，出土了兩支竹簡，保存比較完整，內容屬文書類。①

4. 信陽長臺關1號楚墓竹簡第一組

1957年，河南信陽長臺關1號楚墓中出土兩組楚簡，分別出自前室和左後室。前室的一組竹簡殘損嚴重，共109枚，約500字，記載了申公與周狄公的談話，屬典籍。

如果從文獻闡述的思想內容看，上述典籍可再分爲儒家、道家、兵家、陰陽家等多個類型。這種典籍文獻是战国时期传播於各个国家的通用文獻，所以其文獻語言並不是楚国人自己使用的特有语言，但是也可能在語言的表達方面保留了楚語的某些原貌。

（二）法律文書

法律文書通常是指对若干獨立的事件或案件的記錄，都是各地官員向中央政府呈報的文書。出土楚簡中的文書類簡主要集中在1986年發掘的湖北荆門包山2號墓，其出土竹簡共448支，其中有字簡278支。②1～196枚爲文書類竹簡，包含7類：1～13枚是有關驗查名籍的記錄，稱爲"集箸"；14～18枚是有關名籍告訴及呈送主管官員的記錄，稱爲"集箸言"；19～79枚是受理各種訴訟案件的時間與審理時間及初步結論的摘要，稱爲"受期"；80～102枚是關於起訴的簡要記錄，稱爲"疋獄"，103～119枚是貸金糶種的記錄；120～161枚是一些案件的案情與審理情況的記錄；162～196枚是各級司法官員審理或複查訴訟案件的歸檔登記。③因爲墓主左尹邵𦀚在楚懷王時期曾主管楚國的司法，所以陪葬的文書簡大多爲左尹官署製作，只有少數由地方官員報送。所記載的都是非常客觀的事實和事件，且公文還具有一定的格式，有術語

---

① 陳偉主編：《楚地出土戰國簡册（十四種）》，經濟科學出版社，2009年版，第477頁。
② 陳偉主編：《楚地出土戰國簡册（十四種）》，經濟科學出版社，2009年版，第1頁。
③ 陳偉主編：《楚地出土戰國簡册（十四種）》，經濟科學出版社，2009年版，第2頁。

的運用。

（三）卜筮祭禱

卜筮祭禱都是爲墓主貞問吉凶禍福，請求鬼神與先人賜福保佑。具體包括：

（1）包山楚簡中第197～250枚爲卜筮禱祠類竹簡，可分爲歲貞和疾病貞兩類。①

（2）1965年，湖北荆州市江陵區裁縫鄉境内望山1號墓出土了一批竹簡，年代在戰國中期晚段。出土竹簡經整理者拼復，得207枚。殘斷嚴重，其中最長的39.5釐米，短的只有1釐米，寬約1釐米，内容屬卜筮禱祠記録。②

（四）術數類

術數類以雲夢秦簡中的日書爲代表。1981—1989年，湖北江陵九店56號墓出土竹簡205枚，保存情況較差，經整理，有字簡145枚，其中完整的和較完整的35枚，餘均殘斷。總字數2700多個，可辨字2300多個。整理者據簡文内容將其分爲15組：2～14組屬於選擇時日吉凶一類的《日書》，15組大多數也屬於《日書》，1組性質有待進一步研究。③

（五）遣策類

遣策所記内容均爲墓中的隨葬物品，包括：

（1）包山楚簡中的第251～277枚、竹牘一枚内容爲遣策贈書，主要記載食品、食器、青銅禮器、漆木器、車馬器、兵器等隨葬品。④

（2）1957年，河南信陽長臺關1號楚墓中出土楚簡共兩組，分别出自前室和左後室。左後室所出竹簡保存較完整，共28支，約1030

---

① 陳偉主編：《楚地出土戰國簡册（十四種）》，經濟科學出版社，2009年版，第91頁。
② 陳偉主編：《楚地出土戰國簡册（十四種）》，經濟科學出版社，2009年版，第270頁。
③ 陳偉主編：《楚地出土戰國簡册（十四種）》，經濟科學出版社，2009年版，第301頁。
④ 陳偉主編：《楚地出土戰國簡册（十四種）》，經濟科學出版社，2009年版，第119頁。

字,是一份隨葬品的記錄清單,屬遣策。①

(3) 望山 2 號墓出土楚簡全部斷裂,經整理拼接共計 66 枚,内容爲記載隨葬品的遣策。

(4) 1951 年,湖南長沙東郊五里牌 406 號戰國楚墓中出土 38 枚殘斷的竹簡,内容爲遣策,經拼復得 18 支,現將其 16 號簡的兩段分別看待,稱爲 16 上、16 下。②

(5) 1953 年,湖南長沙仰天湖 25 號戰國楚墓出土 43 枚竹簡,内容爲記載隨葬品的遣策。③

(6) 1978 年,湖北隨縣擂鼓墩曾侯 1 號墓應爲公元前 433 年或稍晚,屬於戰國早期。出土有字簡 240 枚,内容爲遣策,其中 1～121 枚主要記車馬和車上的兵器裝備,122～141 枚主要記車上裝備的人馬兩種甲冑,142～209 枚主要記駕車的馬,210～215 枚主要記馬和木俑。④

(7) 1992 年到 1993 年,湖北黄岡曹家崗 5 號墓屬於戰國晚期前段,出土竹簡共 7 支,保存完整,内容爲記載隨葬品的遣策。⑤

這五類文獻在内容上差别很大,其句式在數量、種類和屬性上分布也各有不同,比如出土楚簡中同位語分布情况,出土楚簡同位語數量約 654 例,其中有 632 例均出自包山楚簡。在典籍文獻内部,其類型也並不統一,小類之間也可能會存有差異,比如雙賓語句的分布情况,出土楚簡雙賓語句數量約 106 例,其中約 90 例均出自儒家典籍,所以,我們對出土楚簡的句式進行考察,一定要注意文獻類型的差異。

三、研究方法及内容

(一) 研究方法

本書從語言學角度出發,運用數字化手段,對出土楚簡中的相關句式進行定量系統性整理與研究。

---
① 陳偉主編:《楚地出土戰國簡册(十四種)》,經濟科學出版社,2009 年版,第 374 頁。
② 陳偉主編:《楚地出土戰國簡册(十四種)》,經濟科學出版社,2009 年版,第 467 頁。
③ 陳偉主編:《楚地出土戰國簡册(十四種)》,經濟科學出版社,2009 年版,第 469 頁。
④ 陳偉主編:《楚地出土戰國簡册(十四種)》,經濟科學出版社,2009 年版,第 340 頁。
⑤ 陳偉主編:《楚地出土戰國簡册(十四種)》,經濟科學出版社,2009 年版,第 338 頁。

爲了全方位地對出土楚簡相關句式進行研究，我們首先對研究句式進行細緻的靜態描寫，歸納分類，以便對這些句式做到全方位整理。其次，我們對每類句式的特點進行總結，從句子成分的使用情況、語用使用情況及語義等校對進行歸納總結。

我們還將出土楚簡中的句式與傳世文獻的句式進行比較，如借鑒已有的研究成果，將出土楚簡與傳世文獻《論語》《戰國策》等進行比較，同時也將出土楚簡中句式的使用情況與戰國前後的文獻進行比較，以探討其在歷史上的地位。

本書的材料分析主要依據中國文字研究與應用中心已有的"戰國楚簡數字化系統"[①]的升級版，創建以字、詞、短語、固定格式、單句、複句等爲記錄單位的 Access 數據庫，然後進行語法屬性的標注工作，提取出楚簡中的多種句式，初步建立"楚簡句式語料庫"，然後對其作相應的語法分析。

（二）研究内容

本書的主要目標是完成戰國楚簡這一新出斷代文獻語料句法的系統精確描寫，在此基礎上揭示其漢語史視角的獨特認識價值。爲實現這一研究目標，本書將完成如下工作：

1. **確定研究材料、對象**

本書的研究對象爲一定範圍内出土的楚簡文獻中的句法結構和句型句式。近年來出土的戰國楚文獻主要是竹簡，本書的研究材料爲字迹清晰程度、考釋研究基礎較好且文字材料已經全部發表的戰國楚竹簡文獻，主要有仰天湖楚簡、信陽楚簡、望山楚簡、曾侯乙墓竹簡、九店楚簡、包山楚簡、郭店楚墓竹簡、上海博物館藏戰國楚竹書（一）—（七）等。新蔡葛陵竹簡因"全部殘斷，保存狀況不好，較多丟失，難以編連"[②]，故無法爲句式研究提供一個完整的語言環境；而清華竹簡、上海博物館藏戰國楚竹書（八）相對後出，對文獻的考釋研究工作還有待完善，故暫不納入本書的討論範圍。[③]

---

① 劉志基等：《戰國楚文字數字化處理系統》，上海教育出版社，2003 年版。
② 陳偉主編：《楚地出土戰國簡册（十四種）》，經濟科學出版社，2009 年版，第 394~395 頁。
③ 討論範圍内的楚簡文獻的具體内容情況、屬性，已在緒論裏詳細介紹。

2. 汲取楚簡考釋的研究成果

句式研究建構在完善的考釋研究基礎之上，換句話講，句式研究的前提是必須要有好的考釋成果。本書立足已有的考釋研究成果，包括公開發表的期刊論文、公布於各簡帛網站的考釋文章、公開出版的釋讀論著等。[①]

3. 確定具體的分析對象

在句式內容方面，本書主要針對現有上古漢語中的研究熱點進行研究，如兼語句、雙賓句、同位結構、賓語前置句、被動句、判斷句、疑問句、成分省略句、定語後置、主語後置、有字句等，同時兼顧楚簡語料自身的特點進行篩選，篩選的具體原則包括：第一，依據頻率的高低，出現頻率太低的不作研究，如被動式，僅出現 11 例；第二，已經有過討論且筆者完全同意其觀點的不作討論，如判斷句[②]；第三，暫時不適合筆者作系統定量研究的句式[③]不涉及，如成分省略句。最終確定本書的具體對象爲兼語句、雙賓句、同位結構、賓語前置句、疑問句、有字句 6 類。

4. 對圈定的各類句式作窮盡性整理分析

第一，兼語句以黃伯榮、廖序東的兼語理論爲指導，主要對兼語句的句法結構、語義功能進行分析，總結楚簡中兼語句的概貌；第二，雙賓語句以雙賓動爲綫索，對雙賓句的句法結構和所表達的語義進行分析；第三，同位結構以張玉金關於同位語的理論爲指導，對同位語的結構進行分析和總結；第四，賓語前置句和疑問句分別以何樂士關於賓語前置和疑問句的理論爲指導，考察賓語前置的句法結構和疑問句的多種類型；第五，關於"有"字句，將對其结构类型及语义特点进行逐一闡述。

[①] 對於各種考釋、論著，本書參考文獻已一一列出。
[②] 見李明曉：《戰國楚簡語法研究》，武漢大學出版社，2010 年版，第 375～386 頁。
[③] 此指因楚簡材料的特殊性（不可避免地存有字形殘泐、字義不確定、編連有争議等狀况）會使對此句式的判斷較難把握，故暫且擱置，待日後時機成熟再作研究。

5. 立足既有研究和相關理論，揭示楚簡句法特徵的漢語史認識價值

占有可靠、豐富的材料並對其進行全面系統的描寫之後，筆者希望能從紛雜的語言事實的描繪中發現規律，並嘗試分析這些句式在楚簡文獻中的特點，進一步與傳世文獻對比，以期揭示楚簡文獻句法特徵的漢語史的認識價值。

第一章　兼語句研究

第一節　兼語句界説

一、兼語句的界定

1898 年馬建忠在《馬氏文通》提出："一句一讀之内有二三動字連書者，其首先者乃記起詞之行，名之曰坐動；其後動字所以承坐動之行者，謂之散動……使散動之行與坐動之行，同爲起詞所發，則惟置散動，後乎坐動而已。夫如是，與坐動無異。或不然，而更有起詞以記其行之所自發，則參之於坐散兩動字之間而更爲一讀，是曰承讀，於是所謂散動者，又爲承讀之坐動矣……使字後有承讀，以記所使爲之事，常語也。"[①] 馬建忠將"兼語"稱爲"承讀"。

1944 年王力在《中國語法理論》中最早提出了"遞系式"這一概念，他指出："凡句中包含著兩次連系，其初系謂語的一部分或全部即用爲次系主語者，我們把它叫做遞系式，取'遞相聯繫'之意。"[②] 而吕叔湘在《中國文法要略》中將這種句型稱爲"致使句"，他認爲："這一類句子的標準動詞文言裏是'使'和'令'，白話裏是'叫'（教），這些動詞都有使止詞有所動作或變化的意思，所以後面不但跟一個止詞，還要在止詞後面加一個動詞。"[③]

[①] 馬建忠：《馬氏文通》，商務印書館，1983 年版，第 208~216 頁。
[②] 王力：《王力文集（第一卷）中國語法理論》，山東教育出版社，1984 年版，第 134 頁。
[③] 吕叔湘：《中國文法要略》，商務印書館，1956 年版，第 93 頁。

20世紀50年代,"兼語式"這一名稱正式出現,由丁聲樹在《現代漢語語法講話》①中提出,之後一直爲學界所沿用。

關於兼語式的定義,各學者雖然具體説法不同,但觀點基本一致。高名凱在《漢語語法論》中提出:"有些動句,第一個具有動詞功能的詞後面的具有名詞功能的詞既是具有動詞功能的詞的賓語,又是第二個具有動詞功能的詞的主語。這種動句叫做'兼語式動句'。"② 劉景農《漢語文言語法》提出:"兩個動作不屬於同一個主語,第二個動詞的主語就是第一個動詞的賓語,它兼有賓語和主語兩種資格,又叫做'兼語'。"③ 齐沪杨《漢語通論》指出:"一个述宾短语和一个主谓短语套叠在一起,而且述宾短语中的'宾语'兼作主谓短语的'主语',根據動詞的不同,可以有以下兩種類型:VP+NP+VP;動詞'有'+NP+VP。"④

所以,判斷一個句子是否爲兼語式,可依據三點:第一,句中至少存有兩個動詞;第二,第一個動詞的賓語必須是第二個動詞的主語;第三,形式上表現出來的就是動賓短語的賓語和主謂短語的主語的套疊。筆者依據這三點對楚簡文獻中的句式逐一進行分析,最後得到楚簡文獻中的兼語句數量約148例⑤,並分爲四類句法結構。

二、關於兼語句的幾點看法

通過對兼語句定義的總結,筆者已經有了對楚簡文獻兼語句的判定依據,但是在整個判定過程中,依然有兩個理論難點需要説明:

(一) 兼語句與雙賓句

區分兼語句和雙賓句,理論上,通常從句法結構和語義關係兩方面進行。

---

① 丁聲樹:《現代漢語語法講話》,商務印書館,1961年版,第118頁。
② 高名凱:《漢語語法論》,商務印書館,1986年版,第413頁。
③ 劉景農:《漢語文言語法》,中華書局,1994年版,第124頁。
④ 齊滬揚:《漢語通論》,中央廣播電視大學出版社,2005年版,第272頁。
⑤ 見附錄二,兼語句中關於兼語成分的標示符號爲:"波浪綫"表示主語,"粗綫"表示第一動詞,"雙綫"表示兼語,"點點畫綫"表示第二動詞及後面內容。

首先，句法結構上二者不同。朱德熙認爲："雙賓語構造是一個動詞帶兩個賓語。這兩個賓語各自跟述語發生關係，它們相互之間沒有結構關係。按照這種看法，雙賓語格式只能三分（述語、近賓語、遠賓語），不能二分。"① 通過朱德熙的觀點可以看出，雙賓句的本質是一個動詞和兩個賓語處於同一層次的關係。而兼語句是"動賓短語的賓語和主謂短語的主語套疊，形成一個賓語兼主語的兼語"②。所以黃伯榮、廖序東在《現代漢語》③中提出對兼語句的劃分要分兩步走：先劃分動賓關係，再劃分主謂關係。可以看出兼語句的本質是兼語和兩個動詞之間的套疊關係。

其次，語義關係也有差異。雙賓結構中，動詞與兩個賓語的關係總是動作和受事的關係，而兼語結構中的"兼語"則因其雙重（第一動詞的賓語，第二動詞的主語）身份使得語義關係複雜化，其與第一動詞構成動作和受事的關係，和第二動詞構成施事與動作的關係。

我們分析下例：

（1）貞（使）雝（雍）也從於剷（宰）夫之烮（後），雝（雍）也憧愚，忑（恐）怜④（貽）虐（吾）子愿（羞）⑤，忑（願）因（因）虐（吾）子而訋（辭）⑥。（上博三_仲弓_4、26⑦）

從語義角度分析，"虐（吾）子"和"愿（羞）"都是動詞"怜（貽）"的受事，它們在句中處於受事的位置；從句法結構角度分析，"虐（吾）子"和"愿（羞）"在結構上沒有任何關係，均與"怜（貽）"構成述賓關係，理解爲現代漢語即是"擔心會給老師（孔子）您帶來羞辱"。所以筆者認爲該句應該歸納爲雙賓結構。

---

① 朱德熙：《語法講義》，商務印書館，1982年版，第121頁。
② 黃伯榮、廖序東：《現代漢語》（下冊），高等教育出版社，2002年版，第63頁。
③ 黃伯榮、廖序東：《現代漢語》（下冊），高等教育出版社，2002年版，第63頁。
④ "怜（貽）"字從陳劍讀，見陳劍：《上博竹書〈仲弓〉篇新編釋文（稿）》，简帛研究網，2004年4月18日。
⑤ 此字陳劍讀爲"羞"。見陳劍：《上博竹書〈仲弓〉篇新編釋文（稿）》，简帛研究網，2004年4月18日。
⑥ 原考釋讀"治"，陳偉讀此字爲"辭"，推辭。見陳偉：《上博楚竹书〈仲弓〉"季桓子章"集释》，简帛網，2005年12月10日。
⑦ 簡4與簡26連接，是李學勤的意見。見李銳傑：《清華大學簡帛講讀班第三十二次研討會綜述》，"孔子2000"網站，2004年4月15日。

（二）有關兼語移位

在分析楚簡兼語句的過程中，筆者遇到這樣一些句子，例：

A.

（2）夫山，石㠯（以）爲膚，木㠯（以）爲民，女（如）天不雨，石牂（將）爨（焦），木牂（將）死，丌（其）欲雨，或甚於我，或必寺（待）虐（乎）名（禜）① 虐（乎）？夫川，水㠯（以）爲膚，魚㠯（以）爲民，女（如）天不雨，水牂（將）沽（涸），魚牂（將）死，丌（其）欲雨，或甚於我，或必寺（待）虐（乎）名（禜）② 虐（乎）？（上博二 _ 魯邦大旱 _ 4、5）

B.

（3）民可貞（使）道之，而不可貞（使）智（知）之。（郭 _ 尊德義 _ 21、22）

（4）凡貞（貴）人囚（使）尻（處）耑（前）立（位）一行，鋌（後）則見亡。（上博四 _ 曹沫之陣 _ 24）

（5）古（故）衛（帥）不可思（使）牪＝（牪，牪）則不行。（上博四 _ 曹沫之陣 _ 38）

（6）收而聚之，罙（束）而䢅（厚）之，貤（重）賞泊（薄）埜（刑），思（使）忘亓（其）死而見（獻）亓（其）生，思（使）良車良士往取之餌（耳）。思（使）亓（其）志起（起），馘（勇）者思（使）憙（喜），葶（葸）者思（使）𢘓（悔），肰（然）句（後）攺（改）㠯（始）。（上博四 _ 曹沫之陣 _ 54、55）

這些句子都涉及兼語是否移位的問題。

關於兼語移位（前置或後置）現象，學界一直都有關注。張玉金在《甲骨文語法學》中提出："在甲骨文中有用'惠'或'勿唯'來把語句兼語提前的例子。"③ 楊伯峻、何樂士在《古漢語語法及其發展》中提出："有種特殊兼語，也就是指兼語句中有時爲了強調兼語而把它前置，

---

① "名（禜）"字從陳劍，陳劍於 2003 年 1 月 9 日在清華大學思想文化研究所討論會上的發言。
② "名（禜）"字從陳劍，陳劍於 2003 年 1 月 9 日在清華大學思想文化研究所討論會上的發言。
③ 張玉金：《甲骨文語法學》，學林出版社，2001 年版，第 293 頁。

作爲句子的受事主語，下文的主語一般不再重複出現。"[①] 並舉 4 例如下：

(7) 民，可使（　）由之，不可使（　）知之。《論語·泰伯》

(8) 雍也，可使（　）南面。《論語·雍也》

(9) 夫顓臾，昔者先王以（　）爲東蒙主。《論語·季氏》

(10) 方寸之木，可使（　）高於岑樓。《孟子·告子下》

書中指出這類兼語句的動詞常見的有"使、以、召"等。但是目前也有學者對"前置兼語"的說法持懷疑態度。程亞恒就認爲"兼語前置"或"兼語作受事主語"的說法不可靠，也不存在，原因有二："第一，通常所說的兼語結構指的是 'V_1+N+V_2' 的形式，是 'V_1+N' 和 '$N+V_2$' 套合在一起的，既然這個 'N' 不在結構内，那麽也就無所謂 'V_1+N' 和 '$N+V_2$' 套合在一起構成 'V_1+N+V_2' 的兼語結構了；第二，從語義上看，如果認定句中的移位成分既是 V_1 的客事又是 V_2 的主事的話，那麼這樣從語義層面分析出來的兼格成分實際上也就無所謂移位（或前置）了。"[②] 筆者贊同程亞恒的觀點，認爲至少在句子沒有主語的前提下，首先應該考慮這個成分是主語而不是考慮爲兼語。

所以，筆者將上述楚簡文獻句子分爲 A 和 B 兩類。A 類句子存有大主語，其中"山"作"石目（以）爲膚，木目（以）爲民"的主語，"川"作"水目（以）爲膚，魚目（以）爲民"的主語，在這種存有大主語的情況下，我們將"石""木""水""魚"看作兼語移位；B 類中"民""貴人""衛（帥）""敱（勇）者"、"孹（蒽）者"前面沒有主語，雖然從語義角度看，它們是第一個動詞的受事、第二個動詞的施事，但是從句法結構看，它們處於主語位置，我們就將理解爲主語，因爲所謂"兼語移位"，正如程亞恒所講，"是將移位成分從語義角度定義爲兼格"[③]，而不是從句法結構。

[①] 楊伯峻、何樂士：《古漢語語法及其發展》，語文出版社，1992 年版，第 608 頁。
[②] 程亞恒：《古漢語兼語句的若干問題》，《語文學刊》，2007 年第 9 期。
[③] 程亞恒：《古漢語兼語句的若干問題》，《語文學刊》，2007 年第 9 期。

第二節　兼語句使用分析及描寫

我們將兼語句中第一個謂語動詞簡稱爲第一動詞，將兼語之後的動詞簡稱爲第二動詞。經統計，楚簡文獻中能作兼語句第一動詞的有"命""使""令""發""有""立"7個動詞和"以……爲……"1個的固定格式。下面對兼語句句型進行詳細分析，依據兩個原則：首先根據其主語和兼語成分隱現的不同，其次進一步依據兼語句中諸如狀語、賓語等成分隱現的差異進行細化。

一、命

由"命"構成的兼語句，簡稱"命"字兼語句，約35例。根據其主語和兼語成分隱現的不同，可分爲四種類型：

（一）S（主語）+V_1（第一動詞）+OS（兼語）+V_2（第二動詞）

1. S+V_1+OS+V_2（第二動詞）+賓語

該句型特點在於第二動詞屬於及物動詞，其後帶有賓語。例：

（11）王命屈木昏（問）轪（范）坓（武）子之行安（焉）。（上博六_競公瘧_4）

（12）競坪（平）王命王子木迡（蹠）盛（成）父，伂（過）繻（申），睹（舍）①飤（食）於甝　寬（宿）②，成公軷（乾）友（櫌）③[字]於疇④中。（上博六_平王與王子木_1、5）

---

① "睹（舍）"字從陳劍，見陳劍：《釋上博竹書和春秋金文的"羹"字異體》，復旦大學出土文獻與古文字研究中心，2008年1月6日。
② "寬（宿）"字從何有祖隸定，見何有祖：《讀〈上博六〉劄記》，簡帛網，2007年7月9日。釋讀作"宿"是從陳劍，見陳劍：《釋上博竹書和春秋金文的"羹"字異體》，復旦大學出土文獻與古文字研究中心，2008年1月6日。
③ 白於藍在《戰國秦漢簡帛古書通假字匯纂》中提及，整理者釋"友"爲"孤"。不確。當釋爲"友"，似讀作"櫌"，訓耕種，第51頁。
④ "疇"字從凡國棟讀，見凡國棟：《〈上博六〉楚平王逸篇初讀》，簡帛網，2007年7月9日。

2. S＋V_1＋OS＋V_2（**連動**）

這個句型与上一句型的不同在於兼語之後的谓语结构是連動結構。例：

(13) 旻（視）日命一榖（執）事人至（致）命目（以）行古（故），灒上恆，儥（僕）徛之目（以）至（致）命。（包_137反）

(14) 高宗命伩（繇）鳶（説）量之目（以）祭，欧（既）祭（祭）安（焉），命行先王之欁（瀍）。（上博五_競建内之_4、3）

以下句型與上述句型相比，主要在於狀出現了語。

3. **狀語**＋S＋V_1＋OS＋**狀語**＋V_2（**第二動詞**）

這個句型中主語和第二動詞前均有狀語。例：

(15) 今君王或命脽（脽）母（毋）見，此勳（則）儥（僕）之皋（罪）也。（上博四_昭王毀室—昭王與龔之脽_8、9）

4. S＋V_1＋OS＋**狀語**＋V_2（**第二動詞**）＋**賓語**

這個句型與上一句型相比，僅第二動詞前有狀語。例：

(16) 大司馬卲（昭）鄓（陽）敱（敗）晉帀（師）於鄭陸（陵）之戢（歲）頣（夏）栾之月庚午之日，命（令）尹子士、大帀（師）子繡（瀶）命蘘陸（陵）公邘鼈爲鄗娜（鄗）貣（貸）邸（越）异之眀金一百益（鎰）二益（鎰）四兩。（包_115）

(17) 儥（僕）目（以）詰告子郙（宛）公，子郙（宛）公命鄖右司馬彭懌爲儥（僕）筴筨（志），目（以）畲会（陰）之勤客、会（陰）矦（侯）之慶李、百宜君，命爲儥（僕）搏（捕）之。（包_133）

5. S＋**狀語**＋V_1＋OS＋V_2（**第二動詞**）＋**賓語**

这一句型中第一動詞前有狀語。例：

(18) 大司馬卲（昭）鄓（陽）敱（敗）晉帀（師）於郻（襄）陵（陵）之戢（歲）亯月，子司馬目（以）王命命蘘陸（陵）公鼈、宜昜（陽）司馬弫（强）貣邸（越）异之黄金，目（以）貣（貸）鄗娜（鄗）目（以）糶穜（種）。（包_103）

(19) 東周客郜（鄦）緹逯（歸）袏（胙）於葳郢之戢（歲）碁（夏）屎之月，亘（亟）思少司馬登瘻言胃（謂）：甘匿之戢（歲），左司馬迪目（以）王命命目（亟）思舍柴（葉）𡩋王之貟（爨）一青義（犧）之賨足金六勻（鈞）。（包_129）

（二）V_1（第一動詞）＋OS（兼語）＋V_2（第二動詞）

1. V_1＋OS＋V_2（**第二動詞**）

（20）命龏（龔）之腓（脽）見。（上博四_昭王毀室—昭王與龔之腓_10）

2. V_1＋OS＋V_2（**第二動詞**）＋**賓語**

（21）尔居逡（復）山之阯（基），不周之埜（野），帝胃（謂）尔無事，命尔司兵死者。（九店_五六號_43）

（22）乃龠（命）又（有）嗣（司）箸祚浮，老㚢（弱）不型（刑）；畝纆緰（短）[①]，田纆長，百（百）糧篁（鐘）[②]。（上博五_鮑叔牙與隰朋之諫_3）

（23）宋弝瀍（廢）亓（其）官事，命受正㠯（以）出之。（包_18）

3. V_1＋OS＋V_2（**第二動詞**）＋**補語**

（24）柬（簡）大王泊螒（旱），命龜尹羅貞於大砈（夏），王自臨卜。（上博四_柬大王泊旱_1）

4. V_1＋OS＋V_2（**第二動詞**）＋**賓語＋補語**

這個句型與上述句型相比，是既帶賓語，又帶補語。例：

（25）君命遬（速）爲之剸（斷），頣（夏）栾之月，命一穀（執）事人㠯（以）至（致）命於郢。（包_135反）

以下兩類句型中均有狀語成分。

5. V_1＋OS＋**狀語**＋V_2（**第二動詞**）

（26）遊（失）車虖（甲），命之母（毋）行，昷＝（明日）牆（將）戰（戰），思（使）爲前行。（上博四_曹沫之陣_31）

6. V_1＋OS＋**狀語**＋V2（**連動**）

這個句型與前一句型相比，特点是兼語之後是連動結構。例：

（27）命灊上之戠獄爲郐（陰）人舒媞盟（盟）亓（其）所命於此箸（書）之中㠯（以）爲誁（證）。（包_139反）

---

① "緰（短）"字從何有祖，見何有祖：《上博五〈鮑叔牙與隰朋之諫〉試讀》，簡帛網，2006年2月19日。

② "篁（鐘）"字從劉信芳，見劉信芳：《上博藏五試解續》，簡帛網，2006年3月20日。

（三）S（主語）＋V_1（第一動詞）＋V_2（第二動詞）

以下第一句型和第二句型的區別在於兼語之後一個是連動結構，一個是兼語結構，形成兼語套兼語的格式。

1. S＋V_1＋V_2（**連動**）

(28) 奠（鄭）人青（請）亓（其）古（故），王命酓（答）之曰：……① （上博七＿鄭子家喪＿甲 3／乙 3）（按：句中承前省略兼語"大夫"）

2. S＋V_1＋V_2（**兼語結構**）

此处"命"字当请求义讲。例：

(29) 奠（鄭）人命目（以）子良爲執（贄）②，命思（使）子家利（梨）木三眷（寸）③，紖（疏）索以絊（絃），毋敢丁門而出，殹（掩）④之成（城）丕（基）。（上博七＿鄭子家喪＿甲 5／乙 5）（按：句中承前省略兼語"莊王"）

3. S＋V_1＋**狀語**＋V_2（**第二動詞**）

這個句型與上述句型的區別在於，第二動詞前出現了狀語。例：

(30) 君命遬（速）爲之剸（斷），頪（夏）层之月，命一𥃲（執）事人目（以）至（致）命於鄪。（包＿135 反）

（四）V_1（第一動詞）＋V_2（第二動詞）

1. V_1＋V_2（**並列動詞結構**）

(31) 乃命毀鐘型（型）而聖（聽）邦政。（上博四＿曹沫之陣＿10）

2. V_1＋V_2（**第二動詞**）＋**賓語**

(32) 高宗命佲（譖）鳶（說）量之目（以）祭，欧（既）祭（祭）

---

① "……"表示省略。
② 白於藍在《戰國秦漢簡帛古書通假字匯纂》中認為，"執"當讀作"贄"。《白虎通義·瑞贄》："贄者，質也。質己之誠，致己之惘怛也。"《説苑·修文》："贄者，所以質也。"
③ "眷（寸）"字從復旦大學出土文獻與古文字研究中心研究生讀書會讀，見讀書會：《〈上博七·鄭子家喪〉校讀》，復旦大學出土文獻與古文字研究中心網，2008 年 12 月 31 日。
④ "殹（掩）"字從復旦大學出土文獻與古文字研究中心研究生讀書會讀，見讀書會：《〈上博七·鄭子家喪〉校讀》，復旦大學出土文獻與古文字研究中心網，2008 年 12 月 31 日。

安（焉），命行先王之龏（灋）。（上博五_競建内之_4、3）

以下兩個句型與上述句型的區別在於出現了狀語。

3. V_1＋狀語＋V_2（第二動詞）

（33）僅（僕）軍造言之：旻（視）日目（以）郯（陰）人舒慶之告諲（囑）僅（僕），命遬（速）爲之剸（斷）。（包_137反）

4. V_1＋狀語＋V_2（第二動詞）＋賓語

（34）命①九月敓（除）迲（路）。十月而徒梁（梁）座（成），一之日而車梨（梁）座（成）。（上博五_鮑叔牙與隰朋之諫_3、1）

（35）君王又（有）白玉三回（圍）而不戔（籛）②，命爲君王戔（籛）③之，敢（敢）告於見日。（上博七_君人者何必安哉_甲1／乙1）（按：句中承前省略兼語"范戊"）

（36）僅（僕）目（以）詰告子郚（宛）公，子郚（宛）公命郚右司馬彭懌爲僅（僕）笑䇹（志），目（以）畲（陰）之戲客、会（陰）郄（侯）之慶李、百宜君，命爲僅（僕）搏〔捕〕之。（包_133）

二、使

簡稱"使"字兼語句，"使"有使令、致使義，楚簡文獻中約有45例。與"使"相對應的字形有3個，分別是"貞""思""囟"。下麵以字形爲序，對"使"字兼語句進行分析。

貞（使）：

（一）S（主語）＋V_1（第一動詞）＋OS（兼語）＋V_2（第二動詞）

1. S＋V_1＋OS＋V_2（第二動詞）＋賓語

（37）季遵（桓）子貞（使）中（仲）弓爲剤（宰），中（仲）弓目

---

① "命"依從陳劍屬下讀，見陳劍：《談談〈上博（五）〉的竹簡分篇、拼合與編聯問題》，簡帛網，2006年2月19日。
② "戔（籛）"字從田河讀，見田河：《〈君人者何必安哉〉補議》，復旦大學出土文獻與古文字研究中心網，2009年2月7日。
③ "戔（籛）"字從田河讀，見田河：《〈君人者何必安哉〉補議》，復旦大學出土文獻與古文字研究中心網，2009年2月7日。

（以）告孔＝（孔子），曰："季是（氏）◎。"（上博三_仲弓_1）

以下句型與上述句型的區別在於出現了狀語。

2. S＋**狀語**＋V₁＋OS＋V₂（**並列結構**）

（38）是古（故）先王之孝（教）民也，不夏（使）此民也惡（憂）丌（其）身，遊（失）丌（其）歗。（郭_六德_40、41）

（二）V₁（第一動詞）＋OS（兼語）＋V₂（第二動詞）

1. V₁＋OS＋V₂（**第二動詞**）＋**補語**

這個句型與上一句型相比，其特點在於雖然第二動詞是不及物動詞，但其後帶有補語成分。例：

（39）夏（使）之足目（以）生，足目（以）死，胃（謂）之君，目（以）宜（義）夏（使）人多。（郭_六德_14、15）

2. V₁＋OS＋V₂（**第二動詞**）＋**賓語**

這個句型的特點是第二動詞是及物動詞，其後帶有賓語。例：

（40）乍（作）豊（禮）樂，折（制）荃（刑）灋，孝（教）此民尒（爾），夏（使）之又（有）向也，非聖智者莫之能也。（郭_六德_2、3）

3. V₁＋OS＋V₂（**並列動詞結構**）

這一句型中兼語之後成分由並列動詞結構組成。例：

（41）使民不逆而訓（順）城（成），百（百）告（姓）之爲繼（?）①。（上博七_武王踐阼_15）

以下句型的特點在於出現了狀語。

4. **狀語**＋V₁＋OS＋V₂（**第二動詞**）＋**賓語**

這個句型與上一句型的區別在於，第二動詞是個及物動詞，其後帶有賓語。例：

（42）今新（薪）登（蒸）思（使）②吴（虞）守之；蓽（澤）梨

---

① 整理者讀作"聽"，禤健聰則釋作"緒"，見禤健聰：《上博（七）零劄三則》，简帛網，2009年1月14日。讀書會讀作"經"，但並不確定。見復旦大學出土文獻與古文字研究中心研究生讀書會：《〈上博七·武王踐阼〉校讀》，復旦大學出土文獻與古文字研究中心網，2008年12月30日。

② "思（使）"字從何有祖讀，見何有祖：《讀〈上博六〉劄記》，简帛網，2007年7月9日。

（梁）① 貞（使）敚（漁）② 守之；山梺（林）貞（使）萸（衡）守之。（上博六＿競公瘧＿8）（按：句中承前省略主語"景公"）

（三）S（主語）＋V_1（第一動詞）＋V_2（第二動詞）

S＋V_1＋V_2（代詞謂語）

這一句型的特點是第二動詞由代詞充當。例：

（43）亓（其）甬（用）心各異，夅（教）貞（使）肰（然）也。（郭＿性自命出＿9；上博一＿性情論＿4）

（四）V_1（第一動詞）＋V_2（第二動詞）

1. V_1＋V_2（第二動詞）＋賓語

（44）能絎（治）百（百）人，貞（使）倀（長）百人；能絎（治）三軍，思（使）銜（帥）。（上博四＿曹沫之陣＿36）

2. V_1＋V_2（並列動詞結構）

這個句型的特點是第二動詞由並列動詞結構組成。例：

（45）古（故）夫舜（舜）之惪（德）亓（其）成（誠）臤（賢）矣，采（抽）③者（諸）甽（畎）畮（畝）之中，而貞（使）君天下而弝（稱）。（上博二＿子羔＿8）

以下句型的特點在於出現了狀語。

3. V_1＋狀語＋V_2（第二動詞）＋賓語

（46）貞（使）亡（無）又（有）少（小）大、忎（絕）④竂（饒）⑤，貞（使）膚（皆）旻（得）亓（其）社稷（稷）眚（姓）而奉守之。（上博二＿子羔＿1、6）

---

① "棃（梁）"字從何有祖讀，見何有祖：《讀〈上博六〉劄記》，簡帛網，2007年7月9日。
② "敚（漁）"字從何有祖讀，見何有祖：《讀〈上博六〉劄記》，簡帛網，2007年7月9日。
③ "采（抽）"字從季旭昇，見季旭昇：《〈上海博物館藏戰國楚竹書（二）〉讀本》，萬卷樓圖書股份有限公司，2003年版，第35頁。
④ "忎（絕）"從白於藍，見白於藍：《讀上博簡（二）劄記》，《江漢考古》，2005年4期。
⑤ "竂（饒）"從白於藍，見白於藍：《讀上博簡（二）劄記》，《江漢考古》，2005年4期。

4. V_1＋狀語＋V_2（並列動詞結構）

(47) 貞（使）亡（無）又（有）少（小）大、忘（絕）① 寙（饒）②，貞（使）膚（皆）旻（得）丌（其）社稷（稷）百眚（姓）而奉守之。（上博二＿子羔＿1、6）

思（使）：

（一）S（主語）＋V_1（第一動詞）＋OS（兼語）＋V_2（第二動詞）

S＋狀語＋V_1＋OS＋V_2（第二動詞）＋賓語＋補語

(48) 虐（吾）睧（聞）爲臣者必思（使）君旻（得）志於弖（己），而又（有）逡（後）青（請）。（上博五＿姑成家父＿5）

（二）V_1（第一動詞）＋OS（兼語）＋V_2（第二動詞）

1. V_1＋OS＋V_2（第二動詞）

這個句型的特點是第二動詞是不及物動詞，其後不帶任何成分。例：

(49) 收而聚之，䍐（束）而羣（厚）之，貼（重）賞泊（薄）垩（刑），思（使）忘丌（其）死而見（獻）丌（其）生，思（使）良車良士迬（往）取之餌（耳）。思（使）丌（其）志辶（起），戤（勇）者思（使）意（喜），挈（葸）者思（使）尋（悔），肰（然）句（後）改（改）伺（始）。（上博四＿曹沬之陣＿54、55）

2. V_1＋OS＋V_2（第二動詞）＋賓語

這個句型的特點是第二動詞是及物動詞，其後帶有賓語。例：

(50) 思（使）民道（蹈）之，能述（遂）者述（遂），不能述（遂）者，内（墜）③而死，不從龠（命）者，從而桎晷（梏）之。（上博二＿容成氏＿44）（按：句中承前省略主語"紂"）

---

① "忘（絕）"從白於藍，見白於藍：《讀上博簡（二）劄記》，《江漢考古》，2005年第4期。
② "寙（饒）"從白於藍，見白於藍：《讀上博簡（二）劄記》，《江漢考古》，2005年第4期。
③ "内（墜）"字從陳劍讀，見陳劍：《上博簡〈容成氏〉的拼合與編連問題小議》，簡帛研究網，2003年1月9日。

3. V_1+OS+V_2（連動）

這一句型中兼語之後的成分由連動結構組成。例：

(51) 收而聚之，罘（束）而臺（厚）之，貶（重）賞泊（薄）莖（刑），思（使）忘亓（其）死而見（獻）亓（其）生，<u>思（使）良車良士逬（往）</u>取之餌（耳）。思（使）亓（其）志迅（起），戜（勇）者思（使）悳（喜），孳（惠）者思（使）昏（悔），肰（然）句（後）改（改）訂（始）。（上博四_曹沫之陣_54、55）

以下句型的特點在於出現了狀語。

4. **狀語**$+V_1+OS+V_2$（**第二動詞**）

這個句型中的第一動詞前面有狀語。例：

(52) 三行之烊釼（後），句（苟）見耑（短）兵，妆母（毋）怜（怠）①，母（毋）<u>思（使）民矣（疑）</u>。（上博四_曹沫之陣_30、52②）

5. **狀語**$+V_1+OS+V_2$（**第二動詞**）$+$**賓語**

這個句型與上一句型的區別在於，第二動詞是個及物動詞，其後帶有賓語。例：

(53) 今新（薪）登（蒸）<u>思（使）③吴（虞）</u>守之；藪（澤）梁（梁）④<u>貞（使）敓（漁）⑤</u>守之；山替（林）貞（使）莢（衡）守之。（上博六_競公瘧_8）（按：句中承前省略主語"景公"）

6. V_1+OS+**狀語**$+V_2$（**第二動詞**）

這個句型中的狀語出現於第二動詞前面。例：

(54) 文王時（持）故時而孝（教）民時，高下肥毳（磽）之利聿（盡）智（知）之，智（知）天之道，智（知）陞（地）之利，<u>思（使）民不疾</u>。（上博二_容成氏_48、49）（按：句中承前省略主語"文王"）

(55) 曡（禹）肰（然）句（後）訂（始）爲之唐（號）羿（旗），目（以）支（辨）亓（其）左右，<u>思（使）民母（毋）惥（惑）</u>。（上博

---

① "怜（怠）"字從陳劍讀，見陳劍：《上博竹書〈曹沫之陳〉新編釋文》，簡帛研究網，2005年2月12日。
② 簡序的編聯依從白於藍，見白於藍：《上博簡〈曹沫之陳〉釋文新編》，簡帛研究網，2005年4月10日。
③ "思（使）"字從何有祖讀，見何有祖：《讀〈上博六〉劄記》，簡帛網，2007年7月9日。
④ "梨（梁）"字從何有祖讀，見何有祖：《讀〈上博六〉劄記》，簡帛網，2007年7月9日。
⑤ "敓（漁）"字從何有祖讀，見何有祖：《讀〈上博六〉劄記》，簡帛網，2007年7月9日。

二 _ 容成氏 _ 20)

（三）V₁（第一動詞）＋V₂（第二動詞）

1. V₁＋V₂（第二動詞）

(56) 能綯（治）百（百）人，叟（使）倀（長）百人；能綯（治）三軍，思（使）銜（帥）。（上博四 _ 曹沫之陣 _ 36）

2. V₁＋V₂（第二動詞）＋賓語

(57) 乃□□厚（蓐）①飤（食），思（使）爲萹（前）行。（上博四 _ 曹沫之陣 _ 30）

(58) 遊（失）車慶（甲），命之母（毋）行，昷＝（明日）酒（將）戬（戰），思（使）爲前行。（上博四 _ 曹沫之陣 _ 31）

(59) 姑（苦）成豢（家）父曰：以亓（其）族參（三）垝（郤）正（征）百（百）勾鐱（豫），不思（使）反，躬與士尻（處）垍，旦夕綯（治）之，思（使）又（有）君臣之節。（上博五 _ 姑成家父 _ 1、6）

3. V₁＋V₂（並列動詞結構）

這個句型的特點是第二動詞由並列動詞結構組成。例：

(60) 收而聚之，罵（束）而厚之，貯（重）賞泊（薄）垈（刑），思（使）忘亓（其）死而見（獻）亓（其）生，思（使）良車、良士往取之餌（耳）。（上博四 _ 曹沫之陣 _ 54、55）

(61) 凡民俾（罷）②敔（弊）③者，孚（教）而恝（誨）之，歓（飲）而飤（食）之，思（使）返（役）百（百）官而月青（請）之。（上博二 _ 容成氏 _ 3）

4. 狀語＋V₁＋V₂（第二動詞）

(62) 姑（苦）成豢（家）父曰：以亓（其）族參（三）垝（郤）正（征）百（百）鐱（豫），不思（使）反，躬與士尻（處）垍，旦夕

---

① "厚（蓐）"字從陳劍讀，見陳劍：《上博竹書〈曹沫之陣〉新編釋文》，簡帛研究網，2005 年 2 月 12 日。

② "俾（罷）"字從裘錫圭，見裘錫圭：《讀上博簡〈容成氏〉劄記二則》，《古文字研究》第二十五輯，中華書局，2004 年版。

③ "敔（弊）"字從白於藍，見白於藍：《上海博物館藏竹簡〈容成氏〉"凡民俾敔"考》，《文物》，2005 年第 11 期。

絇（治）之，思（使）又（有）君臣之節。（上博五_姑成家父_1、6）（按：句中承前省略兼語"百豫"）

5. **狀語＋V₁＋狀語＋V₂（第二動詞）＋補語**

(63) 姑（苦）成豪（家）父乃寍（寧）百（百）鍰（豫），不思（使）從昌（己）立（涖）①於廷。（上博五_姑成家父_5、9）（按：句中承前省略兼語"百豫"）

（四）S（主語）＋V₁（第一動詞）＋V₂（第二動詞）

S＋狀語＋V₁＋V₂（第二動詞）

(64) 虔（吾）女（如）之可（何）思（使）𩜍（飽）？（上博七_凡物流形（甲）_7）

囟（使）：

（一）S（主語）＋V₁（第一動詞）＋OS（兼語）＋V₂（第二動詞）

S＋狀語＋V₁＋OS＋狀語＋V₂（並列結構）

(65) 余牂（將）必囟（使）子豪（家）毋目（以）成（盛）②名立於上而威夃於下。（上博七_鄭子家喪（甲）_4、5）

（二）V₁（第一動詞）＋OS＋V₂（第二動詞）

1. **V₁＋OS＋V₂（第二動詞）＋賓語**

這一句型的特點在於第二動詞是及物動詞，其後帶有賓語。例：

(66) 顕（夏）层之月己栖（西）之日，囟（使）一戠獄之宔（主）目（以）至（致）命；不至（致）命，隓（阰）門又敓（敗）。（包_128）

---

① "立（涖）"字從沈培讀，見沈培：《上博簡〈姑成家父〉一個編聯組位置的調整》，簡帛網，2006年2月22日。
② "成（盛）"字從復旦大學出土文獻與古文字研究中心研究生讀書會讀，見讀書會：《〈上博七·鄭子家喪〉校讀》，復旦大學出土文獻與古文字研究中心網，2008年12月31日。

(67) 褐（禍）敗（敗）因（因）童（重）①於楚邦，懼視（鬼）神目（以）爲怒，囟（使）先王亡（無）所遲（餽）②，虐（吾）可（何）③改而可？（上博六_平王問鄭壽_1、2）（按：句中承前省略主語"鬼神"）

2. V₁＋OS＋狀語＋V₂（第二動詞）＋賓語＋補語

這一句型與上一句型相比，語句成分内容豐富很多，其中不僅第二動詞前面出現了狀語，而且其後還增加了補語。例：

(68) 亓（其）子牌（腜）欧（既）與虐（吾）同車，或舍之衣，囟（使）邦人膚（皆）見之。（上博四_昭王毁室—昭王與龔之脾_10）（按：句中承前省略主語"昭王"）

（三）V₁（第一動詞）＋V₂（第二動詞）

V₁＋V₂（第二動詞）＋賓語

(69) 子郜（宛）公詎（囑）之於佘（陰）之歡客，囟（使）剉（斷）之。（包_134）

(70) 囟（使）聖（聽）之。（包_136）

三、令

由"令"構成的兼語句，簡稱"令"字兼語句，僅3例。

（一）V₁（第一動詞）＋OS（兼語）＋V₂（第二動詞）

V₁＋OS＋V₂（第二動詞）

(71) 三言目（以）爲使不足，或命（令）之或唐（所）豆（屬）。（郭_老子甲_1、2）

---

① "童（重）"字從陳偉讀，見陳偉《讀〈上博六〉條記》，簡帛網，2007年7月9日。
② 白於藍在《戰國秦漢簡帛古書通假字彙纂》中認爲，"遲"即"歸"字，在此似當讀作"饋"或"餽"，訓祭。
③ "可（何）"字從陳偉讀，見陳偉《讀〈上博六〉條記》，簡帛網，2007年7月9日。

（二）V_1（第一動詞）＋V_2（第二動詞）

狀語＋V_1＋V_2（第二動詞）

（72）鉻之而不可，必曼（文）目（以）訛，母（毋）<u>命（令）智（知）</u>我。（郭_語叢四_6）

（73）王遅（徙）尻（居）於坪澫，采（卒）目（以）夫=（大夫）猷=（飲酒）於坪澫，因<u>命（令）至（致）</u>甬（庸）毀室。（上博四_昭王毀室—昭王與龔之脾_5）

四、發

由"發"構成的兼語句，簡稱"發"字兼語句，僅1例。

V_1（第一動詞）＋OS（兼語）＋V_2（第二動詞）

（74）<u>癹（發）駐（駟）逌（蹟）</u>四=疆=（四疆，四疆）皆管（熟）。（上博四_柬大王_16）

五、有

何樂士、楊伯峻在《古漢語語法及其發展》①中將由"有"充當兼語句第一動詞的句子概括爲有無式，在此簡稱爲"有"字兼語句，有27例。

（一）S（主語）＋V_1（第一動詞）＋OS（兼語）＋V_2（第二動詞）

S＋V_1＋OS＋V_2（第二動詞）＋賓語

（75）◎子<u>又（有）臣塵（萬）人道（導）</u>女（汝），思老丌（其）豪（家），夫◎（上博三_仲弓_3）

（76）昔者君子<u>有言</u>曰："戰與型（刑）人，君子之述惪（德）也。"

---

① 楊伯峻、何樂士：《古漢語語法及其發展》，語文出版社，1992年版，第605頁。

(郭＿成之聞之＿6)

(77) 昔者君子（君子）有言曰："聖人天惪（德）。"（郭＿成之聞之＿37、38）

（二）V₁（第一動詞）＋OS＋V₂（第二動詞）

1. V₁＋OS＋V₂（**第二動詞**）

這個句型的特點是第二動詞是不及物動詞，其後不帶任何句子成分。例：

(78) 於是虖（乎）又（有）瘖（喑）、聾、皮（跛）、瞑①、瘻（瘻）、秃、婁（僂）卽（始）迟（起）。（上博二＿容成氏＿36、37）

(79) 占之：亙（恆）𪨁貞（貞）吉，又（有）祱（祟）見。（包＿223）

2. V₁＋OS＋V₂（**第二動詞**）＋**賓語**

這個句型的特點是第二動詞是及物動詞，其後帶有賓語。例：

(80) 又（有）五䈞、王士之逡（後）邨賞閒（間）之，言胃（謂）番戌無逡（後）。（包＿152）

(81) 郰朕占之：乞（恆）𪨁（貞）吉，又（有）祱（祟）見新（親）王父、殤（殤）。（包＿222）

3. V₁＋OS＋V₂（**第二動詞**）＋**補語**

這個句型的特點是第二動詞是不及物動詞，其後面沒有賓語，但有補語。例：

(82) 羲占之：亙（恆）𪨁（貞），不死，又（有）祱（祟）見於絲（絶）無逡（後）者與漸木立，目（以）亓（其）古（故）敓（説）之。（包＿249）

4. V₁＋OS＋V₂（**並列動詞結構**）

這個句型中的第二動詞由"監（銜）卵"和"階（錯）者（諸）亓（其）前"並列動詞結構組成。例：

(83) 遊於央（瑤）臺（臺）之上，又（有）鸎（燕）監（銜）卵

---

① 范常喜認為應釋"瞑"，見范常喜：《試説〈上博五·三德〉簡1中的"瞑"》，簡帛網，2006年3年9日。

而階（錯）者（諸）亓（其）前，取而軟（吞）之。（上博二_子羔_11下、12）

5. V_1＋OS＋**狀語**＋V_2（連動）

這個句型的主要特點在於第二動詞爲連動結構，由"曼（蹣）廷"和"迬（跖）閨"兩個動詞結構構成。例：

(84) 又（有）<u>一君子</u>㡍（喪）備（服）<u>曼廷</u>酒（將）<u>迬（蹠）閨</u>。（上博四_昭王毀室─昭王與龔之脾_1）

六、立

由"立"構成的兼語句，簡稱"立"字兼語句，有 7 例。其中的"立"有兩個含義：一爲"任命"義，二爲"擁立"義。

（一）V_1（第一動詞）＋OS（兼語）＋V_2（第二動詞）

狀语＋V_1＋OS＋V_2（兼語結構的省略形式）

這個句型是"立"作爲"任命"義的唯一句型，其特點在於第二動詞均是固定結構"以爲"，從而形成"立……以爲……"的兼語选用式。例：

(85) 㚔（舜）聖（聽）正（政）三年，山陞（陵）不尻（處），水潦（潦）不淯，乃<u>立</u>墅（禹）目（以）<u>爲司工</u>。（上博二_容成氏_23）

(86) 民又（有）余（餘）飤（食），無求不旻（得），民乃賽，喬（驕）能（態）訇（始）复（作），乃<u>立</u>咎（皋）均（陶）目（以）<u>爲李</u>（李）。（上博二_容成氏_29）

（二）V_1（第一動詞）＋V_2（第二動詞）

V_1＋V_2（第二動詞）＋**宾语**

這個句型是"立"作爲"擁立"義的唯一句型，其特點是第二動詞是及物動詞，後面帶有賓語。例：

(87) 會才（在）天陞（地）之閒（間），而橐（包）才（在）四海（海）之内，迨（畢）能亓（其）事，而<u>立</u>爲天子。（上博二_容成氏_9）

七、"以……爲……"

楚簡文獻"以……爲……"構成的兼語句有 30 例，楊伯峻、何樂士在《古漢語語法及其發展》[①]中將其歸納爲兼語式的固定格式，並且分爲三種情況，本書依照二人的分類標準進行分析。

（一）"以……爲……"表示主語主觀上以爲兼語具有某種性質或狀態

1. S（主語）+V_1（以）+OS（兼語）+V_2（爲）

A. S+V_1+OS+V_2+補語，例：

（88）古（故）㠯（以）此言爲奚女（如）？（上博五 _ 季庚子問於孔子 _ 13）

2. S（主語）+V_1（以）+V_2（爲）

A. S+狀語+V_1+V_2+賓語，例：

（89）昔三弋（代）之明王之又（有）天下者，莫之舍[②]也，而□取之，民皆㠯（以）爲義。（上博二 _ 從政甲 _ 1、2）

（二）"以……爲……"表示主語按自己的意志把兼語式代表的事物當作"爲"的賓語代表的事物，有"把……當成……"之意。

1. S（主語）+V_1（以）+OS（兼語）+V_2（爲）
S+V_1+OS（名詞）+V_2+賓語，例：

（90）民㠯（以）君爲心，君㠯（以）民爲豊（體），心㪅（好）則豊（體）安之，君㪅（好）勳（則）甾（欲）之。（上博一 _ 緇衣 _ 5）

[①] 楊伯峻、何樂士：《古漢語語法及其發展》，語文出版社，1992 年版，第 605 頁。
[②] 整理者讀爲"餘"。周鳳五釋讀爲"舍"，給予義。見周鳳五：《讀上博楚竹書〈從政〉（甲篇）劄記》，簡帛研究網，2003 年 1 月 10 日。

2. S（主語）＋OS（兼語）＋V₁（以）＋V₂（爲），這一式與上一式的區別在於兼語前置

S＋OS＋V₁＋V₂＋賓語，例：

（91）夫川，水<u>目（以）爲</u>膚，魚<u>目（以）爲</u>民，女（如）天不雨，水牂（將）沽（涸），魚牂（將）死，丌（其）欲雨，或甚於我，或必寺（待）虍（乎）名（榮）①虍（乎）？（上博二＿魯邦大旱＿4、5）

3. V₁（以）＋OS（兼語）＋V₂（爲）

狀語＋V₁＋OS＋V₂＋賓語，例：

（92）不<u>目（以）邦豪（家）爲</u>事，縱公之所欲。（上博五＿鮑叔牙與隰朋之諫＿4）

4. V₁（以）＋V₂（爲）

V₁＋V₂＋賓語，例：

（93）敬宗庿（廟）之豊（禮），<u>目（以）爲</u>丌（其）杳（本）；秉旻（文）之悳（德），<u>目（以）爲</u>丌（其）綮（業）；……②（上博一＿孔子詩論＿5）

（三）"以……爲……"表示"使……作爲……"之意，不是主觀上認爲如何，或主觀上把甲當成乙，而是實際上使兼語作爲什麽

1. V₁（以）＋OS（兼語）＋V₂（爲）

狀語＋V₁＋OS＋V₂＋賓語，例：

（94）或（又）<u>目（以）</u>豎(刁)异（與）叡（易）臿（牙）<u>爲</u>相。（上博五＿競建内之＿10）

（95）叟（禹）又（有）子五人，不<u>目（以）</u>亓（其）子<u>爲</u>逡（後），見咎（皋）咨（陶）之叚（賢）也，而欲<u>目（以）爲</u>逡（後）。（上博二＿容成氏＿33、34）

2. V₁（以）＋V₂（爲）

A. V₁＋V₂＋賓語，例：

---

① "名（榮）"字從陳劍，陳劍於2003年1月9日在清華大學思想文化研究所討論會上的發言。
② "……"表示省略。

（96）於是虖（乎）方百（百）里之审（中），衒（率）天下之人遷（就），奉而立之，目（以）爲天子。（上博二＿容成氏＿6、7）

B. 狀語＋V_1＋V_2＋賓語，這一句型與上一句型的區別在於第一動詞前面出現了狀語。例：

（97）兂（堯）又（有）子九人，不目（以）亓（其）子爲𨓟（後），見叒（舜）之叚（賢）也，而欲目（以）爲𨓟（後）。（上博二＿容成氏＿12）

（98）叒（舜）又（有）子七人，不目（以）亓（其）子爲𨓟（後），見𩇕（禹）之叚（賢）也，而欲目（以）爲𨓟（後）。（上博二＿容成氏＿17）

表 1-1 出土楚簡中的兼語動詞

兼語式分類	使令式	封職任免式	勸誡類	有無式	以爲式
第一動詞	命、使、令、發	立	命（請求義）	有	以……爲……
頻率	83	7	1	27	30

由以上分析和表 1-1 可以看出：

第一，兼語動詞數量有 8 個，而楊伯峻、何樂士在《古漢語語法及其發展》[①]中指出《左傳》兼語式的 V_1 有 10 個；范玉[②]統計《韓非子》兼語式 V_1 常用的有 12 個，不常用的有 4 個；杜煥君[③]經對《戰國策》兼語句的研究，得出其兼語式 V_1 有 29 個，由此可見楚簡文獻中的兼語動詞數量明顯少於同時期傳世文獻。

第二，楚簡兼語句以使令式的使用最爲常見，數量約占 50%，使用頻率約占 56%。張玉金在對殷墟甲骨文兼語句進行討論後指出："殷墟甲骨文中只有'使令'式兼語句，而無其它式兼語句。"[④]楊伯峻、何樂士[⑤]對《左傳》中的兼語式進行統計，發現"使令式"動詞 27 例，其他動詞 59 例，由此可以看出《左傳》中也是以"使令式"的使用最

[①] 楊伯峻、何樂士：《古漢語語法及其發展》，語文出版社，1992 年版，第 589 頁。
[②] 范玉：《〈韓非子〉兼語句研究》，山東師範大學碩士學位論文，2011 年。
[③] 杜煥君：《〈戰國策〉兼語句研究》，暨南大學碩士學位論文，2003 年。
[④] 張玉金：《論殷墟甲骨文中的兼語句》，《古籍整理研究學刊》，2003 年 1 月。
[⑤] 楊伯峻、何樂士：《古漢語語法及其發展》，語文出版社，1992 年版，第 589 頁。

爲廣泛，所以何樂士推斷："'兼語式'是先由'使令派遣'類發展起來的。"①

第三，楚簡兼語中的"以爲式"使用頻率僅次於"使令式"，出現約 30 例，由於其具體意義的不同，其主語和兼語的省略情況也存有差異。當"以……爲……"表示主語主觀上以爲兼語具有某種性質或狀態時，其主語通常不省略；當"以……爲……"表示"使……作爲……"的時候，其主語通常省略；當"以……爲……"表示"把……當成……"的時候，其中主語省略和沒有省略的比例基本一致。所以主語的存現與"以……爲……"所表達的關係極爲密切。

第四，有無式兼語句數量有 27 例，其中兼語沒有省略的現象均由通稱指代。主語出現的情況較少，不是因爲省略而沒有出現，而是本身沒有主語。第二動詞不僅可以由動詞充當，而且可以由並列動詞結構和連動結構充當。

第五，封職任免式中的"立"出現了 7 例，其中 6 例"立"爲"任命"義，句法結構上，主語和兼語都沒有省略，且主語地位高於兼語，二者形成等級上的尊卑關係，構成"立……以爲"的兼語迭用式。另外 1 例中"立"爲"擁立"義，其中主語和兼語均承前省略，且兼語地位高於主語。

---

① 楊伯峻、何樂士：《古漢語語法及其發展》，語文出版社，1992 年版，第 589 頁。

第二章 雙賓語句研究

第一節 雙賓語句及相關問題界説

陸儉明提出："所謂雙賓結構，通俗的説法就是一個動詞後面帶兩個賓語，碼化爲格式的話，可以寫成：$V-O_1-O_2$（V代表動詞，O_1代表間接賓語，亦稱近賓語；O_2代表直接賓語，亦稱遠賓語）。"[①] 朱德熙進一步指出："雙賓語構造中的兩個賓語各自跟述語發生關係，它們互相之間没有結構上的關係。"[②]

最初，在傳統語法理論影響下，學者將雙賓句的研究焦點集中在動詞的語義分類方面。黎錦熙、劉世儒[③]將雙賓動詞分爲"授予"類和"教示"類。朱德熙[④]將雙賓動詞分爲給予類、取得類及等同類。

後來，在結構主義理論注重描寫的背景下，大家開始從動詞語義角度對雙賓句式進行分類。馬慶株[⑤]將雙賓動詞先分爲只包含實指賓語的和包含虛指賓語的兩大類，然後將只包含實指賓語這一類又分爲十三小類，分別是給予類、取得類、準予取類、表稱類、結果類、原因類、時機類、交換類、使動類、處所類、度量類、動量類、時量類。李臨定[⑥]將雙賓動詞分爲十一類："給"類型、"送"類型、"拿"類型、"吐"

---

① 陸儉明：《雙賓結構補議》，《烟台大學學報》，1988年第2期。
② 朱德熙：《語法講義》，商務印書館，1982年版，第121頁。
③ 黎錦熙、劉世儒：《漢語語法教材》，商務印書館，1957年版，第154~170頁。
④ 朱德熙：《語法講義》，商務印書館，1982年版，第117~120頁。
⑤ 馬慶株：《現代漢語的雙賓語構造》，《語言學論叢》（第十輯），商務印書館，1983年版，第166~196頁。
⑥ 李臨定：《雙賓句類型分析》，《語法研究和探索》（第二輯），北京大學出版社，1984年版，第27~40頁。

"嚇"類型、"問"類型、"托"類型、"叫"類型、"欠""限""瞞""隔"類型、"V給"類型、VP類型、習慣語類型。但是這樣的分類方法後來遭到質疑，因爲其分類標準不統一，類與類之間存有交叉現象。

緊接著在早期功能主義理論體系的倡導下，前輩學者開始對動詞及受動詞支配或者與動詞共現的名詞性成分進行語義上的分類。范曉①不僅將雙賓動詞分爲"交"類動詞、"接"類動詞和"借"類動詞三類，而且較爲詳細地對它們構成的句式進行了歸納分析。

20世紀90年代認知語言學非常明確地提出了"句式義"這一概念。如張伯江指出："漢語可以説存在著一個叫雙及物的語法結構式，其形式表現爲：$V-N_1-N_2$，其語義核心爲'有意的給予性轉移'。"②

2000年以後，原型範疇理論作爲認知語言學的一個重要理論，開始被學界較多地運用於解釋詞彙和語義現象。原型範疇理論認爲："同一範疇內分爲'典型成員'和'邊緣成員'，'典型成員'對於所在範疇隸屬度高，具有較高的'家族相似性'，而那些非典型的'邊緣成員'對於所在範疇隸屬度要低，那麼擁有'家族相似性'的屬性也就少，而所謂'原型'就是擁有更多'家族相似性'的典型代表和最佳成員。"③什麼是"家族相似性"？徐志林、劉彭冰指出："這（家族相似性）顯然是一個比喻的説法，它是對一組具有共同屬性的事物作歸納和概括，對這種歸納和概括出來的共同屬性關係作了一種隱喻式的揭示。也就是説'家族相似性'本來就存在於事物屬性內，是需要人們從紛繁複雜的表像背後去發現、歸納、概括，然後再運用已經揭示出來的'家族相似性'去確定'典型成員''邊緣成員'。"④"範疇化"是怎樣在"家族相似性"基礎上進行的呢？他們認爲："'原型理論'是用'基本層次範疇'來實現'範疇化'的，'基本層次範疇'的特徵有：首先是心理上顯著易辨性，最容易被感知和識別；其次是經驗感覺上的完整性，範疇

---

① 范曉：《交接動詞構成的句式》，《語言教學與研究》，1986年第3期。
② 張伯江：《現代漢語的雙及物結構式》，《中國語文》，1999年第3期。
③ 目前認知語言學家對"原型"的解釋有三種，這裏主要採用Rosch的觀點：原型就是範疇內典型代表，它是與同一概念成員有更多共同特徵的實例，對於識別範疇起著很重要的作用。見Rosch, E.&Mervis, C. B. Family Resemblances: Studies in the Internal Structure of Categories [J]. Cognitive Psychology, 1975（7）。
④ 徐志林、劉彭冰：《甲骨卜辭雙賓結構原型範疇理論研究》，《江西師範大學學報》（哲學社會科學版），2008年第12期。

内成員具有基本相似的整體外形和心理意象；第三是地位等級上的優先性，這個層次上範疇成員往往就是典型的'原型'實例；第四就是語言交際上的高頻性，無論是詞彙還是句式一旦進入基本層次範疇，那麼就成了範疇裏原型樣本，詞彙就成爲基本詞彙，而句式往往就成了基本句式。"①

通過對雙賓語句的定義、雙賓動詞的分類及語義現象等理論的梳理，筆者明確了進行楚簡雙賓語句研究必須要完成的三個內容。首先確定楚簡雙賓語句的判斷標準：一是要有謂語動詞，二是謂語動詞帶賓語，三是謂語動詞帶兩個賓語，四是所帶兩個賓語之間沒有結構上的關係，它們各自和謂語動詞發生關係。如果要用符號表示雙賓語句，其結構爲"S+V+NP$_1$+NP$_2$"（NP$_1$代表間接賓語，NP$_2$代表直接賓語），經統計，楚簡雙賓語句數量約 75 例。② 其次，確定以意義爲標準對雙賓動詞進行分類，可分爲 6 類：施予類、收受類、告示類、明示類、委托類、損益類。最後，參考雙賓語語句的前沿理論，對楚簡中雙賓語句語義關係進行探討。

第二節　雙賓句式分析

雙賓語句的重點在構成雙賓語句的動詞上，所以本書將以動詞爲綫索依次對楚簡中雙賓語句的具體使用情況進行分析。據統計，楚簡中能够帶雙賓語的動詞③有 10 個：謂$_{63}$、教$_7$、示$_5$、告$_4$、予$_3$、囑$_3$、語$_1$、貽$_1$、授$_1$、免$_1$（右下角數字表示其在楚簡文獻中出現的頻率）。具體分析如下：

---

① 徐志林、劉彭冰：《甲骨卜辭雙賓結構原型範疇理論研究》，《江西師範大學學報》（哲學社會科學版），2008 年第 12 期。
② 具體見附錄三。
③ "臨民㠯（以）惪（仁），民莫弗新（親）。（上博五＿三德＿22，6）"㞢（武）王於是虐（乎）索（素）完（冠）㡒（弁），㠯（以）告（造）㕚（類）于天……（上博二＿容成氏＿52，53）"等通過添加介詞或移位的方式變換過來的句式，本書認爲是雙賓結構的衍生形式，不予討論。

一、"謂"

動詞"謂"所帶雙賓語的頻率最高。主要集中於郭店楚墓竹簡中，另散見於上博二、上博五和上博七。馬慶株稱之爲"表稱類"。本書將其所構成的雙賓句式分爲三類：

（一）S＋謂＋之＋NP_2

這類句式有 36 處，如：

(1) 下，土也，而胃（謂）之陞（地）；上，熒（氣）也，而胃（謂）之天。(郭＿太一生水＿10)

(2) 惪（仁）型（形）於内胃（謂）之惪（德）之行，不型（形）於内胃（謂）之行。義型（形）於内胃（謂）之惪（德）之行，不型（形）於内胃（謂）之行。豊（禮）型（形）於内胃（謂）之惪（德）之行，不型（形）於内胃（謂）之之行。智型（形）於内胃（謂）之惪（德）之行，不型（形）於内胃（謂）之行。聖型（形）於内胃（謂）之惪（德）之行，不型（形）於内胃（謂）之惪（德）之行。(郭＿五行＿1、4)

(3) 五行皆型（形）於内而時行之，胃（謂）之君子；士又（有）志於君子道，胃（謂）之時（志）士。(郭＿五行＿6、7)

(4) 未尚（嘗）砏（聞）君子道，胃（謂）之不聰（聰）；未尚（嘗）見臤（賢）人，胃（謂）之不明。砏（聞）君子道而不智（知）亓（其）君子道也，胃（謂）之不聖。見臤（賢）人而不智（知）亓（其）又（有）惪（德）也，胃（謂）之不智。(郭＿五行＿22、24)

(5) 疋膚＝（瘞瘞）達者（諸）君子道，胃（謂）之臤（賢）。君子智（知）而與（舉）之，胃（謂）之障（尊）臤（賢）；智（知）而事之，胃（謂）之障（尊）臤（賢）者也。(郭＿五行＿43、44)

(6) 目而智（知）之胃（謂）之進之。俞（喻）而智（知）之，胃（謂）之進之。辟（譬）而智（知）之，胃（謂）之進之。(郭＿五行＿47)

(7) 叀（使）之足目（以）生，足目（以）死，胃（謂）之君，目（以）宜（義）叀（使）人多。（郭_六德_13、14）

(8) 句（苟）淒夫人之善？，慈（勞）丌（其）牄忧之力弗敢單（憚）也，凸（危）丌（其）死弗敢悆（愛）也，胃（謂）之臣，目（以）忠（忠）叀（事）人多。（郭_六德_16、17）

(9) 智（知）可爲者，智（知）不可爲者；智（知）行者，智（知）不行者，胃（謂）之夫，目（以）智衕（率）人多。（郭_六德_17、18）

(10) 是古（故）夫死又（有）宔（主），丹（終）身不繼（變）①，胃（謂）之婦，目（以）訐（信）從人多也。（郭_六德_19、20）

(11) 既生畜之，或從而㐹（教）恩（誨）之，胃（謂）之聖。（郭_六德_20、21）

(12) 子也者，會墫（庸）②長材目（以）事上，胃（謂）之宜（義），上共下之宜（義）目（以）奔埜＝（社稷），胃（謂）之孝。（郭_六德_21、22）

(13) 不攸（修）不武〈戒〉，胃（謂）之必匧（成），則彝（暴）。（上博二_從政_甲15、5）

(14) 先王爲此，人胃（謂）之安邦，胃（謂）之利民。（上博七_君人者何必安哉_6）

這類句式屬於雙賓語結構的典型句式，出現頻率最高，爲方便叙述，簡稱"謂之"式。對此何樂士③分析得較爲透徹，她指出其中的"之"有三種情况：其一是和直接賓語出現在同一句子或小句内，上述例（1）至例（6）和例（13）便是如此；其二是所指代對象在"謂之"句前面的分句中，上述例（14）便是如此；其三是所指代對象含有兩個以上小句，一般在動詞"謂"前面斷開，上述例（7）至例（12）便是如此。但是何樂士提出的"此式常有連詞或副詞伴隨出現，尤以表順承關係的'則''故'等連詞爲多"的觀點與楚簡文獻所表現的特徵不同，

---

① "繼（變）"字從裘錫圭讀，見《郭店楚墓竹簡·六德》篇注［一三］。
② 白於藍《戰國秦漢簡帛古書通假字匯纂》按，"墫"似當讀作"庸"，第297頁。
③ 何樂士：《論"謂之"句和"之謂"句》，《古漢語研究論文集》，北京出版社，1982年版，第103~124頁。

上述 36 處 "謂之" 式中，僅有兩處使用連詞 "而"，其他均未出現任何連詞或副詞。出現這種情況，筆者猜測有兩種原因：一是楚簡材料的範圍局限性；二是傳世文獻與出土文獻在 "謂之" 式的連詞及副詞使用方面稍有差異，但苦於沒有同等文獻可對比，所以只能是猜測，具體有待驗證。

（二）$S+之+謂+NP_2$①

該句式有 18 處，從句法結構看，是間接賓語 "之" 被提到動詞 "謂" 的前面，簡稱 "之謂" 式。

（15）凡見者之胃（謂）勿（物），快於己（己）者之胃（謂）兑（悦），勿（物）之埶（勢）者之胃（謂）埶（勢），又（有）爲也者之胃（謂）古（故）。（郭_性自命出_12、13；上博一_性情論_6、7）

（16）上下膚（皆）旻（得）亓（其）所之胃（謂）訐（信）。（郭_語叢一_65）

（17）惡（愛）膳（善）之胃（謂）悥（仁）。（郭_語叢一_92）

（18）備之胃（謂）聖。（郭_語叢一_94）（按：具體文意待解）

（19）涅聖之胃（謂）聖。（郭_語叢一_100）（按：具體文意待解）

例（15）至例（19）筆者依照何樂士②的觀點將其歸納爲 "之謂" 式的基本格式。

（20）夫此之胃（謂）省（小）成。（上博七_凡物流形（甲）_28）

（21）孔=（孔子）倉（答）曰："民之父母虎（乎），必達於豊（禮）縏（樂）之籓（源），目（以）至（致）'五至'目（以）行'三亡（無）'，目（以）皇（橫）于天下。四方又（有）敗（敗），必先智（知）之，亓（其）之胃（謂）民之父母矣。"（上博二_民之父母_1、2、3）

（22）孔=（孔子）曰："'五至'虎（乎），勿（物）之所至者，志

---

① 王力認爲該結構爲雙賓式，"之" 爲代詞，見王力：《漢語史稿》，中華書局，1980 年版，第 363 頁。

② 何樂士：《論 "謂之" 句和 "之謂" 句》，《古漢語研究論文集》，北京出版社，1982 年版，第 107 頁。

亦至安（焉）；志之所至者，豊（禮）亦至安（焉）；豊（禮）之所至者，繹（樂）亦至安（焉）；繹（樂）之所至者，惡（哀）亦至安（焉）。惡（哀）繹（樂）相生，君子曰（以）正，此之胃（謂）'五至'。"（上博二_民之父母_3、4、5）

（23）孔=（孔子）曰："'三亡（無）'虎（乎），亡（無）聖（聲）之繹（樂），亡（無）體（體）之豊（禮），亡（無）備（服）之桑（喪）。君子曰（以）此皇（橫）于天下，奚（傾）①耳而聖（聽）之，不可昗（得）而竆（聞）也；明目而見（視）之，不可昗（得）而視〈見〉也，而昗（德）既塞於四海（海）矣，此之胃（謂）'三亡（無）'"。（上博二_民之父母_5、6、7）

（24）羣=（君子）玉亓（其）言而碇（展）②亓（其）行，敬盛（成）亓（其）惪（德）曰（以）臨民=（民，民）䁮（望）亓（其）道而備（服）安（焉），此之胃（謂）悬（仁）之曰（以）惪（德）。（上博五_季庚子問於孔子_3、4）

何樂士③指出，例（21）至例（24）中這種主語比較長，均包含一個或一個以上的分句，或許是爲了突出主語，所以用代詞"此"重指。

（25）◎□也，此之胃（謂）悬（仁）。（上博五_弟子問_11）

例（25）由於簡11有殘缺，不好判斷。

經觀察，筆者發現"之謂"式後面基本不加語氣詞，其中僅有一處加了語氣詞"矣"，見例（21），該句的語氣詞"矣"應該是爲了和前面表推測的語氣詞"其"呼應。何樂士④提出"之謂"式不加語氣詞，是因其出現在語段之中，整個語段是環環相扣的關係，如果中間出現語氣詞，反而會影響論說的邏輯力量和語勢的連貫。但是出土楚簡中環環相扣的關係較少，反倒是位於句尾的情形較多。

---

① 何琳儀認爲此字當讀爲"傾"。見何琳儀：《滬簡二冊選釋》，簡帛網，2003年1月14日。
② "碇（展）"字從禤健聰讀，見禤健聰：《上博楚簡（五）零劄（一）》，簡帛網，2006年2月24日。
③ 何樂士：《論"謂之"句和"之謂"句》，《古漢語研究論文集》，北京出版社，1982年版，第107頁。
④ 何樂士：《論"謂之"句和"之謂"句》，《古漢語研究論文集》，北京出版社，1982年版，第113頁。

（三）（S）$+NP_2+$之$+$謂[①]

該句式不僅間接賓語“之”被提到了動詞“謂”的前面，而且直接賓語更是被提於“之”前，共有9處。且其中有7處直接賓語被代詞“此”代替，所以可將之簡稱爲“此之謂”式。

（26）“亦既見𡍲（之），亦既訽（覯）𡍲（之），我心則兑（悦）”，此之胃（謂）也。（郭_五行_10、11）

（27）“明＝（明明）才（在）下，虩＝（赫赫）才（在）上”，此之胃（謂）也。（郭_五行_25、26）

（28）“文王才（在）上，于昭于而〈天〉”，此之胃（謂）也。（郭_五行_29、30）

（29）“不彊（競）不梂（絿），不勥（剛）不矛（柔）”，此之胃（謂）也。（郭_五行_41、42）

（30）“上帝賢〈臨〉女（汝），毋弍（貳）尔心”，此之胃（謂）也。（郭_五行_48）

上面5例“此之謂”均出現在引語之後。

（31）至忠亡譌，至𠆸（信）不伓（背），夫此之胃（謂）此。（郭_忠信之道_4）

（32）◎ 所明，又（有）所不明，此之胃（謂）虐（乎）？（上博五_鬼神之明_5）

此兩例“此之謂”均出現在複句之後。

（33）禪（禪）也者，上直（德）受（授）臤（賢）之胃（謂）也。（郭_唐虞之道_20）

（34）配天陛（地）也者，忠𠆸（信）之胃（謂）此。（郭_忠信之道_5）

這兩例前面有者字結構作主語，NP_2没有用“此”來代替，何樂

---

① 王力認爲該結構爲雙賓式，“之”爲代詞，見王力：《漢語史稿》，中華書局，1980年版，第363頁。

士①分析説此種情況下 NP₂ 之所以被提前，應該是爲了突出的緣故。而前面的"此之謂"式或者在引語之後，或者在複句之後，NP₂ 內容都比較繁雜，所以用"此"替代。

　　觀察"此之謂"式，可以發現其後均有語氣詞，其中"也"共有 8 處，"乎"有 1 處，何樂士②認爲這可能是因爲"此之謂"式大都代表個人的看法與態度，因而感情色彩比較強烈，所以常和語氣詞搭配使用。據筆者分析，這些語氣詞是在幫助表達委婉語氣，正如何樂士③所説，該句式總是表示説話人對 S（主語）的認同、釋義或舉例，所以用"也""乎"來幫助表達委婉語氣，亦是可行的。

　　"謂之式"有 36 處，"之謂式（'此之謂'式）"有 27 處，從比例看，"謂之式"使用率稍高。關於兩者的關係，筆者同意丁貞棻④、何樂士⑤等學者關於有歷時的先後關係的説法。鄧佩玲在《楚簡〈性情論〉及〈性自命出〉的著作年代及版本探論》一文中詳細指出："在年代較早的《詩經》的《雅》《頌》及《論語》中，皆不見有'X 之謂 Y'式的使用，但下逮稍爲晚出的典籍如《孟子》《莊子》及戰國楚簡'X 之謂 Y'才見出現，而到了年代更晚的《荀子》《韓非子》及秦漢簡帛，'X 之謂 Y'的使用才漸趨廣泛，由此可見，'X 之謂 Y'的使用確是晚於'X 謂之 Y'，且其出現大概在《論語》及《孟子》之間，是一種約在春秋戰國期間新出現的語言現象。"⑥

二、"教"（S＋V＋NP_人＋NP_禮教）

　　"教"帶雙賓語有 7 處，間接賓語都是指代百姓的"民"，其主語主

---

① 何樂士：《論"謂之"句和"之謂"句》，《古漢語研究論文集》，北京出版社，1982 年版，第 108 頁。
② 何樂士：《論"謂之"句和"之謂"句》，《古漢語研究論文集》，北京出版社，1982 年版，第 113 頁。
③ 何樂士：《論"謂之"句和"之謂"句》，《古漢語研究論文集》，北京出版社，1982 年版，第 113 頁。
④ 丁貞棻：《"……之謂"式的作用及特點》，《遼寧大學學報》（哲學社會科學版），1978 年第 6 期。
⑤ 何樂士：《論"謂之"句和"之謂"句》，《古漢語研究論文集》，北京出版社，1982 年版，第 124 頁。
⑥ 鄧佩玲：《楚簡〈性情論〉及〈性自命出〉的著作年代及版本探論》，《簡帛語言文字研究》（第五輯），巴蜀書社，2010 年版，第 496~514 頁。

要由"聖人""天子"等地位較高者承擔，直接賓語分別是有關言行（尊、親、敬、孝、悌等）的指導，反映的是天子和百姓之間教導與被教導的關係。如：

（35）夫聖人上事天，效（教）民又（有）尊（尊）也；下事陞（地），效（教）民又（有）新（親）也；皆（時）事山川，效（教）民又（有）敬也；新（親）事且（祖）禫（廟），效（教）民孝也。（郭_唐虞之道_4、5）

（36）大（太）教（學）之中，天子晁（親）齒，效（教）民弟也。（郭_唐虞之道_5）

（37）先聖牙（與）逡（後）耵（聖），考逡（後）而遇（歸）先，效（教）民大川（順）之道也。（郭_唐虞之道_5、6）

（38）文王時（持）故時而效（教）民時，高下肥毳（磽）之利丰（盡）智（知）之。（上博二_容成氏_48、49）

三、"示"（S+V+NP$_{人}$+NP$_{禮教}$）

"示"有5處，其中兩處引自《詩經》，另3處間接賓語均為"民"，其主語分別是"有國者"和"君民者"等地位較高者，反映的是天子對百姓的言行引導。

（39）又（有）邨（國）者章好章亞（惡），目（以）視（示）民厚，則民青（情）不弍（忒）。（郭_緇衣_2、3）

（40）古（故）君民者章好目（以）視（示）民佥（俗），懂（謹）亞（惡）目（以）渫（遏）民淫〈淫〉，則民不賊（惑）。（郭_緇衣_6）

（41）《寺（詩）》員（云）："人之趽（好）我，旨（示）我周行。"（郭_緇衣_41、42）（按：上博簡本《緇衣》旨（示）作貽）

四、"告"（S+V+NP$_{人}$+NP$_{禮教}$）

"告"有4處，其中兩處引自《詩經》，兩處為對話體，均來自《上博三·彭祖》，間接賓語為聽者，以第二人稱代詞"汝"來表達，直接賓語表示所告訴的內容，反映的依然是教導與被教導的關係。

(42)《寺（詩）》員（云）："我龜既猒（厭），不我告猷。"（郭＿緇衣＿46、47）

(43) 女（汝）孥=（幼子）專（博）①昏（問），舍（余）告女（汝）人綸（倫），曰：戒之母喬（驕），訢（慎）冬（終）保褮（勞）。（上博三＿彭祖＿2）

(44) 舍（余）告女（汝）："咎◎。"（上博三＿彭祖＿6）

五、"予"（S+V+NP$_{人}$+NP$_{物}$）

動詞"予"有3處，其核心義都是"給予"。"予"的間接賓語指"人"，全部用"之"替代，直接賓語都是被"予"的"物"（邦家土地、領袍、兵器），反映的都是"王"與"臣民"之間賜與被賜的關係。

(45) 亓（其）嬰（亂），王舍（予）人邦豪（家）土陞（地）②。（上博二＿從政（甲）＿2）

(46) 王訋（召）③而余（予）④之衽（領）⑤裸（袍）⑥。（上博四＿昭王與龔之脽＿7）（按："之"指代龔之脽）

(47) 女（汝）⑦此（出）⑧繇（囚）⑨而余（予）⑩之内庫之兵。（上博五＿姑成家父＿9）（按："之"指代所釋放出來的"囚"，意爲囚犯）

---

① "專（博）"字從湯志彪，見湯志彪：《上博簡（三）〈彭祖〉篇校讀瑣記》，《江漢考古》，2005年第3期。
② 表示所引用内容的省略。
③ "訋（召）"字從陳劍讀，見陳劍：《上博竹書〈昭王與龔之脽〉和〈柬大王泊旱〉讀後記》，簡帛研究網，2005年2月15日。
④ "余（予）"字從孟蓬生讀，見孟蓬生：《上博竹書（四）閒詁》，簡帛研究網，2005年2月15日。
⑤ "衽（領）"字從陳劍讀，見陳劍：《上博竹書〈昭王與龔之脽〉和〈柬大王泊旱〉讀後記》，簡帛研究網，2005年2月15日。
⑥ "裸（袍）"字從陳劍讀，見陳劍：《上博竹書〈昭王與龔之脽〉和〈柬大王泊旱〉讀後記》，簡帛研究網，2005年2月15日。
⑦ "女（汝）"整理者讀爲"如"，陳劍讀爲"汝"，見陳劍：《〈上博（五）〉零劄兩則》，簡帛網，2006年2月22日。
⑧ 整理者釋爲"此"，陳劍釋爲"出"，見陳劍：《〈上博（五）〉零劄兩則》，簡帛網，2006年2月22日。
⑨ "繇（囚）"字從陳劍，見陳劍：《〈上博（五）〉零劄兩則》，簡帛網，2006年2月21日。
⑩ "余（予）"字從季旭昇，見季旭昇：《上博五芻議（下）》，簡帛網，2006年2月18日。

六、"囑"（S＋V＋NP$_{事}$＋NP$_{人}$）

動詞"囑"有3處，均來自包山楚簡的文書案件記錄，間接賓語由"之"承擔，直接賓語是被交托、被囑托之人，與前面的主語是一種職位尊卑（上下級）的關係。

(48) 僕（僕）目（以）告君＝王＝（君王，君王）誋（囑）僕（僕）於子＝左＝尹＝（子左尹，子左尹）誋（囑）之新偘辻尹丹，命爲僕（僕）至（致）典。（包＿15、16）（意思是：子左尹囑托這件事給新偘辻尹丹）

(49) 既言之，誋（囑）之左尹。（包＿155反）（意思是：囑托這件事給左尹）

(50) 誋（囑）之政（正）。（包＿156）

七、"語"（S＋V＋NP$_{人}$＋NP$_{禮教}$）

"語"有1處，其間接賓語爲專有名詞"堯"，直接賓語爲"語"的內容"天地人民之道"，主語是"舜"，反映的是臣民與天子之間的關係。

(51) 子先（堯）南菖（面），埜（舜）北菖（面），埜（舜）於是唐（乎）夃（始）語先（堯）天陞（地）人民之道。（上博二＿容成氏＿14、8）

八、"貽"（S＋V＋NP$_{人}$＋NP$_{謙詞}$）

動詞"貽"有1處，所帶的間接賓語是表對對方尊稱的"吾子"，直接賓語爲"愿（羞）"，前面的主語是説話人"昏（雍）"，反映的是師生之間的尊卑關係。

(52) ◎貞（使）昏（雍）也從於剤（宰）夫之镂（後），昏（雍）

也憧愚，忑（恐）怡①（貽）虐（吾）子愿（羞）②，忑（愿）因（因）虐（吾）子而怡（辭）③。（上博三_仲弓_4、26④）

九、"授"（S＋V＋NP_人＋NP_權力）

"授"帶雙賓語僅1處，其間接賓語是第一人稱代詞"我"，直接賓語爲"衆"，主語是"君"，反映的是君臣之間的關係。

（53）君貞（貴）我而受（授）我眾（衆），目（以）我爲能綯（治），征（今）⑤虐（吾）亡（無）能綯（治）也，而因（因）目（以）害君，不義，型（刑）莫大安（焉）。（上博五_姑成家父_3、4）

十、"免"（S＋V＋NP_人＋NP_刑罰）

"免"帶雙賓語僅1處，間接賓語由第三人稱代詞"之"（指代申公自己）承擔，直接賓語爲"死"，主語是"君王"，反映的是君臣之間的關係。

（54）臣爲君王臣，君王挽（免）之死，不目（以）脣〈辱〉釱（斧）⑥虘（鑕）⑦，可（何）敢（敢）心之又（有）。（上博六_莊王既成_8、9）

---

① "怡（貽）"從陳劍，見陳劍：《上博竹書〈仲弓〉篇新編釋文（稿）》，簡帛研究網，2004年4月18日。
② 此字陳劍讀爲"羞"，見陳劍：《上博竹書〈仲弓〉篇新編釋文（稿）》，簡帛研究網，2004年4月18日。
③ 原考釋讀"治"，陳偉讀此字爲"辭"，推辭。見陳偉：《上博楚竹书〈仲弓〉"季桓子章"集釋》，簡帛網，2005年12月10日。
④ 簡4與簡26連接，是李學勤的意見，見李銳：《清華大學簡帛講讀班第三十二次研討會綜述》，"孔子2000"網站，2004年4月15日。
⑤ 整理者讀爲"政"，陳劍讀爲"今"，見沈培文：《上博簡〈姑成家父〉一個編聯組位置的調整》注釋17，簡帛網，2006年2月2日。
⑥ "釱（斧）"字從陳偉《讀〈上博六〉條記》（簡帛網，2007年7月9日）、何有祖《讀〈上博六〉劄記》（簡帛網，2007年7月9日）釋讀。
⑦ "虘（鑕）"改釋從陳偉、何有祖釋讀。見陳偉《讀〈上博六〉條記》（簡帛網，2007年7月9日）、何有祖《讀〈上博六〉劄記》（簡帛網，2007年7月9日）。

表 2—1　楚簡雙賓語行爲動詞表

	S+V+NP$_人$+NP$_2$	S+V+NP$_概念$+NP$_2$	S+V+NP$_事$+NP$_2$	S+V+NP$_神$+NP$_2$
教	7	0	0	0
示	5	0	0	0
告	4	0	0	0
予	3	0	0	0
囑	0	0	3	0
語	1	0	0	0
貽	1	0	0	0
授	1	0	0	0
免	1	0	0	0

第三節　對雙賓語句的幾點認識

第一，以意義爲劃分標準，可將上述 9 個行爲動詞分爲如下幾類，分別是施予類（予、貽）、收受類（授）、告示類（教、告、語）、明示類（示）、委托類（囑）、損益類（免）。

第二，從雙賓動詞的數量看，楚簡文獻明顯少於傳世文獻。廖振佑[①]遍檢先秦 29 部重要典籍，計得雙賓動詞 138 個；劉宋川[②]從 15 部先秦典集中搜集歸納得 170 個雙賓動詞。可見相較於傳世文獻，楚簡文獻中的雙賓動詞要少很多。

第三，雙賓動詞均爲單音節動詞，且雙賓動詞前後的修飾語十分有限，偶爾會有單音節否定副詞或單音節時間副詞作修飾。

第四，楚簡中所有雙賓結構中的間接賓語均位於直接賓語前面，這與傳世文獻所表現的語序是一致的。雙賓語句的間接賓語和直接賓語成分都比較簡單，間接賓語通常表人，往往由一個詞充當；直接賓語通常

[①] 廖振佑：《先秦書面語的雙賓語動詞類型》，《古漢語語法論集》，語文出版社，1998 年版，第 429 頁。
[②] 劉宋川：《先秦雙賓語結構考察》，《古漢語語法論集》，語文出版社，1998 年版，第 453 頁。

也比較簡單，但有時還是會由簡單的動賓結構或主謂結構承擔。

第五，徐志林、劉彭冰[①]曾運用原型理論考察甲骨卜辭中的雙賓語句，認爲甲骨卜辭中雙賓語句的語義特徵是"獻祭"，反映的是神與人的關係，並提出西周時期，雙賓句往往是表示人與人之間的關係，而反映人與神靈之間"獻祭"關係的僅在少數。他們的結論是有道理的。經過對楚簡文獻的語義分析，可以發現楚簡中雙賓語句的間接賓語基本都用來指代人物，由表 2-1 可看出指代人的比例爲 77%。與其相對應的主語經常由"聖人""天子""君""有國者"等統治者之類的充當，間接賓語爲人時，相對於主語而言，地位往往比較低微，經常是百姓或大臣，從而主語與間接賓語之間形成了一種相對的尊卑關係（君臣、君民、長幼、師生等）。

第六，就考察範圍內的語料看，楚簡文獻中的雙賓語句不占優勢，一方面可能是由於這 9 個行爲動詞在楚簡中不是高頻詞，另一方面在於表達一個語義關係的可以用多種其他句法結構，所以雙賓結構所表達的語義關係是可以使用其他句法結構的。如"教"表示"教導"義時，不僅可以用雙賓，還可以用其他方式，例：

（55）倀（長）民者善（教）之目（以）悳（德），齊之目（以）豊（禮），則民又（有）懽（勸）[②] 心；善（教）之目（以）正（政），齊之目（以）埜（刑），則民又（有）孫（遜）[③] 心。（郭_緇衣_23、24）

（56）善（教）目（以）豊（禮），則民果目（以）㭒。善（教）目（以）樂，則民㠯悳（德）清牿。善（教）目（以）攴（辯）兌（說），則民執（褻）[④] 陞（陵）倀（長）貴目（以）忘（妄）。善（教）目（以）執（勢）[⑤]，則民埜（野）目（以）靜（爭）。善（教）目（以）只（技）[⑥]，則民少目（以）夋（吝）。善（教）目（以）言，則民話

[①] 徐志林、劉彭冰：《甲骨卜辭雙賓結構原型範疇理論研究》，《江西師範大學學報》（哲學社會科學版），2008 年第 12 期。
[②] "懽（勸）"字從裘錫圭讀，見裘錫圭《郭店楚墓竹簡·緇衣》篇注 [六五]。
[③] "孫（遜）"字從白於藍讀，見白於藍：《釋"孚"、"孴"》，《古文字研究》第二十二輯，中華書局，2000 年版。
[④] "執（褻）"字從陳偉讀，見陳偉：《郭店竹書別釋》，湖北教育出版社，2002 年版，158 頁。
[⑤] "執（勢）"字從陳偉讀，見陳偉：《郭店竹書別釋》，湖北教育出版社，2002 年版，158 頁。
[⑥] "只（技）"字從李零讀，見李零：《郭店楚簡校讀記》，《道家文化研究》第十七輯，生活·讀書·新知三聯書店，1999 年版。

(訐)曰（以）豚（寡）訐（信）。善（教）曰（以）事，則民力嗇（嗇）曰（以）酉（啗）利。善（教）曰（以）懽（權）惎（謀），則民淫①悋（昏）遠豊（禮）亡新（親）怠（仁）。（郭_尊德義_13、14、15、16）

(57) 夫是則獸（守）之曰（以）訐（信），善（教）之曰（以）義，行之曰（以）豊（禮）也。（上博二_從政（甲）_1、2）

分析例（55）、例（57），發現"善（教）之曰（以）惪（德）""善（教）之曰（以）正（政）""善（教）之曰（以）義"是在原本雙賓結構的基礎上，將直接賓語前面增加介詞"以"，從而使得原本的直接賓語轉換爲補語。而例（56）是在例（55）、例（66）的基礎上進一步省略間接賓語。當然，我們也可以反過來理解，雙賓語是在動補結構的基礎上，通過增加間接賓語，去除介詞"以"而形成的，這種轉換方式與西周金文不同。②

---

① 此處釋讀依從李家浩，見李家浩：《讀〈郭店楚墓竹簡〉瑣議》，《郭店楚簡研究》（《中國哲學》第二十輯），遼寧教育出版社，1999年版，第344頁。
② 潘玉坤指出，西周金文中雙賓句可以通過在間接賓語前加介詞"于"並將此介詞短語位移到句末從而轉換成補語。見潘玉坤：《西周金文語序研究》，華東師範大學博士學位論文，2003年。

第三章 宾语前置句研究

第一節 賓語前置界說

對賓語前置的理論研究起源於《馬氏文通》。馬建忠提出："止詞後乎外動字者，常也。惟外動字加弗辭，或起詞爲'莫''無'諸泛指代詞，其止詞爲代字者，皆先動字。"① "'何'字單用於賓次者，爲止詞先於動字，爲司詞則先於介字，不先者鮮矣。"②

王力認爲，主—動—賓的詞序，是從上古漢語到現代漢語的詞序。但是，在上古漢語裏有一些特殊的情況，就是賓語可以放在動詞的前面。這種結構是有條件的，即這個前置的賓語必須是一個代詞。他認爲，在原始時代的漢語裏，代詞作爲賓語的時候，正常的位置本來就在動詞的前面。③

黎錦熙認爲："述語部分，先動后賓，常序也；賓先乎動，則爲變式句法，蓋有三類。"④ 其中一類就是指賓在動前，即賓位倒置在外動詞前者。

呂叔湘提出："具有三個成分的叙述句的正常次序是：起—動—止，這是無須再説什麼的。但是這個次序不是普遍的，白話和文言裏都有'變次'的情形。……在文言裏有兩個重要地方要應用這種變次：一是疑問詞作止詞的時候，一是句内有'不'、'莫'等否定詞而止詞爲指稱

---

① 馬建忠：《馬氏文通》，商務印書館，1983年版，第156頁。
② 馬建忠：《馬氏文通》，商務印書館，1983年版，第76頁。
③ 王力：《漢語史稿》（修訂本），中華書局，1980年版，第357頁。
④ 黎錦熙：《比較文法》（1973年校訂本），中華書局，1986年版，第19頁。

詞的時候。"①

楊伯峻、何樂士②認爲賓語不借助增添結構助詞而直接位於動詞前邊的現象表明，賓語位置的變化在古漢語特殊詞序中占有頭等重要的位置。所謂賓語位置的變化，也就是説，賓語在一定條件下不在動詞後邊而在動詞前邊。根據它的變化情況可分兩大類：一是賓語不借助增添結構助詞而直接位於動詞前邊，二是賓語借助增添結構助詞而位於動詞前邊。

從各位學者關於賓語前置理論的叙述中，我們可以確定，賓語前置就是指在漢語語序的正常排列中，本應先動詞后賓語，但是在某些條件下，這種情況發生了改變。據統計，楚簡文獻屬於賓語前置句式的有105例。③楊伯峻、何樂士對於賓語前置情況的分類較爲清晰，所以本書的賓語前置分類標準便依據楊、何二人的分類理念。

第二節　賓語前置句式分析及描寫

根據楊伯峻、何樂士④關於賓語前置的分類理論，結合楚簡文獻語料的具體情況，現將楚簡賓語前置的變化分兩大類：一是賓語不借助增添結構助詞而直接位於動詞前邊，二是賓語借助增添結構助詞而位於動詞前邊。

下面先介紹第一類。第一類分爲三種類型，分別是否定句賓語前置、疑問句代詞賓語前置和肯定句賓語前置。

一、否定句代詞賓語語序情況

否定句中代詞賓語前置在甲骨文中已經出現。管燮初指出在殷墟甲

---

① 吕叔湘：《中國文法要略》，商務印書館，1956年版，第33~34頁。
② 楊伯峻、何樂士：《古漢語語法及其發展》，語文出版社，1992年版，第780頁。
③ 具體見附錄四，用波浪綫標示。
④ 楊伯峻、何樂士：《古漢語語法及其發展》，語文出版社，1992年版，第780頁。

骨刻辭中存有賓語不先置的例外情況。① 王力指出否定句中賓語前置在先秦時期也已經不嚴格了。② 何樂士對《左傳》否定句中代詞賓語前置的情況進行了統計，前置的句子 57 例，後置的句子 34 例，分別占 62.6％和 37.4％。③ 李海燕研究了戰國時期多部文獻的否定句中代詞賓語的位置，認爲戰國時期否定句賓語前置向後置的發展速度較快，正處在前置向後置的過渡狀態。④ 經統計，出土楚簡中否定句代詞賓語前置有 25 處，代詞賓語後置有 5 處，所以楚簡文獻中的否定句代詞賓語也是前置、後置兩種情況都有，且前置比例高於後置。楚簡文獻否定句中否定詞與代詞賓語的位置聯繫密切，否定句代詞賓語前置，分別由否定"莫""未""不"承擔，否定句代詞賓語不前置，即後置時，由否定詞"弗"承擔。

（一）否定句代詞賓語前置

否定句代詞賓語前置中否定詞爲"莫"的有 12 處，占 48％；否定詞爲"不"的有 7 處，否定詞爲"未"的有 6 處。

1. "莫"

（1）民莫之命（令）天〈而〉自均安⑤。（郭_老子甲_19）

按："莫之命（令）"即"莫命（令）之"。

（2）乍（作）豊（禮）樂，折（制）坓（刑）灋，爻（教）此民尔（而）⑥貞（使）之又（有）向也，非聖智者莫之能也。新（親）父子，和大臣，帰（寢）四殳（鄰）之朿（策）⑦辠（慮）⑧，非惪（仁）宜（義）者莫之能也。聚人民，責（任）陸＝（土地），足此民尔生死之甬（用），非忠（忠）訐（信）者莫之能也。（郭_六德_2、3、4）

按："莫之能"即"莫能之"。

（3）古（故）莫之智（知）而不毀□□□□□□□□□嗅而不

---

① 管燮初：《西周金文語法研究》，商務印書館，1981 年版。
② 王力：《漢語史稿》，中華書局，1980 年版。
③ 何樂士：《〈史記〉語法特點研究》，《兩漢漢語研究》，山東教育出版社，1984 年版。
④ 李海燕：《先秦漢語常見賓語前置研究》，鄭州大學碩士學位論文，2007 年。
⑤ 白於藍在《戰國秦漢簡帛古書通假字匯纂》中提及，傅奕本和帛書本"安"作"焉"，第 378 頁。
⑥ 白於藍在《戰國秦漢簡帛古書通假字匯纂》中認爲，"尔"似當讀作"而"，第 175 頁。
⑦ "朿（策）"字從白於藍《包山楚簡補釋》，《中國文字》新 27 期，藝文印書館，2001 年版。
⑧ "辠（慮）"字從白於藍《包山楚簡補釋》，《中國文字》新 27 期，藝文印書館，2001 年版。

芳。（郭_窮達以時_12）

　　按：此句雖然有所殘缺，但"莫之智（知）"已經構成一個完整的賓語前置架構，正常語序即"莫智（知）之"。

　　（4）昔三弋（代）之明王之又（有）天下者，莫之舍①也，而□取之，民皆目（以）爲義。（上博二_從政_甲1、2）

　　按："莫之舍"即"莫舍之"。

　　（5）牀（將）遉（復）戩（戰），則录（祿）篗（爵）又（有）棠（常），幾莫之堂（當）。（上博四_曹沫之陳_51下、50②）

　　按："莫之堂（當）"即"莫堂（當）之"。

　　（6）尭（堯）目（以）天下壤（讓）於叚（賢）者，天下之叚（賢）者，莫之能爰（受）也。（上博二_容成氏_10）

　　（7）萬邦之君皆目（以）亓（其）邦毄（讓）於叚（賢）◎□□□叚（賢）者，而叚（賢）者莫之能爰（受）也。（上博二_容成氏_10、11）

　　按："莫之能受"即"莫能受之"。

　　（8）眾（衆）之所槀（植），莫之能瀘（廢）③也。（上博六_孔子見季桓子_25）

　　按："莫之能瀘（廢）"即"莫能瀘（廢）之"。

　　（9）烏（於）！莫我智（知）也夫。（上博五_弟子問_4）

　　按："莫我智（知）"即"莫智（知）我"。

　　先秦漢語中當"莫"主要用作否定性的無定代詞時，表示"沒有誰""沒有什麽"的意思。在有無定代詞"莫"的否定句中，其前置的代詞賓語有第三人稱"之"和第一人稱"我"，其中與"之"搭配較多，"我"僅有1處。多數情況下動詞前是沒有助詞的。但例（6）到例（8）這3例中，動詞前有助動詞"能"作修飾語，這個時候代詞賓語全部位於動詞和修飾語"能"的前邊、否定詞的後邊。

────────

① 整理者讀爲"餘"。周鳳五釋讀爲"舍"，給予義。見周鳳五：《讀上博楚竹書〈從政〉（甲篇）劄記》，簡帛研究網，2003年1月10日。
② 此處編聯從白於藍《上博簡〈曹沫之陳〉釋文新編》，簡帛研究網，2005年4月10日。
③ "瀘（廢）"字從陳劍讀，見陳劍：《〈上博（六）·孔子見季桓子〉重編新釋》，復旦大學出土文獻與古文字研究中心網，2008年3月22日。

2. "未"

（10）句（苟）又（有）丌（其）青（情），唯（雖）未之爲异（斯），人訐（信）之壴（矣）。（郭＿性自命出＿51）

按：第三人稱代詞"之"作爲動詞"爲"的賓語而前置。

（11）士，虘（吾）見之壴（矣），事而弗叟（受）者，虘（吾）聖（聞）而之未見也。（上博五＿弟子問＿9）

按：第三人稱代詞"之"作爲動詞"見"的賓語而前置。

（12）亙（亟）①爯（稱）亓（其）君之亞（惡）者未之又（有）也。（郭＿魯穆公問子思＿5、6）

（13）忠恅（信）硤（積）而民暈（親）恅（信）者，未之又（有）也。（郭＿忠信之道＿1、2）

（14）不徟（禪）而能蝎（化）民者，自生民未之又（有）也。（郭＿唐虞之道＿21）

（15）民不從上之命，不訐（信）丌（其）言，而能悆（念）②悳（德）者，未之又（有）也。（郭＿成之聞之＿2、3）

按：以上4例均是第三人稱代詞"之"作爲動詞"有"的賓語而前置。

在有否定副詞"未"且賓語爲代詞的否定句中，其前置的代詞賓語均爲第三人稱"之"，且"未之又（有）"以熟語的固定形式高頻率出現。

3. "不"

（16）《寺（詩）》員（云）："皮（彼）求我則，女（如）不不我昃（得），鞁（執）我裁＝（仇仇③），亦不我力。"（郭＿緇衣＿18、19；上博一＿緇衣＿10）

按：在"不我得"這個否定式中，"我"作爲代詞充當動詞"得"的賓語，位於"得"的前邊、"不"的後邊。"不我力"否定式中，"我"作爲代詞充當動詞"力"的賓語，位於"力"的前邊、"不"的後邊。

---

① "亙（亟）"字從陳偉《郭店竹書別釋》，湖北教育出版社，2002年版，第45頁。
② "悆（念）"字從裘錫圭讀，見裘錫圭：《郭店楚墓竹簡·成之聞之》篇注釋[一]。
③ 白於藍在《戰國秦漢簡帛古書通假字匯纂》中提及，今本《禮記·緇衣》"裁"作"仇"，第13頁。

(17)《寺（詩）》員（云）："我龜既猒（厭），不我告猷。"（郭_緇衣_46、47；上博一_緇衣_24）

按：在"不我告"這個否定式中，"我"作爲代詞充當動詞"告"的賓語，位於"告"的前邊、"不"的後邊。

(18) 賜，不虐（吾）智（知）也。（上博五_弟子問_22）

按：在"不吾知"這個否定式中，"吾"作爲代詞充當動詞"知"的賓語，位於"吾"的前邊、"不"的後邊。

有否定詞"不"且賓語爲代詞的否定句共7處，其賓語均爲第一人稱代詞。有6處引自《詩經》，其前置賓語代詞均爲第一人稱代詞"我"，另外1處其前置賓語代詞爲第一人稱代詞"吾"。

綜上，"莫""未""不"所構成的否定句代詞賓語均爲前置，沒有後置現象。"莫"有12處，與"之"搭配的頻率較高，爲11次；"未"全部與第三人稱代詞"之"搭配使用；"不"全部與第一人稱代詞搭配使用。

同時，我們也對出土楚簡中其他4個否定詞"非""毋""無""弗"進行了考察，發現由"非""毋""無"構成的否定句沒有代詞作賓語的用例，這可能和出土楚簡本身語料有限有關。否定詞"弗"在楚簡中有6處帶賓語（1處名詞賓語，5處代詞賓語），其中5處代詞賓語爲"之"，且全部後置，無一例外。具體如下：

(19) 求亓（其）心又（有）爲（僞）也，弗旻（得）之壴（矣）。（郭_性自命出_37；上博一_性情論_31、32）

(20) 人唯（雖）曰不秱（利），虐（吾）弗訐（信）之矣。（郭_緇衣_44、45；上博一_緇衣_23）

(21) 是古（故）亡虐（乎）丌（其）身而鹰（存）虐（乎）丌（其）訇（辭）①，唯（雖）乇（厚）丌（其）命，民弗從之悆（矣）。（郭_成之聞之_4、5）

關於否定詞"弗"所在句子中代詞賓語語序的情況，李海燕通過對《論語》《老子》《墨子》《國語》《左傳》五部文獻中否定句代詞賓語前置和後置比例情況的統計，指出"弗"字否定句中前置和後置的比例是

---

① "訇（辭）"字從李零《郭店楚簡校讀記》（增訂本），北京大學出版社，2002年版，121頁。

1∶2.5①；魏兆惠考察了西漢9部文獻②中的否定句代詞賓語前置和後置的情况，指出僅《淮南子》《史記》中存有"弗"字帶代詞賓語的情况，共有7例（《淮南子》5例，《史記》2例），全部後置；東漢9部文獻③僅《潛夫論》中有3例"弗"字帶賓語的情况，且全部前置。④ 由此可以看出"弗"字帶代詞賓語的用例不多，且代詞賓語前置還是後置似乎與時代的關係不是很密切。在出土楚簡中，"弗"字否定句中的代詞賓語全部後置。

（二）否定句非代詞賓語前置

這種現象在楚簡尤爲罕見，僅有兩處，所見如下：

（22）王子不旻（得）君，楚⑤邦或（又）⑥不旻（得）。（上博六 _ 平王與王子木 _ 4）

（23）是古（故）又（有）鼠⑦（一），天下亡（無）不又（有）；亡（無）鼠⑧（一），天下亦亡（無）鼠⑨（一）又（有）。（上博七 _ 凡物流形（甲）_ 21）

例（22）名詞結構"楚邦"前置，應該是出於強調的考慮；例（23）數詞"一"前置，可能主要是爲了與前一句的"亡（無）不又（有）"構成形式上的對偶美、音韻上的和諧美。

---

① 李海燕：《先秦漢語常見賓語前置研究》，鄭州大學碩士學位論文，2007年。
② 這9部文獻具體包括劉安的《淮南子》、韓嬰的《韓詩外傳》、司馬遷的《史記》、董仲舒的《春秋繁露》、劉向的《新序》《説苑》、賈誼的《新書》、桓寬的《鹽鐵論》、桓譚的《新論》。
③ 這9部文獻具體包括《漢書》《論衡》《太平經》《前漢記》《潛夫論》《申鑒》《金匱要略》《傷寒論》《漢譯佛經》。
④ 魏兆惠：《兩漢語法專題研究》，華東師範大學博士後論文，2007年。
⑤ "楚"從周鳳五屬下讀，見周鳳五《上博六〈莊王既成〉、〈申公臣靈王〉、〈平王問鄭壽〉、〈平王與王子木〉新探》，2007中國簡帛學國際論壇。
⑥ "或（又）"字從周鳳五，見周鳳五：《上博六〈莊王既成〉、〈申公臣靈王〉、〈平王問鄭壽〉、〈平王與王子木〉新探》，2007中國簡帛學國際論壇。
⑦ "鼠-（一）"字從沈培讀，見沈培：《略說〈上博（七）〉新見的"一"字》，復旦大學出土文獻與古文字研究中心網，2008年12月31日。
⑧ "鼠-（一）"字從沈培讀，見沈培：《略說〈上博（七）〉新見的"一"字》，復旦大學出土文獻與古文字研究中心網，2008年12月31日。
⑨ "鼠-（一）"字從沈培讀，見沈培：《略說〈上博（七）〉新見的"一"字》，復旦大學出土文獻與古文字研究中心網，2008年12月31日。

二、疑問句代詞賓語語序情況

（一）疑問句代詞賓語前置

史存直指出："在甲骨文裏還沒有發現疑問代詞。"① 管燮初提出："疑問代詞賓語前置句式在西周金文中亦未發現。"② 王大年認爲："《尚書》可能就是這種句式在書面語中的源頭。《詩經》中這類句式比《尚書》要普遍些，使用的疑問代詞也比《尚書》中多，除'何'字外，還有'安'、'誰'、'胡'等……在今文《尚書》中充當賓語的疑問代詞，只見'何'、'曷'二字……它們充當賓語時，都置動詞述語前，規律比較嚴格，無一例外。"③

出土楚簡中用作賓語的疑問代詞有"何""曷""安""奚" 4 個，有 38 處。其中"奚" 8 處，"曷" 3 處，"安" 1 處，"何" 26 處，"何"占比例較高，約 68%。李海燕指出："'何'作動詞賓語前置出現頻率極高，約占所有疑問代詞作動詞賓語前置總數的 78%。"④ 由此可見，疑問代詞"何"在疑問句代詞賓語前置中具有重要地位。下面對這 4 個作賓語的疑問代詞一一進行討論：

1. "何"

疑問代詞"可（何）"作動詞"若"的前置賓語有兩處，且其經常搭配，后逐漸成爲固定結構。

(24) 岂（美）与（與）亞（惡），相去可（何）⑤若？（郭_老子乙_4）

(25) 女（如）舜（舜）才（在）含（今）之殜（世）則可（何）若？（上博二_子羔_8）

疑問代詞"可（何）"作動詞"女（如）"的前置賓語有 6 處，也因

---

① 史存直：《漢語語法史綱要》，華東師範大學出版社，1986 年版，第 26 頁。
② 管燮初：《西周金文語法研究》，商務印書館，1981 年版，第 73～75 頁。
③ 王大年：《〈尚書〉中的賓語前置句式》，《古漢語研究》，1994 年第 1 期。
④ 李海燕：《先秦漢語常見賓語前置研究》，鄭州大學碩士學位論文，2007 年。
⑤ 白於藍《戰國秦漢簡帛古書通假字匯纂》按，今本和帛書本可作何，第 156 頁。

其經常搭配而成爲固定結構。

(26) 可（何）女（如）而可胃（謂）忠臣？（郭_魯穆公問子思_1）

(27)《訿（詩）》，丌（其）猷（猶）坪（平）門，與戔（賤）民而谿（豫）之，丌（其）甬（用）心也酒（將）可（何）女（如）？民之又（有）慼（慼）卷（患）也，卡＝（上下）之不咊（和）者，丌（其）甬（用）心也酒（將）可（何）女（如）？（上博一_孔子詩論_4）

(28) 又（有）盛（成）工（功）者可（何）女（如）？（上博一_孔子詩論_5）

(29) 敢（敢）𢟭（問）可（何）女（如）而可胃（謂）民之父母？（上博二_民之父母_1）

(30) 虗（吾）子之盒（答）也可（何）女（如）？（上博四_相邦之道_4）

疑問代詞"可（何）"充當其他動詞的前置賓語用例有 14 處，述語動詞分別是設$_1$、行$_1$、有$_1$、謂$_1$、親$_1$、爲$_3$、先$_1$、傷$_1$、言$_1$、聽$_1$、征$_1$、盈$_1$。具體如下：

(31) 臣可（何）執（設）①可（何）行，而②𨦗（遷）③於朕身，而詖（謐）于帝常（常）？（上博三_彭祖_1）

(32) 大尹之言腆（脽）④，可（何）訦又（有）安（焉）？（上博四_昭王與龔之脽_9）

(33) 敢（敢）瞌（問）可（何）胃（謂）也？（上博五_君子爲禮_4）

(34) 天才（哉）人才（哉），朋（凭）可（何）新（親）才（哉），旻（没）亓（其）身才（哉）。（上博五_三德_17）

(35) 王子曰："可（何）目（以）䴷（麻）爲？"（上博六_平王與王子木_2）

---

① "執（設）"字從林志鵬，見林志鵬：《戰國楚竹書〈彭祖〉考論——兼論〈漢志〉"小説家"之成立（一）》，簡帛網，2007 年 8 月 18 日。
② 季旭昇主編：《上海博物館藏戰國楚竹書（三）》讀本，萬卷樓圖書股份有限公司，2005 年版，第 251 頁。
③ 季旭昇主編：《上海博物館藏戰國楚竹書（三）》讀本，萬卷樓圖書股份有限公司，2005 年版，第 251 頁。
④ "腆（脽）"字從陳劍讀，見陳劍：《上博竹書〈昭王與龔之脽〉和〈柬大王泊旱〉讀後記》，簡帛研究網，2005 年 2 月 15 日。

(36) 王子曰："疇①可（何）㠯（以）爲？"（上博六_平王與王子木_5）

按：例（35）、（36）中包含"何以……爲"結構，筆者依據許嘉璐②的觀點，將"以"看作介詞，"麻""疇"分別作介詞"以"的賓語；"爲"理解爲動詞，"何"是動詞"爲"的提前賓語。

(37) 敢昏（問）爲正（政）可（何）先？（上博三_仲弓_5）

(38) 虐（吾）植（直）③立經（徑）行，遠慮（慮）者（圖）後（後），唯（雖）不瞖（當）殜（世），句（苟）義毋舊（久）立，死可（何）戠（傷）才（哉）？（上博五_姑成家父_7）

(39) 我可（何）爲，歲（歲）安（焉）管（熟）？（上博四_柬大王泊旱_13）

(40) 莫新（親）虖（乎）父母，死不覝（顧）生，可（何）言虖（乎）丌（其）訐（信）也？（上博五_弟子問_8）

(41) 日之有耳（珥），牀（將）可（何）聖（聽）？月之又（有）軍（輪）④，牀（將）可（何）正（征）？水之東流，牀（將）可（何）涅（盈）？（上博七_凡物流形（甲_9、10）

2. "曷"

疑問代詞"害（曷）"，作動詞的賓語，全部前置，共3處。例：

(42) 不狀（然），君子㠯（以）臤（賢）禹（稱），害（曷）又（有）弗旻（得）？㠯（以）亡道禹（稱），害（曷）又（有）弗遊（失）？（上博四_曹沫之陣_9、10）

按："害（曷）又（有）"，意即"又（有）害（曷）"，表示"有什麼？"

(43) 日既，公昏（問）二夫=（大夫）："日之飤（食）也，害（曷）爲？"（上博五_競建内之_1）

按："害（曷）爲"，意即"爲害（曷）"，表示"幹什麼？"

---

① "疇"字從凡國棟讀，見凡國棟：《〈上博六〉楚平王逸篇初讀》，簡帛網，2007年7月9日。
② 許嘉璐：《古代漢語》（上冊），高等教育出版社，1992年版，第221~224頁。
③ "植（直）"字從何有祖讀，見何有祖：《〈季康子問於孔子〉與〈姑成家父〉試讀》，簡帛網，2006年2月19日。
④ "軍（輪）"字從宋華強讀，見宋華強：《〈上博（七）·凡物流形〉劄記四則》，簡帛網，2009年1月3日。

3. "安"

疑問代詞"安"，作動詞的賓語僅1處，表示對處所的詢問。例：

(44) 肥，從又（有）司之𨟻（後），罷（一）①不智（知）民乳（孴）之安才（在）。（上博五_季庚子問於孔子_1）

4. "奚"

疑問代詞"奚"，作賓語位於動詞"女（如）"的前面，有7處，且隨著語言的發展已成為固定結構。例：

(45) 臧（莊）公或（又）睧（問）曰："善攻者奚女（如）？"（上博四_曹沫之陣_55、56）

(46) 還年而睧（問）於敓（曹）敷（沫）曰："虐（吾）欲與齊戰，睧（問）戕（陳）奚女（如）？獸（守）鄥（邊）𡍮（城）奚女（如）？"（上博四_曹沫之陣_12、13）

(47) 臧（莊）公曰："善獸（守）者奚女（如）？"（上博四_曹沫之陣_57）

按：疑問代詞"奚"作其他動詞的賓語僅1處。

（二）疑問代詞作賓語没有前置

"何"

出土楚簡中疑問代詞"可（何）"作賓語但沒有前置的情況有9處，分別來自《上博三》的《仲弓》篇和《上博四》的《曹沫之陣》篇，且都是和"如"搭配使用，隨著語言的發展逐漸演變為固定結構。例：

(48) 夫先又（有）司，爲之女（如）可（何）？（上博三_仲弓_8）

(49) 臧（莊）公曰："爲咊（和）於豫（舍）②女（如）可（何）？"（上博四_曹沫之陣_22）

(50) 爲咊（和）於邦女（如）之可（何）？（上博四_曹沫之陣_20）

(51) 敢昏（問）舉（舉）才女（如）之可（何）？（上博三_仲

---

① "罷（一）"字從季旭昇讀，見季旭昇：《上博五芻議（上）》，簡帛網，2006年2月18日。
② "豫（舍）"字從陳劍讀，見陳劍：《上博竹書〈曹沫之陣〉新編釋文》，簡帛研究網，2005年2月12日。

弓_9、10)

表 3—1　出土楚簡中的疑問代詞賓語語序情況

	何	曷	安	奚	總計
前置	22	3	1	8	34
後置	9	0	0	0	9

由上表可知，疑問代詞賓語後置的情況有 9 處，前置的情況有 34 處，後置占比不足 30%。後置的 9 處都是和動詞"如"發生述賓關係，這種狀況與先秦時期的語言發展是一致的。何樂士[①]指出，雖然在一定條件下，問句中的疑問代詞也有後置現象，但總的看來，問句中的疑問代詞賓語前置是先秦漢語中一條比較嚴格的語法規律。

此外，出土楚簡中的疑問代詞賓語前置結構中，動詞前既沒有出現助詞，也沒有出現副詞。

有關疑問代詞沒有前置的情況，何樂士[②]指出幾種不前置的情況都是有規律可尋的，一是位於動詞"云"后的疑問代詞賓語一般不前置；二是位於介詞"于""於"后的疑問代詞賓語一般不前置；三是在少數固定形式（謂……何、如之何、如何、若之何、若何、奈之何、奈何）中，疑問代詞"何"位於動詞之後。出土楚簡中關於疑問代詞不前置的情況比較單一，僅出現在"如（之）何"這一固定格式中。

三、肯定句賓語前置

（52）民之所惪（喜），上帝是有（祐）。（上博五_三德_6）

按："是"，代詞作賓語而置於動詞"有（祐）"的前面，指代"民之所喜"。

（53）民之所欲，䰠（鬼）神是有（祐）。（上博五_三德_20）

按："是"，代詞作賓語而置於動詞"有（祐）"的前面，指代"民之所欲"。

---

① 楊伯峻、何樂士：《古漢語語法及其發展》，語文出版社，1992 年版，第 786 頁。
② 楊伯峻、何樂士：《古漢語語法及其發展》，語文出版社，1992 年版，第 789～790 頁。

何樂士指出:"肯定句中,在西周春秋時代,代詞'是'用作賓語時,必定置於動詞或介詞之前。到《詩經》中還保留了很多'是'字前置的例子。直到《論語》和《左傳》中,在出現了大量賓語'是'後置的句式同時,也還有不少賓語'是'前置的例子。"①

肯定句中,除了代詞"是"作賓語前置外,其他代詞偶爾也有前置的,如:

(54)《寺(詩)》員(云):"虩=(赫赫)帀(師)尹,民具尔(爾)瞻(瞻)。"(郭_緇衣_15、16;上博一_緇衣_9)

按:"爾",第二人稱代詞,作賓語而置於動詞"瞻(瞻)"的前面,全句意爲"威嚴的太師尹,百姓都注視著你"。

此外還有一些是後來隨著語言的發展,逐漸成了固定結構,有"是目(以)""此目(以)""是胃(謂)"等。舉例如下(數據不作詳細統計):

(55)所曰聖人,亓(其)生賜羕(養)也,亓(其)死賜牀(葬),迲(去)囂(苛)匽(慝),是目(以)爲名。(上博二_容成氏_33)

(56)是若(察)②,求之於中,此目(以)不愳(惑)③,而民道(導)之。(上博六_孔子見季桓子_27)

(57)天共旹(時),陞(地)共材,民共力,㬥(明)王無思,是胃(謂)叁(三)悳(德)。(上博五_三德_1)

下面介紹賓語前置中的第二類:賓語借助增添結構助詞而位於動詞前邊,有26處。何樂士④將肯定句中有語法標志的賓語前置的句子歸納爲"賓‧助‧動"句式,並指出這類句式的重要特點是在前置賓語和動詞之間增添結構助詞。出土楚簡中依據"助"內容的不同,將其分爲三類,具體如下:

(一)結構助詞"是"標志賓語提前

(58)大(太)子乃亡(無)睧(聞)、亡聖(聽),不睧(問)、不

---

① 楊伯峻、何樂士:《古漢語語法及其發展》,語文出版社,1992年版,第792頁。
② "若(察)"字從陳偉讀,見陳偉:《讀〈上博六〉條記之二》,簡帛網,2007年7月10日。
③ 白於藍在《戰國秦漢簡帛古書通假字匯纂》中提及,整理者直接釋"愳"爲"惑",第205頁。
④ 楊伯峻、何樂士:《古漢語語法及其發展》,語文出版社,1992年版,第802頁。

命，唯忞（哀）悲是思，唯邦之大炁（務）①是敬。（上博二_昔者君老_4）

按："忞（哀）悲是思"意即"心中念及的就是此喪父之悲"，"邦之大炁（務）是敬"意即"所恭敬面對的就是此國家的變故"。

(59) 亡（無）聖（聲）之繎（樂），亡（無）體（體）之豊（禮），亡（無）備（服）之桑（喪），可（何）志（詩）是迡（邇）？（上博二_民之父母_7、8）

按："可（何）志（詩）是迡（邇）"意爲"最接近什麼典籍的記載"。

(60) 君子相好，㠯（以）自爲退（長），幾（豈）②紋是好？（上博四_逸詩_1）

按："紋是好"意即"喜歡逸豫嬉遊"。

(61) 幾（豈）③紋是好？隹（唯）④心是萗。（上博四_逸詩_3）

按："心是萗"意即"修美德性心志"。

(62) 幾（豈）⑤紋是好？隹（唯）⑥心是萬（勵）。（上博四_逸詩_4）

按："心是萬（勵）"意即"砥礪德性心志"。

(63) 君子之立孝，忎（愛）是甬（用），豊（禮）是貞（貴）。（上博四_內禮_1）

按："忎（愛）是甬（用）"意即"用忠心的誠懇"；"豊（禮）是貴"意即"重視行爲的規範"。

---

① "炁（務）"見何琳儀《滬簡二册選釋》，簡帛研究網，2003年1月14日。釋"炁"爲"矛"，讀作"務"。白於藍指出讀作"務"可信，但字當釋作"炁"，見白於藍：《〈郭店楚墓竹簡〉釋文正誤一例》，《吉林大學學報》，1999年第2期。

② "幾（豈）"字從孟蓬生讀，見孟蓬生《上博竹書（四）閒詁（續）》（簡帛研究網，2005年3月6日）、魏宜輝《讀上博楚簡（四）劄記》（簡帛研究網，2005年3月10日）。

③ "幾（豈）"字從孟蓬生讀，見孟蓬生《上博竹書（四）閒詁（續）》（簡帛研究網，2005年3月6日）、魏宜輝《讀上博楚簡（四）劄記》（簡帛研究網，2005年3月10日）。

④ "隹（唯）"字從廖名春，見廖名春：《楚簡〈逸詩·交交鳴鳥〉補釋》，簡帛研究網，2005年2月12日。

⑤ "幾（豈）"字從孟蓬生讀，見孟蓬生《上博竹書（四）閒詁（續）》（簡帛研究網，2005年3月6日）、魏宜輝《讀上博楚簡（四）劄記》（簡帛研究網，2005年3月10日）。

⑥ "隹（唯）"字從廖名春，見廖名春：《楚簡〈逸詩·交交鳴鳥〉補釋》，簡帛研究網，2005年2月12日。

(64) ◎競（境）必勑（勝），可目（以）又（有）忴（治）邦，周等（志）①是廌（存）。（上博四_曹沫之陣_41）

按："周等（志）是廌（存）"即"記載於周代典籍中"。

(65) 身虘（且）有疢（病），亞（惡）盉（羹）與飤（食）；邦虘（且）亡，亞（惡）聖人之患（謀）；室虘（且）弃，不墮（綏）②祭（祭）祀，唯蘆（怒）③是備（服）。（上博五_三德_13）

按："蘆（怒）是備（服）"即是"備（服）蘆（怒）"。顧史考認爲該段文意爲："蓋身將病時，必以菜食來補；國將亡時，必以聖人之謀來救；家將廢棄，更需要神祖的佑助。然正在關鍵時刻，不以平心冷静處理，不聽逆耳之良言，反而任意忿怒責罵以縱心。"④

(66) 凡目毋遊，定見（視）是求。（上博五_君子爲禮_6）

按："定視是求"即是"求定視"，"定視"，季旭昇認爲意爲視綫穩定。⑤

(67) 視耑（前）寡（顧）逡（後），九惠是鼎（貞）。（上博六_用曰_5）

按："九惠是貞"即"貞九惠"，此句依據原考釋應該是釋爲"爲政者處事上該瞻前顧後注意任何的事情，那麼會帶給人民持久的恩惠"⑥。

(68) 凡龏（寵）⑦人，非人是龏（寵），氒（厥）身是戔（暴）⑧。（上博六_用曰_6）

按："非人是龏（寵）"即"龏（寵）非人"；"氒（厥）身是戔（暴）"即"戔（暴）厥身"。

這種以結構助詞"是"爲標志來標識賓語提前的句子，有時會在賓語前置的基礎上加上一個表强調的語氣副詞"唯"，如上面的例（59）、

---

① "等（志）"字從陳劍讀，見陳劍：《談談〈上博（五）〉的竹簡分篇、拼合與編聯問題》，簡帛網，2006年2月19日。
② "陸（綏）"字從晏昌貴讀，見晏昌貴：《〈三德〉"不墮祭祀"補説》，簡帛網，2006年5月3日。
③ 范常喜讀爲"怒"，見范常喜：《〈上博五·三德〉劄記六則》，簡帛網，2006年5月18日。
④ 顧史考：《上博竹書〈三德〉篇逐章淺釋》，"中央"研究院歷史語言所、臺灣大學中國文學系主編，2006年版，第269～310頁。
⑤ 季旭昇：《上博五芻議（下）》，簡帛網，2006年2月18日。
⑥ 馬承源主編：《上海博物館藏戰國楚竹書（六）》，上海古籍出版社，2007年版，第291頁。
⑦ 白於藍《戰國秦漢簡帛古書通假字匯纂》按，"龏"似當讀作"寵"，第298頁。
⑧ 白於藍《戰國秦漢簡帛古書通假字匯纂》按，"戔"似當讀作"暴"，第80頁。

例（61）、例（62）、例（65）。例（59）來自《上博二》的《昔者君老》篇，該篇是有關先秦君喪禮儀制度的文獻；例（61）、例（62）來自《上博四》的《逸詩》篇，該篇可能是南方人仿《詩經》的作品①；例（65）來自《上博五》的《三德》篇，該篇是有關論説性的文獻，具體所歸屬的思想學派目前没有定論。由這4例的出處看，出土楚簡中的"唯……是……"句式主要來自子部，運用於宣傳某種思想或禮儀文獻中，該句式强調了其動作對象的單一性和排他性。何樂士指出"這種句式大都出現在對話中，這些對話或是君臣答問，或是外交應付，或是同僚之間的交談"②，這一點從出土楚簡中無法看出來。

（二）結構助詞"之"標志賓語提前

（69）臣爲君王臣，君王痽（免）之死，不𦤳（以）脣〈辱〉釛（斧）③壴（鑽）④，可（何）敢（敢）心之又（有）。（上博六＿申公臣靈王＿8、9）

按："可（何）敢（敢）心之又（有）"即"可（何）敢（敢）又（有）心"，申公對楚靈王説："君王赦免了臣下的死罪，臣下的身子已經屬於君王了，哪兒還敢有心呢？"周鳳五提出："心在身中，身子給了君王，心當然也一起給了，除非還有第二顆心。這是一句巧妙的雙關語，意思是强調自己没有二心。"⑤

（70）用曰：咎羣（群）言之弃（棄）。（上博六＿用曰＿7）

按：張崇禮⑥指出咎爲厭惡之意。"咎羣（群）言之弃（棄）"即"咎弃（棄）羣（群）言"，這是告誡君主要虛心接受别人的意見和建議。

（71）非稷（稷）之糧（種），而可歕（飲）飤（食）。（上博六＿用

---

① 李鋭：《讀上博四劄記（一）》，簡帛研究網，2005年2月20日。
② 楊伯峻、何樂士：《古漢語語法及其發展》，語文出版社，1992年版，第798頁。
③ "釛（斧）"字從陳偉《讀〈上博六〉條記》（簡帛網，2007年7月9日）、何有祖《讀〈上博六〉劄記》（簡帛網，2007年7月9日）釋讀。
④ "壴（鑽）"改釋從陳偉、何有祖釋讀。見陳偉《讀〈上博六〉條記》（簡帛網，2007年7月9日）、何有祖《讀〈上博六〉劄記》（簡帛網，2007年7月9日）。
⑤ 周鳳五：《上博六〈莊王既成〉、〈申公臣靈王〉、〈平王問鄭壽〉、〈平王與王子木〉新探》，《傳統中國研究集刊》（第三輯），上海人民出版社，2007年版。
⑥ 張崇禮：《釋〈用曰〉的一個編連組》，簡帛研究網，2007年12月29日。

曰 _ 8)

按:"稷之種"即"種稷"。

（三）結構助詞"之爲"標志賓語提前

(72) 使民不逆而訓（順）城（成），<u>頁（百）眚（姓）之爲緒</u>（？）①。（上博七 _ 武王踐阼 _ 15）

按:"百姓之爲緒（？）"即"緒（？）百姓"，雖然"緒"具體讀作什麼學界還存爭議，但是從語法角度可以確定，此處的"之爲"是賓語提前的標志，其作用相當於結構助詞"是""之"等。

出土楚簡中"賓·助·動"句式的特點：

第一，使用的結構助詞較少，僅有"是""之""之爲"三類，而諸如楊伯峻、何樂士②所列出的結構助詞"實""于""於""來""斯""厥""焉""云"等，均未見。

第二，形式較爲簡單，前置賓語通常不超過兩個音節，由體詞性成分充任；動詞也均爲單音節動詞；在結構助詞和動詞之間沒有發現諸如否定詞、副詞、助動詞等修飾語；句末幾乎沒有語氣詞。

第三，與否定詞的關係。出土楚簡中否定詞在動詞前面的情況較少，僅兩例。否定詞均位於前置賓語之前，例(68)結構助詞爲"是"，例(71)結構助詞爲"之"。否定詞修飾的是"賓·是（之）·動"整體。

第四，與疑問詞的關係。出土楚簡中前置賓語結構中沒有出現疑問詞充當賓語的情況。

楊伯峻、何樂士③認爲，"賓·助·動"句式始見於西周金文，在西周末年、東周初年有了較大發展，"賓·'是'·動"式在《詩經》中有40例，《尚書》中有2例；"賓·'之'·動"式在《詩經》中有17例，《尚書》中有7例；"賓·其他助詞·動"式在《詩經》中有16例，《尚書》中有3例，且判斷大約最晚在春秋初年，"賓·'是'·

---

① 整理者讀作"聽"，禤健聰則釋作"緒"，見禤健聰：《上博（七）零劄三則》，簡帛網，2009年1月14日。讀書會讀作"經"，但並不確定。見復旦大學出土文獻與古文字研究中心研究生讀書會：《〈上博七·武王踐阼〉校讀》，復旦大學出土文獻與古文字研究中心網，2008年12月30日。
② 楊伯峻、何樂士：《古漢語語法及其發展》，語文出版社，1992年版，第795~797頁。
③ 楊伯峻、何樂士：《古漢語語法及其發展》，語文出版社，1992年版，第802頁。

動"成爲當時通用的格式,並常用於莊嚴隆重的場合。在《魯頌》《商頌》中,"賓·'是'·動"出現15例,而"賓·'之'·動"未見一例。從春秋後期至戰國初期,這種句式進一步發展,在《左傳》《國語》中,"賓·'是'·動"有97例,"賓·'之'·動"達225例之多。到戰國中期以後,"賓·'是'·動"大減,而"賓·'之'·動"在這種句式中占壓倒性優勢,尤其是固定格式"賓·'之'·謂"在"賓·'之'·動"中又占絕大多數。但是在楚簡文獻中,"賓·'是'·動"有22處,"賓·'之'·動"有3處,前者相較於後者顯然占有很大優勢。

小 結

通過對出土楚簡賓語前置句式的具體分析和考察,筆者發現此種句式都分布在典籍文獻中,未見於法律文書、卜筮祭禱、術數類等應用型文獻,猜測可能有兩個原因。第一,和賓語前置自身性質有關。俞敏在探討關於賓語爲什麼前置時指出:"漢人入中土以後,也不知道爲什麼(受被征服的民族影響?),詞序演變得顛倒過來了。只有在止詞遇上強調的時候,老詞序才保存下來。"① 這一點與賓語前置中借助助詞前置的方式吻合,法律文書、卜筮祭禱、術數類文獻的語言大多有著很强的敘述規律,在語言的感情度上好像要弱勢很多,沒有太多需要特別强調的内容,所以賓語前置較少發揮作用。第二,和文獻性質有關係,賓語前置在典籍文獻中又更多地集中於思想宣傳的文獻,爲了感染别人,所以言語感情内容豐富,有問有答,涉及疑問的内容也就多了;論説中,爲了强調,否定句較多出現也不可避免,而且行文往往追求語言音律的音節美,這就使得典籍文獻更容易使用賓語前置句。但是總體看,賓語前置中有相當一部分句例可以在同時代傳世文獻中找到出處,而暫未找到出處的句例也未超出已有類型的範圍,從而證實了出土楚簡中的賓語前置句式與同時代傳世文獻相比沒有突破性的變化,真實地反映了戰國時期的語言特色。

---

① 俞敏:《倒句探源》,《語言研究》,1981年第1期,第81~82頁。

第四章 疑問句研究

楊伯峻、何樂士①指出："疑問句是對問句的總括，具體分析可分爲三大類：詢問句、反詰問、測度問句。其中詢問句是真正的疑問句，是有疑而問。它要求對提出的問題作出回答。按提問的不同方式，詢問句又可分爲特指問句、是非問句、選擇問句、反復問句、比較問句五種。"關於出土楚簡疑問句的討論，下文著重從疑問詞語及短語和疑問句類型兩方面入手。

第一節 疑問詞語及短語

出土楚簡共有230②處疑問句，僅4處没有疑問標志，由此可見，這些疑問句幾乎都是由疑問詞語配合而成的，所以我們首先就楚簡中的疑問詞語及短語進行闡述。

一、疑問代詞及其構成的短語

（一）孰

有17處，是表人或事物的疑問代詞，句法功能多樣，在句中可以作大主語，也可以作小句的主語，還可以作狀語。偶爾與疑問語氣詞"哉"搭配使用。例：

---

① 楊伯峻、何樂士：《古漢語語法及其發展》，語文出版社，1992年版，第858頁。
② 見附錄五。

(1) 箮（孰）天子而可反？（上博二_容成氏_46）

按：疑問代詞"孰"在句中作狀語，此例可與傳世文獻《吕氏春秋·行論》中"孰王而可叛也？"相對照，周法高①指出"孰"在該句句首作副語，即狀語，解作"怎麼"，與句中的"而可"呼應。

(2) 箮（孰）爲天？箮（孰）爲陸（地）？箮（孰）爲雷神（電）？箮（孰）爲啻（霆）②？（上博七_凡物流形_11、12）

按：疑問代詞"孰"在句中作主語，指代事物。

(3) 夫雨之至，箮（孰）攟䘏之？夫凡（風）之至，箮（孰）刎（歆）③飄（歈）④而迸之？（上博七_凡物流形_14）

按：疑問代詞"孰"在句中作小句主語，指代事物。

(4) 箮（孰）爲帀（師）徒，䟽（踐）履陳陸（地），以陳邦非它也，先王姑姊⑤大妃（姬）之邑◎（上博七_吳命_8）

按：疑問代詞"孰"在句中作主語，指代人。

（二）誰

有4處，在句中用來指代人，既可用作主語，也可用作賓語。例：

(5)《寺（詩）》員（云）："隹（誰）秉蒙（國）城（成），不自爲貞（正），䘏（卒）袋（勞）百眚（姓）。"（郭_緇衣_9）

按：疑問代詞"誰"在句中作主語，全句意爲："誰能主持國家的事情？自己都不貞正的人，祗能使人民更加勞苦。"

(6) 唯（雖）㝵（得）孚（免）而出，㠯（以）不能事君，天下爲君者，隹（誰）⑥欲畜女（汝）者才（哉）？（上博五_姑成家父_4）

按：疑問代詞"誰"在句中作主語，意爲："誰又能來收留你們呢？"

---

① 周法高：《中國古代語法稱代篇》（全二册），中華書局，1990年版，第282~283頁。
② 整理者認爲即"啻"字，讀爲"電"。復旦大學出土文獻與古文字研究中心研究生讀書會讀爲"霆"。見讀書會：《〈上博（七）·凡物流形〉重編釋文》，復旦大學出土文獻與古文字研究中心，2008年12月13日。
③ 白於藍在《戰國秦漢簡帛古書通假字彙纂》中認爲，"刎"似當讀作"歆"，第418頁。
④ 白於藍在《戰國秦漢簡帛古書通假字彙纂》中認爲，"飄"似當讀作"歈"，第278頁。
⑤ 整理者釋爲"每"，讀爲"繁"。宋華强釋爲"姊"。見宋華强《〈上博（七）·吳命〉"姑姊大姬"小考》，簡帛網，2009年1月1日。
⑥ "隹（誰）"字從季旭昇讀，見季旭昇：《上博五芻議（下）》，簡帛網，2006年2月18日。

（三）曷

有 5 處，均出自上博楚簡，在句中可用作謂語和賓語。例：

(7)"裏（懷）尔（爾）絫（明）悳（德）"，害（曷）？（上博一_孔子詩論_7）

按：疑問代詞"曷"在句中作謂語，指代原因，全句意爲："……'我給你光明之德。'爲什麼？那是真的告訴文王啊！"①

(8)《闗（關）疋（雎）》之改（改），《梂（樛）木》之旹（時），《灘（漢）坓（廣）》之䚗（智），《鵲（鵲）樸（巢）》之逞（歸），《甘棠》之保（報），《緑衣》之思，《䴏（燕燕）》之意（情），害（曷）？（上博一_孔子詩論_10）

按：疑問代詞"曷"在句中作謂語，指代某種概念，全句意爲："《關雎》的'改'、《樛木》的'時'、《漢廣》的'智'、《鵲巢》的'歸'、《甘棠》的'報'、《緑衣》的'思'、《燕燕》的'情'，它們的可貴之處是什麼呢？那就是：在心意發動之後，都能比心意初起時更好。"②

(9)不肰（然），君子曰（以）臤（賢）爯（稱），害（曷）又（有）弗曼（得）？曰（以）亡道爯（稱），害（曷）又（有）弗遊（失）？（上博四_曹沫之陣_9、10）

按：疑問代詞"曷"在句中作動詞"有"的提前賓語，全句意爲："被稱贊賢明的人爲什麼有的不能得位？被批評無道的人爲什麼却長久保有？"

（四）奚

作疑問代詞使用有 24 處，全部來自《上博七》的《凡物流形》篇。指代事物，可譯作"什麼"，在句中可以作賓語、定語和主語等。例：

(10)𡫴（奚）曰（以）智（知）亓（其）白（泊）？冬（終）身自

---

① 文意的理解依據季旭昇主編：《上海博物館戰國楚竹書（一）讀本》，北京大學出版社，2009 年版，第 26~28 頁。

② 文意的理解依據季旭昇主編：《上海博物館戰國楚竹書（一）讀本》，北京大學出版社，2009 年版，第 40~47 頁。

若。(上博七_凡物流形_18)

按：疑問代詞"奚"作介詞"㠯（以）"的前置賓語，全句意爲："怎麼樣才能知道自己達到澄清通達的智慧呢？就是終其一生都能自然而然奉行不失。"①

(11) 柰（奚）胃（謂）少（小）敳（徹）？人白（泊）爲戠（察）②。(上博七_凡物流形_18)

按：疑問代詞"奚"在句中作主語，全句意爲："什麼叫小徹呢？"③

(12) 䰨（鬼）生於人，柰（奚）古（故）神䍁（明）？(上博七_凡物流形_5)

按：疑問代詞"奚"在句中作定語，修飾名詞"故"，表原因，可直譯爲"什麼緣故"，全句意爲："鬼是由人死後而產生的，爲什麼會如此神妙聰明？"④

由"奚"構成短語"奚如"，有7處，主要用作謂語，但也可作賓語。例：

(13) 還年而聞（問）於敓（曹）䥄（沫）曰："虖（吾）欲與齊戰，聞（問）戟（陳）奚女（如）？獸（守）鄾（邊）城（城）奚女（如）？"(上博四_曹沫之陣_13)

(14) 臧（莊）公曰："勿兵㠯（以）克奚女（如）？"(上博四_曹沫之陣_38)

(15) 公曰："肰（然）則奚女（如）？"(上博五_鮑叔牙與隰朋之諫_6、7)

按：例(13)至例(15)中的疑問短語"奚如"在句中作謂語，譯作"怎麼做"或"怎麼樣"。

(16) 古（故）子㠯（以）此言爲奚女（如）？(上博五_季庚子問

---

① 依據張心怡：《上海博物館藏戰國楚竹書（七）〈凡物流形〉研究》，臺灣師範大學國文學系碩士學位論文，2010年，第289~290頁。
② "戠（察）"字從何有祖讀，見何有祖：《〈凡物流形〉劄記》，簡帛網，2008年12月31日。
③ 依據張心怡：《上海博物館藏戰國楚竹書（七）〈凡物流形〉研究》，臺灣師範大學國文學系碩士學位論文，2010年，第289~290頁。
④ 依據張心怡：《上海博物館藏戰國楚竹書（七）〈凡物流形〉研究》，臺灣師範大學國文學系碩士學位論文，2010年，第289~290頁。

於孔子_13)

按：例（16）中的疑問短語"奚如"在句中作賓語，譯作"怎麼樣"。

（五）焉

有1處，指代處所。例：

(17) 虗（吾）毋又（有）它，正公事，唯（雖）①死，安（焉）逃之？（上博五_姑成家父_5)

按："焉"位於動詞"逃"前，作狀語，譯作"哪裏"，全句意爲："即使面對死亡，又哪裏用得著逃跑呢？"

（六）何

"何"在古文獻中使用最爲頻繁、廣泛。出土楚簡中單用（不包括由"何"組成的疑問短語）有29處，可表示人、事物、含義、處所、情狀、方法、原因、反詰等，在句中所充當的句子成分也較爲多樣。

(18) 王子曰："可（何）㠯（以）棘（麻）爲？"（上博六_平王與王子木_2)

按：此句包含"何以……爲"結構，對該結構的分析依據許嘉璐②的觀點，將"以"看作介詞，"麻"作介詞"以"的賓語；"爲"理解爲動詞，"何"是動詞"爲"的提前賓語，表示"什麼"，全句意爲："用麻幹什麼？"

(19) 虗（吾）可（何）③㠯（以）智（知）亓（其）肰（然）也？（郭_老子甲_30)

按：疑問代詞"何"在句中作介詞"㠯（以）"的提前賓語，表示"什麼"。

(20) 王子睧（問）壓（成）公："此可（何）？"（上博六_平王與

---

① "唯（雖）"字從沈培《上博簡〈姑成家父〉一個編聯組成位置的調整》，簡帛網，2006年2月22日。
② 許嘉璐：《古代漢語》（上冊），高等教育出版社，1992年，第221~224頁。
③ 白於藍在《戰國秦漢簡帛古書通假字匯纂》中提及，河上、王弼及帛書本"可"作"何"，第156頁。

王子木_5)

　　按：疑問代詞"何"在句中作謂語，表示"什麽"。

　　(21) 可（何）古（故）目（以）旻（得）爲帝？（上博二_子羔_1)

　　按：疑問代詞"何"在句中作定語，表示"什麽"，全句意爲："什麽原因舜可以稱帝？"

　　(22) 又（有）孚才（在）道，巳（以）明，可（何）咎。（上博三_周易_17)

　　按：疑問代詞"何"在句中作狀語，表反詰，全句意爲："若能誠信於正道，以昌明之，如何會有災咎？"

　　(23) 可（何）①胃（謂）慰（寵）辱？（郭_老子乙_5、6)

　　按：疑問代詞"何"在句中作主語，表示"什麽"。

　　(24) "'五至'既窘（聞）之矣，敢（敢）窘（問）可（何）胃（謂）'三亡（無）'？"（上博二_民之父母_5)

　　按：疑問代詞"何"在句中作小句"可（何）胃（謂）'三亡（無）'"的主語，表示"什麽"。

　　由"何"構成的疑問短語②主要有可（何）女（如）、可（何）若、女（如）可（何）、女（如）之可（何）等，共計 20 處。

　　(25) 可（何）女（如）而可胃（謂）忠臣？（郭_魯穆公問子思_1)

　　按：疑問短語"可（何）女（如）"在句中作主語，表示詢問方法。

　　(26) 民之又（有）戚（感）悉（患）也，卡=（上下）之不咨（和）者，丌（其）甬（用）心也㡀（將）可（何）女（如）？（上博二_民之父母_1)

　　按：疑問短語"可（何）女（如）"在句中作謂語，表示詢問情狀。

　　(27) 䚈（絕）學（學）亡惡（憂），唯與可（呵）③，相去戔（幾）可（何）？（郭_老子乙_4)

---

① 白於藍在《戰國秦漢簡帛古書通假字匯纂》中提及，今本和帛書乙本"可"作"何"，第 156 頁。
② 其實很多學者已經將"可（何）女（如）""可（何）若""女（如）可（何）""女（如）之可（何）"視爲複音節疑問代詞了，見王海棻：《古代漢語疑問詞語》，浙江教育出版社，1987 年版，第 133 頁；張玉金：《西周漢語代詞研究》，中華書局，2006 年版，第 318 頁；見羅貝、吳福祥：《上古漢語疑問代詞的發展與演變》，《中國語文》，2000 年第 4 期。
③ 白於藍在《戰國秦漢簡帛古書通假字匯纂》中提及，帛書乙本"可"作"呵"，158 頁。

(28) 女（如）夌（舜）才（在）含（今）之殜（世）則可（何）若？（上博二_子羔_8）

按：疑問短語"可（何）若"在句中作謂語，表示詢問情狀。

(29) 夫先又（有）司，爲之女（如）可（何）？（上博三_仲弓_8）

(30) 臧（莊）公曰："爲咊（和）於豫（舍）① 女（如）可（何）？"（上博四_曹沫之陣_22）

按：疑問短語"女（如）可（何）"在句中作謂語，表示詢問情狀。

(31) 爲咊（和）於邦女（如）之可（何）？（上博四_曹沫之陣_20）

按：疑問短語"女（如）之可（何）"在句中作謂語，表示詢問方法。

(32) 敢昏（問）舉（舉）才女（如）之可（何）？（上博三_仲弓_9、10）

按：疑問短語"女（如）之可（何）"在句中作小句謂語，表示詢問方法。

表 4－1 出土楚簡中的疑問代詞出現頻率

	孰	誰	曷	奚	奚如	奚故	焉	何	何如	何若	如何	如之何
總計	17	4	5	24	7	3	1	29	6	2	7	3

表 4－2 劉春萍對傳世戰國文獻②中的疑問代詞出現頻率所作的統計③

	何	奚	誰	孰	惡	安	焉	胡	盍	曷
傳世戰國文獻	2265	248	256	314	167	186	253	82	60	43

---

① "豫（舍）"字從陳劍讀，見陳劍：《上博竹書〈曹沫之陳〉新編釋文》，簡帛研究網，2005 年 2 月 12 日。
② 傳世文獻包括《左傳》《論語》《墨子》《孟子》《莊子》《荀子》《韓非子》《楚辭》《呂氏春秋》《戰國策》。
③ 劉春萍：《戰國時代疑問代詞研究》，華南師範大學出版社，2006 年版。

表 4—3 劉春萍對傳世戰國文獻①中的疑問代詞出現頻率所作的統計②

	如何	何如	若何	何若	奈何	奚若	奚如
傳世戰國文獻	9	148	48	14	152	8	7

通過對出土楚簡中疑問代詞與傳世戰國文獻疑問代詞的用法進行比較，可以發現：

第一，傳世戰國文獻中出現的疑問代詞在出土楚簡中大多可以見到，但是從頻率上看，出土楚簡中疑問代詞的使用頻率明顯要低得多。出土楚簡中的疑問代詞全部出自典籍文獻，即郭店楚簡和上博楚簡，而在法律文書、卜筮祭禱、遣策、術數類文獻中均未見，使用範圍很有限。劉春萍認爲，這可能和疑問代詞所存在的環境有關，疑問代詞多出現在對話或口語程度較高的文體中，而一些書面化程度較高的文體，如法律文書，語言嚴謹，語氣肯定，不可能有疑問代詞的出現；遣策類，實際上就是物品的記錄清單，也不可能有疑問代詞出現。③

第二，出土楚簡和傳世戰國文獻中，疑問代詞"何""奚"的使用頻率最高。疑問短語方面，出土楚簡中"何如""如何"的出現頻率幾乎對等，但是在傳世戰國文獻中，"何如"的使用頻率則明顯高於"如何"。出土楚簡中"孰"的功能較爲強大，既可指物，也可指人，出現頻率明顯高於"誰"，但是在傳世戰國文獻中，"孰"的出現頻率只是略高於"誰"。總體上看，傳世戰國文獻中疑問代詞的數量明顯高於出土楚簡，如"惡""胡""盍"在出土楚簡中均未見到。

出土楚簡中疑問代詞的數量及使用頻率遠遠不及傳世文獻，但出土楚簡中疑問代詞的詢問功能和句法功能與傳世文獻是一致的，如"誰"用來問人，"孰"既可問人，也可問事物，二者都是主要作主語；"奚"詢問功能與"何"大致相同，二者既可作主語，也可作賓語。

---

① 傳世文獻包括《左傳》《論語》《墨子》《孟子》《莊子》《荀子》《韓非子》《楚辭》《吕氏春秋》《戰國策》。
② 劉春萍：《戰國時代疑問代詞研究》，華南師範大學出版社，2006年版。
③ 劉春萍：《出土戰國文獻疑問代詞研究》，《廣西社會科學》，2011年第2期。

二、疑問數詞短語

出土楚簡中僅有"幾何"這 1 個疑問數詞短語，有兩處。例：

（33）繼（絕）學（學）亡惪（憂），唯與可（呵）①，相去戔（幾）可（何）？（郭 _ 老子乙 _ 4）

按："唯"指應諾②，"可（呵）"指呵責③，"戔（幾）可（何）"表示對應諾和呵責這兩個動作之間的差距進行詢問，可譯作"多少"。

（34）虐（吾）既果堕（成）無鉾〈鐸（射）〉④，目（以）共（供）萅（春）秌（秋）之棠（嘗），目（以）時（待）⑤四癹（鄰）之貪（賓），□逡（後）之人，幾可（何）⑥保之？（上博六 _ 莊王既成 _ 1、2）

按：沈培指出，此處的"幾可（何）"非人數的多少，當理解為"多長時間"。⑦

三、疑問副詞

（一）奚

出土楚簡中有 6 處，修飾動詞性謂語，表詢問原因，《詞詮》卷四："疑問副詞，'爲何'也。"⑧ 例：

（35）侌（陰）昜（陽）之层〈尻（處）〉，系（奚）旻（得）而固？（上博七 _ 凡物流形 _ 2）

按：疑問副詞"奚"在句中作狀語，全句意爲："陰陽處在這個世

---

① 白於藍在《戰國秦漢簡帛古書通假字彙纂》中提及，帛書乙本"可"作"呵"，第156頁。
② 見劉釗：《郭店楚簡校釋》，福建人民出版社，2005年版，第31頁。
③ 見劉釗：《郭店楚簡校釋》，福建人民出版社，2005年版，第31頁。
④ "鉾〈鐸（射）〉"字從陳偉讀，見陳偉：《讀〈上博六〉條記》，簡帛網，2007年7月9日。
⑤ "時（待）"字從蘇建洲讀，見蘇建洲：《初讀〈上博六〉》，簡帛網，2007年7月19日。
⑥ "可（何）"字從陳偉讀，見陳偉：《讀〈上博六〉條記》，簡帛網，2007年7月9日。
⑦ 沈培從陳偉讀，並釋"幾何"爲"多長時間"。見沈培：《〈上博（六）〉字詞淺釋（七則）》，簡帛網，2007年7月20日。
⑧ 楊樹達：《詞詮》，上海古籍出版社，2006年版，第153頁。

界，爲何能如此穩固？"①

（36）土<u>奚（奚）𠭚（得）</u>而坪（平）？水<u>奚（奚）𠭚（得）</u>而清？卉木<u>奚（奚）𠭚（得）</u>而生？禽獸<u>奚（奚）𠭚（得）</u>而鳴？（上博七_凡物流形_12、13）

按：疑問副詞"奚"作能願動詞"𠭚（得）"的狀語，全句意爲："土地因什麽而得以平坦？水因什麽而得以清澈透明？草木因什麽而得以生長？禽鳥野獸因什麽而可以鳴叫？"②

（37）水火之味（和），<u>奚（奚）𠭚（得）</u>而不硓（差）③？（上博七_凡物流形_2）

按：疑問副詞"奚"在句中作狀語，全句意爲："水火之間如此和諧，爲什麽能沒有差錯？"④

（二）其

表委婉語氣，用於動詞謂語前，出土楚簡有兩處，《詞詮》卷四⑤："反詰副詞，豈也。'其'、'豈'音近，故二字互通。"例：

（38）天陛（地）之䦕（間），<u>丌（其）</u>猷（猶）囷（橐）⑥籥〈籥〉與？虛而不屈，䢔（動）而愈出。（郭_老子甲_23）

按：疑問副詞"其"用於動詞謂語"猷（猶）"前，和句尾的疑問語氣詞"與"呼應，起加強疑問語氣的作用，全句意爲："天地之間不正像風箱一樣嗎？"

（39）行此者<u>丌（其）</u>又（有）不王虖（乎）？（上博一_孔子詩論_1）

疑問副詞"其"用於動詞謂語"又（有）"前，和句尾的疑問語氣詞"虖（乎）"呼應，起加強疑問語氣的作用，全句意爲："如果能依此

---

① 依據張心怡：《上海博物館藏戰國楚竹書（七）〈凡物流形〉研究》，臺灣師範大學國文學系碩士學位論文，2010年，第289～290頁。
② 依據張心怡：《上海博物館藏戰國楚竹書（七）〈凡物流形〉研究》，臺灣師範大學國文學系碩士學位論文，2010年，第289～290頁。
③ "硓（差）"字從宋華强《〈上博（七）·凡物流形〉劄記四則》，簡帛網，2009年1月3日。
④ 依據張心怡：《上海博物館藏戰國楚竹書（七）〈凡物流形〉研究》，臺灣師範大學國文學系碩士學位論文，2010年，第289～290頁。
⑤ 楊樹達：《詞詮》，上海古籍出版社，2006年版，第141頁。
⑥ 白於藍在《戰國秦漢簡帛古書通假字匯纂》中提及，今本和帛書本"囷"作"橐"，第224頁。

而行，怎麼會不稱王於天下呢？"

（三）豈

出土楚簡有 15 處，表反詰語氣，用於動詞謂語前，在楚簡文獻中有多種字形與其相對應，表示"難道""怎麼"的意思。例：

（40）隹（唯）羣=（君子）能肝（好）丌（其）馶（匹），少（小）人欮（豈）能肝（好）丌（其）馶（匹）。（上博一_緇衣_21）

按：疑問副詞"欮（豈）"用於動詞謂語"好"前，可譯作"怎麼"，全句意爲："只有君子能喜歡他的朋友，小人怎麼能喜歡他的朋友？"

（41）公劏（豈）不飯（飯）朷（粱）飤（食）肉才（哉）？（上博二_魯邦大旱_6）

按：疑問副詞"劏（豈）"用於動詞短語"飯（飯）朷（粱）飤（食）肉"前，和句尾的疑問語氣詞"才（哉）"呼應，起加強反問語氣的作用，可譯作"難道"，全句意爲："難道王公在大旱荒年時不是仍然吃著豐盛的食糧魚肉嗎？"

（42）寡（寡）人之不繰（肖）①也，幾（豈）不二子之慸（憂）也才（哉）？（上博五_競建_9）

按：此處疑問副詞"豈"和句尾的疑問語氣詞"才（哉）"呼應，起加強反問語氣的作用，可譯作"難道"。

（43）君子相好，㠯（以）自爲展（長），豑（豈）②紋是好？（上博四_交交鳴烏_1）

按：疑問副詞"豈"位於動詞前面，表反問，指"君子哪裏會喜歡逸豫嬉遊呢？"

（四）庸

有 5 處，全部來自《上博三》的《亙先》篇，用於動詞前面，起加

---

① "繰（肖）"字從陳劍讀，見陳劍：《談談〈上博（五）〉的竹簡分篇、拼合與編聯問題》，簡帛網，2006 年 2 月 19 日。

② "豑（豈）"字從孟蓬生讀，見孟蓬生：《上博竹書（四）閒詁（續）》（簡帛研究網，2005 年 3 月 6 日）、魏宜輝：《讀上博楚簡（四）劄記》（簡帛研究網，2005 年 3 月 10 日）。

強反詰語氣的作用，作狀語，表示"難道""哪"之意。《經傳釋詞》卷三①："庸，猶何也，安也，詎也。"例：

(44) 舉（舉）天下之复（作）也，無不旻（得）亓（其）竪（極）②而果述（遂），甬（庸）或旻（得）之？甬（庸）或遊（失）之？（上博三＿亙先＿12、13）

按：疑問代詞"庸"位於動詞"旻（得）""遊（失）"前面，在句中作狀語，全句意爲："所有天下的作爲，都依循自然之道而各得其所、成其功，那有什麼得、有什麼失嗎？"③

（五）安

有4處。"安"是疑問代詞還是疑問副詞，判斷的標準就是看"安"在句中的句法成分，通常如果作動詞的提前賓語，就是疑問代詞；如果是動詞的修飾語，就是疑問副詞，位於動詞前，作狀語，多表反詰語氣，表示"哪裏""怎麼"之意。例：

(45) 訐（信）不足，安（焉）④又（有）⑤不訐（信）？（郭＿老子丙＿1、2）

按：疑問代詞"安"譯作"怎麼"，表反詰語氣，全句意爲："信用不足，怎麼能讓人相信呢？"

(46) 楚邦又（有）裳（常）古（故）⑥，安敢殺祭？（上博四＿柬大王泊旱＿5、7）

按："安"位於動詞前，作狀語，與助動詞"敢"連用，加強反詰語氣，譯作"怎麼"，全句意爲："楚國有一定的禮制，怎麼敢減省祭祀的規矩而快速地舉行祭祀？"

---

① 王引之：《經傳釋詞》，江蘇古籍出版社，2000年版，第37頁。
② "竪（極）"字從李銳，見李銳：《〈恒先〉淺釋》，簡帛研究網，2004年4月23日。
③ 文意的理解依據季旭昇主編：《上海博物館戰國楚竹書（三）》讀本，萬卷樓圖書股份有限公司，2005年版，第230～243頁。
④ 白於藍在《戰國秦漢簡帛古書通假字匯纂》中提及，今本"安"作"焉"，378頁。
⑤ 白於藍在《戰國秦漢簡帛古書通假字匯纂》中提及，今本和帛書本"又"作"有"，第38頁。
⑥ 原考釋"古（故）"屬下讀，依從陳劍和劉樂賢改上讀。見陳劍《上博竹書〈昭王與龔之脽〉和〈柬大王泊旱〉讀後記》(簡帛研究網，2005年2月15日)、劉樂賢《讀上博（四）劄記》(簡帛研究網，2005年2月15日)。

（六）盍

相當於"何不"，位於動詞前，作狀語，表反詰語氣，出土楚簡中有3處。例：

（47）尚（倘）肰（然），是虐（吾）所寬（望）於女（汝）也。盍敓（誅）之？（上博六_競公瘧_2）

（48）才（在）丹箸（書），王女（如）谷（欲）瞿〈瞿（觀）〉之，盍䘸（齋）①虐（乎）？（上博七_武王踐阼_2）

（七）焉

有1處，相當於"於何"，多用於代地方，意爲"從哪裏"。例：

（49）虐（吾）䎽（焉）②又（有）白玉三回（圍）③而不戋（淺）④才（哉）？（上博七_君人者何必安哉（甲）_2）

按：疑問副詞"焉"位於動詞"又（有）"前，意爲："哪裏有？"

（八）可不

"可"和否定副詞"不"連用，位於謂語前面，表示反問，可譯作"難道/怎麼可以不……"，有兩處。

（50）反此道也，民必因此至（重）也目（以）遉（覆）之，可不斳（慎）虐（乎）？（郭_成之聞之_18、19）

（51）百=（一日）目（以）善立，所學（學）皆終；百=（一日）目（以）不善立，所學（學）皆坓（崩），可不斳（慎）虐（乎）？（上博三_仲弓_24、25）

---

① "䘸（齋）"字從侯乃峰讀，見侯乃峰：《〈上博七·武王踐阼〉小劄三則》，復旦大學出土文獻與古文字研究中心網，2009年1月3日。

② 復旦大學出土文獻與古文字研究中心研究生讀書會：當讀爲"焉"，疑問代詞。見讀書會：《〈上博七·君人者何必安哉〉校讀》，復旦大學出土文獻與古文字研究中心網，2008年12月31日。

③ "回（圍）"字從單育辰讀，見單育辰：《佔畢隨錄之七》，復旦大學出土文獻與古文字研究中心網，2009年1月1日。田河認爲"白玉三圍"之"圍"屬長度單位，主張將"白玉三圍"之"圍"理解爲表直徑之"圍"，見田河：《〈君人者何必安哉〉補議》，復旦大學出土文獻與古文字研究中心網，2009年2月7日。

④ "戋（淺）"字從田河讀，見田河：《〈君人者何必安哉〉補議》，復旦大學出土文獻與古文字研究中心網，2009年2月7日。董珊讀爲"察"。

表4-4　出土楚簡中疑問副詞的出現頻率

	奚	其	豈	庸	安	盍	焉	可不
出土楚簡	2	2	5	5	4	3	1	2

　　從上表可知，出土楚簡中疑問副詞的使用頻率明顯低於疑問代詞。將出土楚簡中疑問副詞的詢問功能和句法功能與何樂士[①]對疑問副詞的總結相比較，可以發現出土楚簡中疑問副詞的用例在傳世戰國文獻中都可以找到。

四、疑問語氣詞

　　出土楚簡中疑問語氣詞主要有"乎""哉""也""（與）歟"，其中使用最多的是"乎"，其次是"（與）歟"和"哉"，"也"的使用頻率最低。

表4-5　出土楚簡中疑問語氣詞的出現頻率

	乎	哉	也	（與）歟
特指問句	0	4	3	2
是非問句	21	0	0	5
選擇問句	5	0	0	4
反復問句	0	0	0	0
反詰問句	18	8	4	2
測度問句	3	0	0	1
總　　計	48	12	7	14

　　通過統計可以看出，疑問語氣詞"乎"出現頻率最高的是在是非問句中，其次是反詰問句；疑問語氣詞"哉"和"也"僅出現於特指問句和反詰問句中，其中"哉"多用於反詰問句，"也"在兩類問句中出現的頻率差距不大；疑問語氣詞"（與）歟"除了沒有在反復問句中出現外，其他問句均有出現，在是非問句和選擇問句中出現的頻率最高，這

---

① 楊伯峻、何樂士：《古漢語語法及其發展》，語文出版社，1992年版，第333～347頁。

種分布情況與戰國時期傳世文獻的語言面貌沒有差異。

第二節　疑問句的類型

整理出土楚簡中的疑問句，發現在傳世文獻中存在的疑問句類型，大部分在出土楚簡中都可以見到，下面逐一對其進行闡述。

一、詢問句

（一）特指問句

有 99 處。何樂士①指出："特指問句是對事情的某一部分有所不明，用疑問代詞把這一部分指出來提問。在多數情況下，要求對方針對所問的部分作出回答；沒有回答者往往是自言自語的一種疑問，或是不要求回答的一種問話。"特指問句的主要標志是疑問代詞，出土楚簡特指問句中僅 1 處沒有疑問代詞。例：

（52）敢（敢）昏（問）民事？（上博四_相邦之道_2）

特指問句中所涉及的疑問代詞有"孰""誰""曷""奚""何"5 個，疑問短語有"奚如""奚故""何若""何如""如何""如之何""幾何"等。

句末以不帶語氣詞居多，僅 9 處帶有語氣詞，所帶語氣詞有"哉""也""（與）歟"等。例（波浪綫標示語氣詞）：

【才（哉）】

（53）今天下之君子欧（既）既可智（知）已，管（孰）能並兼人才（哉）？（上博四_曹沫之陣_4、5）

（54）唯（雖）㝵（得）字（免）而出，目（以）不能事君，天下爲君者，隹（誰）②欲畜女（汝）者才（哉）？（上博五_姑成家父_4）

---

① 楊伯峻、何樂士：《古漢語語法及其發展》，語文出版社，1992 年版，第 859 頁。
② "隹（誰）"字從季旭昇讀，見季旭昇：《上博五芻議（下）》，简帛網，2006 年 2 月 18 日。

【也】

（55）虗（吾）子可（何）亓（其）䐠（瘠）也？（上博五＿君子爲禮＿3）

（56）敢（敢）䎞（問）可（何）胃（謂）也？（上博五＿君子爲禮＿4）

【（與）歟】

（57）天𥨍（孰）高𦘔（與）？陛（地）𥨍（孰）遠与（與）？（上博七＿凡物流形＿11）

（二）是非問句

何樂士指出："是非問句提出的問題一般只要求對方作肯定或否定的回答，不需要回答具體的人物、事件、原因等等。"① 出土楚簡中是非問句有 57 處，其中由疑問語氣詞構成的是非問句幾乎占到一半，有 26 處，主要由疑問語氣詞"乎"和"（與）歟"承擔，尤以"乎"爲多。例：

【乎】

（58）文王佳（雖）谷（欲）已，㝱（得）虗（乎）？（上博一＿孔子詩論＿7）

（59）既成𢼭（教）矣，出帀（師）又（有）幾（機）② 虗（乎）？（上博四＿曹沫之陣＿40）

【（與）歟】

（60）◎可㝱（得）而寡（聞）與（歟）？（上博二＿民之父母＿10）

（61）起（桓）子曰："二道（道）者可㝱（得）䎞（聞）與（歟）？"（上博六＿孔子見季桓子＿2）

是非問句中没有疑問語氣詞出現的情況有 31 處，分别出自包山、望山 1 號和新蔡的卜筮禱祠記録的卜辭部分。通常，一條卜辭由前辭、命辭（又叫貞辭）、占辭和驗辭等幾個部分組成，"尚毋……"或"毋……"結構屬於卜辭中的命辭部分。例：

（62）大司馬悼（悼）愲（愲）徒楚邦之帀（師）徒目（以）救

---

① 楊伯峻、何樂士：《古漢語語法及其發展》，語文出版社，1992 年版，第 873 頁。

② "幾（機）"字從陳劍讀，見陳劍：《上博竹書〈曹沫之陣〉新編釋文（稿）》，簡帛研究網，2005 年 2 月 12 日。

（救）郙之歲䅆（荆）层之月己卯之日，盬吉㠯（以）瑈豪（家）爲左尹䎊貞（貞）：既腹心疾，㠯（以）走（上）惡〔氣〕，不甘飤（食），舊（久）不瘥（瘥），尚遬（速）瘥（瘥），毋又（有）祟。（包_236）

（63）大司馬悼愲栽（救）郙之哉（歲）頭（夏）层之月己亥之日，觀義㠯（以）保豪（家）爲左尹卲䎊貞（貞）：㠯（以）亓（其）又（有）瘇疠（病），走（上）燓（氣），尚毋死。（包_249）

陳夢家説："卜辭通例，凡命辭都是發問，占辭都是預測也是發問。《説文》云：'貞，卜問也'，'占，視兆問也'，是對的。凡問話的語氣都是不定的。"① 張玉金也提出卜辭中的命辭是疑問句。② 另外持此觀點的還有管燮初③等。也有學者如裘錫圭認爲卜辭中有些命辭不是問句。④ 在此，我們依據陳夢家、張玉金等學者的觀點將出土楚簡中的31處命辭理解爲疑問句。

張玉金提出，卜辭命辭的語氣，其實是由占卜這種活動的性質決定的，"卜以決疑"，占卜其實是人和神的對話，人有疑惑不解的問題，向神靈發問，神靈給予回答。⑤ 神人之間怎樣進行對話呢？我國台灣地區學者丁驌説："凡卜事如契文所見者，最簡單的方式，即爲發一明確不移之問題而視兆之可否，爲決策之依歸。如失物而卜問之發問當曰：'失物可複乎？'兆示是則猶曰'可複'。兆示否則猶曰'不可複'。一正一負一是一否。如再問曰：'失物不可複乎？'兆曰然，即不可複；兆曰否，即可複。故兆有是否，其意義則視貞問之措辭而定。"⑥ 由此可以看出，卜兆給人們的回答是很簡單的，一般只是然否或吉凶的回答，這種回答問題的方式就限制了人們的問話方式。經統計，出土楚簡中的命辭全部都是是非問句。

（三）選擇問句

何樂士指出："選擇問句是問從一定的範圍或項目中選擇哪一

---

① 陳夢家：《殷墟卜辭綜述》，科學出版社，1956年版，第87頁。
② 張玉金：《殷墟甲骨文句類問題研究》，《古漢語研究》，1997年第4期，第7~12頁。
③ 管燮初：《殷墟甲骨刻辭的語法研究》，科學出版社，1953年版，第49頁。
④ 裘錫圭：《關於殷墟卜辭的命辭是否問句的考察》，《中國語文》，1988年第1期。
⑤ 張玉金：《殷墟甲骨文句類問題研究》，《古漢語研究》，1997年第4期，第7~11頁。
⑥ 丁驌：《殷貞卜之格式與貞辭允驗辭之解釋》，《中國文字》，1980年第2期。

個。"① 出土楚簡中有 11 處，采用以下兩種表達方式：

其一，何樂士將之稱爲範圍選擇問句，指的是在句首提供選擇的範圍，問從其中選擇哪一個。② 這類選擇問句的特點是：第一，句首有供選擇的範圍；第二，句中一定有疑問詞代表提問的内容，形成"代表選擇範圍·疑問詞·動詞謂語"這樣的句式。出土楚簡中此類問句有 6 處，疑問代詞均爲"孰"。例：

(64) 名與身箮（孰）③新（親）？身與貨箮（孰）④多？貴（得）⑤與寬（亡）⑥箮（孰）⑦妨（病）⑧？（郭_老子甲_35、36）

(65) 中（仲）尼（尼）與虗（吾）＝（子子）産箮（孰）臤（賢）？（上博五_君子爲禮_11）

其二，何樂士將之稱爲分項選擇問句，指的是把兩種或兩種以上的情况列出，問是這一種還是那一種。⑨ 第一，這兩種或兩種以上情况都是平等並列的，是由分句並列組成的複句；第二，絶大多數都在句尾有語氣詞，配合文意表示疑問；第三，在並列分句中常有表選擇的連詞連接；第四，有時在句首還有語氣副詞"其"等。出土楚簡中此類問句有 5 處，均是在兩種平等並列的情况中作出選擇，使用的連詞有"抑""意豈"，句首没有語氣副詞，但句末均有語氣詞與之呼應。例：

【（與）歟】

(66) 尭（堯）之旻（得）舜（舜）也，舜（舜）之悳（德）則城（誠）善舉（歟）？伊（抑）⑩尭（堯）之悳（德）則甚盟（明）⑪尭（歟）？（上博二_子羔_6、2）

---

① 楊伯峻、何樂士：《古漢語語法及其發展》，語文出版社，1992 年版，第 875 頁。
② 楊伯峻、何樂士：《古漢語語法及其發展》，語文出版社，1992 年版，第 875 頁。
③ 白於藍在《戰國秦漢簡帛古書通假字匯纂》中提及，今本和帛書甲本"漾"作"箮"，第 208 頁。
④ 白於藍在《戰國秦漢簡帛古書通假字匯纂》中提及，今本和帛書甲本"箮"作"孰"，第 208 頁。
⑤ 白於藍在《戰國秦漢簡帛古書通假字匯纂》中提及，今本和帛書甲本"貴"作"得"，第 31 頁。
⑥ 白於藍在《戰國秦漢簡帛古書通假字匯纂》中提及，今本和帛書甲本"寬"作"亡"，第 313 頁。
⑦ 白於藍在《戰國秦漢簡帛古書通假字匯纂》中提及，今本和帛書甲本"箮"作"孰"，第 208 頁。
⑧ 白於藍在《戰國秦漢簡帛古書通假字匯纂》中提及，今本和帛書甲本"妨"作"病"，第 307 頁。
⑨ 楊伯峻、何樂士：《古漢語語法及其發展》，語文出版社，1992 年版，第 877 頁。
⑩ "抑"字依從陳劍，見陳劍：《上博簡〈子羔〉、〈從政〉篇的竹簡拼合與編連問題小議》，簡帛研究網，2003 年 1 月 8 日。
⑪ "明"字依從陳劍，見陳劍：《上博簡〈子羔〉、〈從政〉篇的竹簡拼合與編連問題小議》，簡帛研究網，2003 年 1 月 8 日。

（67）厽（参）王者之乍（作）也，膚（皆）人子也，而丌（其）父戋（賤）而不足叕（举）也與（歟）？殹（抑）①亦堃（誠）天子也與（歟）？（上博二_子羔_9）

【乎】

（68）亓（其）力能至安（焉）而弗爲虐（乎）？虞（吾）弗智（知）也。訇（抑）②亓（其）力古（固）不能至安（焉）虐（乎）？虞（吾）或（又）弗智（知）也。（上博五_鬼神之明_4）

（69）軌（載）之𡎸（轉）③車目（以）走（上）虐（乎）？殹（抑）④四艁（艁）⑤目（以）逾（輸）虐（乎）？（上博六_莊王既成_3、4）

（70）不智（知）黃帝、耑（顓）琂（頊）、堯、夋（舜）之道在〔存〕虐（乎）？意（意）幾（豈）⑥喪不可𦔳（得）而註（睹）虐（乎）？（上博七_武王踐阼_1）

有關"意豈"的說法，本書依從林清源的觀點，將其看作表並列選擇關係的連詞。⑦

二、反詰問句

何樂士指出反詰問有四個特點：第一是用反問句的形式表示確定（包括肯定和否定）的意思；第二是它常常是複句的最後一個分句或是一個語段的結束語，起著加強說話人語義重點的作用；第三是謂語中心詞前有表反詰的副詞以及它們與助動詞或副詞等組成的許多固定詞組；

---

① "殹（抑）"字依從陳劍，見陳劍：《上博簡〈子羔〉、〈從政〉篇的竹簡拼合與編連問題小議》，簡帛研究網，2003年1月8日。
② "訇（抑）"字從陳偉讀，見陳偉：《上博五〈鬼神之明〉篇初讀》，簡帛網，2006年2月18日。
③ 白於藍《戰國秦漢簡帛古書通假字匯纂》按，"𡎸"似當讀作"轉"，第366頁。
④ "殹（抑）"字從凡國棟讀，見凡國棟：《讀〈上博楚竹書六〉記》，簡帛網，2007年7月9日。
⑤ "艁（艁）"字從宋華強《釋〈上博六·莊王既成〉的"船"》（簡帛網，2011年1月6日）釋，從宋文所引李家浩說讀。
⑥ 整理者認爲與下一字合讀爲"微喪"，指衰亡。復旦大學出土文獻與古文字研究中心研究生讀書會將之釋爲"幾"，讀作"豈"。見讀書會：《〈上博七·武王踐阼〉校讀》，復旦大學出土文獻與古文字研究中心網，2008年12月30日。
⑦ 林清源：《上博簡〈武王踐阼〉"幾""微"二字考辨》，簡帛網，2009年10月13日。

第四是句末常有語氣詞。① 楚簡文獻中有反詰問 56 處，根據句末是否有語氣詞可分爲兩類。

（一）句末帶有語氣詞的反詰問句

有 27 處。例：

【乎】

（71）虐（吾）見於君，不昏（問）又（有）邦之道，而昏（問）叟（相）邦之道，不亦墜虐(乎)？（上博四_相邦之道_4）

（72）虐（吾）子迷〈悉〉②言之，猷（猶）忌（恐）弗智（知），皇（況）③亓（其）女（如）岂（微）言之虐(乎)？（上博六_孔子見季桓子_22、19）

【哉】

（73）公身爲亡道，不遂（遷）④於善而敓（說）之，可虐（乎）才(哉)？（上博五_競建内之_5、6）

（74）句（苟）又（有）亓（其）殜（世），可（何）懂（艱）⑤之又（有）才(哉)？（郭_窮達以時_2）

【也】

（75）巠（舉）天之事，自复（作）爲，事甬（庸）目（以）不可廙也？（上博三_亙先_7）

【與（歟）】

（76）巠（舉）天下之名，⑥無又（有）瀳（廢）者與(歟)⑦？（上博三_亙先_13）

（77）昔尭（堯）之卿（饗）䎽（舜）也，飯於土𣎵（塯），欲

---

① 楊伯峻、何樂士：《古漢語語法及其發展》，語文出版社，1992 年版，第 885 頁。
② 見陳劍：《〈上博（六）·孔子見季桓子〉重編新釋》，復旦大學出土文獻與古文字研究中心網，2008 年 3 月 22 日。
③ "皇（況）"字從李銳讀，見李銳：《〈孔子見季桓子〉新編（稿）》，簡帛網，2007 年 7 月 11 日。
④ "遂（遷）"字從陳劍讀，見陳劍：《談談〈上博（五）〉的竹簡分篇、拼合與編聯問題》，簡帛網，2006 年 2 月 19 日。
⑤ 白於藍《戰國秦漢簡帛古書通假字匯纂》按，"懂"似當讀作"艱"，第 407 頁。
⑥ 斷句依從丁四新，見丁四新：《楚簡〈恒先〉章句釋義》，簡帛研究網，2004 年 7 月 25 日。
⑦ "與（歟）"字從丁四新，見丁四新：《楚簡〈恒先〉章句釋義》，簡帛研究網，2004 年 7 月 25 日。

〈歓〉① 於土型（銅），而改（撫）又（有）天下。此不貧於敚（美）而福（富）於惪（德）與（歟）?（上博四＿曹沫之陣＿2、3）

(二) 句末没有語氣詞的反詰問句

有29處，其中有疑問詞語（疑問代詞和疑問副詞）的有25處，没有疑問詞語的有4處。例：

(78) 型（形）於审（中），发（發）於色，亓（其）錫也固悉（矣），民管（孰）②弗訏（信）?（郭＿成之聞之＿24）

(79) 虘（且）夫毁含（今）之先＝（先人），茣（世）③三代之逋（傳）貞（史），幾（豈）敢（敢）不目（以）亓（其）先＝（先人）之逋（傳）等（志）④告?（上博五＿季庚子問於孔子＿14）

(80) 子不爲我圉（圖）之?（上博二＿魯邦大旱＿1）

按：例（83）既没有疑問代詞、疑問副詞，也没有疑問語氣詞，判斷該句爲反詰問，主要靠語調發問。

三、測度問句

出土楚簡中測度問句有5處，何樂士指出測度問句是對事態現狀或未來作出推測的句子，其特點有二，第一是在謂語前帶有表示測度語氣的副詞，第二是通常句末有語氣詞。⑤ 例：

【乎】

(81) 九邦者亓（其）可逨（來）虐（乎）?（上博二＿容成氏＿47)

(82) 邦大旱，母（毋）乃遊（失）者（諸）型（刑）與惪（德）虐（乎）?（上博二＿魯邦大旱＿1）

---

① 整理者认为是"欲"乃"歓"之誤。
② "管（孰）"字從裘錫圭讀，見《郭店楚墓竹簡·成之聞之》篇注［二三］。
③ "茣（世）"字從陳劍讀，見陳劍：《談談〈上博（五）〉的竹簡分篇、拼合與編聯問題》，簡帛網，2006年2月19日。
④ "等（志）"字從陳劍讀，見陳劍：《談談〈上博（五）〉的竹簡分篇、拼合與編聯問題》，簡帛網，2006年2月19日。
⑤ 楊伯峻、何樂士：《古漢語語法及其發展》，語文出版社，1992年版，第888頁。

【與（歟）】

(83) 天陞（地）之礼（間），丌（其）猷（猶）囙（橐）①蘥〈籥〉與？虛而不屈，連（動）而愈出。（郭_老子甲_23）

(84) 賜，而（尔）昏（聞）㔾（巷）𨒥（路）之言，母（毋）乃胃（謂）丘之䈞（答）非與（歟）？（上博二_魯邦大旱_3）

表4-6　出土楚簡中疑問句的出現頻率

特指問句		是非問句		選擇問句		反詰問句		測度問句
有	無	有	無	範圍選擇	分項選擇	有	無	
98	1	26	31	6	5	27	29	
99		57		11		56		7

注："有疑問標志"簡略標識爲"有"，相反爲"無"。

從以上關於疑問句的分析，可以得出如下幾點：

第一，特指問句有99處，所占比例最大，約43%。帶有明顯疑問標志的特指問句有98處。

第二，是非問句所占比例僅次於特指問句，約爲25%。其中帶有明顯疑問標志的是非問句以疑問語氣詞爲主，無明顯疑問標志的是非問句主要來自特殊文體——楚簡中的卜筮祭禱類文獻。

第三，選擇問句所占比例較少，與同時期傳世文獻相比，出土楚簡中選擇問句的使用相對單一，具體表現在：首先，範圍選擇問句均沒有使用語氣詞，所使用的疑問代詞只有"孰"，而傳世文獻中的範圍選擇句有使用語氣詞的情況，且所使用的疑問代詞不僅有"孰"，還有"誰"等。其次，分項選擇疑問句可供選擇的對象只有兩項，而傳世文獻中分項選擇疑問句可供選擇的對象不僅有兩項的情況，還有三項的情況，且從語氣詞的角度可分爲三類：前後所選擇的並列項都沒有語氣詞；前後所選擇的並列項中有一項帶語氣詞；前後所選擇的並列項都有語氣詞，且語氣詞多樣化，可以用"乎""耶""邪""歟"等，而出土楚簡中分項選擇疑問句前後所選擇的並列項都有語氣詞，且語氣詞只有1個，就是"乎"。

---

① 白於藍在《戰國秦漢簡帛古書通假字匯纂》中提及，今本和帛書本"囙"作"橐"，224頁。

第四,反詰問句所占比例與是非問句相差無幾,約 24%。反詰問句中句末不帶語氣詞的數量要稍多於句末帶語氣詞的數量,而據楊伯峻、何樂士分析,傳世文獻中多數反詰問句都有語氣詞的配合。①

第五,測度問句數量較少,其用法在傳世文獻中均可以找到,其在謂語前所帶的表示測度語氣的副詞有"其""毋乃",句末語氣詞有"乎""與(歟)"。

表 4—7　傳世文獻與出土楚簡中疑問句疑問標志使用情況

疑問標志	《戰國策》 (899 例)	《荀子》 (340 例)	《墨子》 (459)	《楚簡》 (230)
帶	895	327	453	226
不帶	4	13	6	4

通過以上對出土楚簡疑問句的窮盡性考察,可以窺見楚簡中疑問句系統的概貌。我們認爲,無論是疑問詞語還是疑問句類型,雖然其出現的數量及頻率都不及傳世文獻,但是所展現的語言面貌與傳世文獻是一致的。

---

① 楊伯峻、何樂士:《古漢語語法及其發展》,語文出版社,1992 年版,第 885 頁。

第五章 "有"字句研究

第一節 "有"字句界説

一、研究範圍

黎錦熙指出:"國語中,'有'字用法最複雜。"①《馬氏文通》是最早對"有"字進行研究的專著,文中提出"有"是同動字,指出:"凡動字所以記行也。然有不記行而唯言不動之境者,如'有''無''似''在'等字,則謂之'同動',以其同乎動字之用也。"②並對"有"字句的結構類型加以描寫:"'有''無'兩字,用法不一,'有'有起詞、有止詞者,'有'有起詞而止詞則隱見不常者。若記人物之有無,而不明言其爲何者所有、何者所無,則有止詞而無起詞者常也。"③隨後"有"字逐漸被學術界所關注。

關於"有"字句的研究範圍,目前存有兩種觀點:一種是狹義"有"字句,指以"有"爲謂語或謂語中心詞的句子,持此觀點的學者以吕叔湘④、黎錦熙⑤等爲代表;另外一種是廣義"有"字句,指不僅把"有"作謂語或謂語中心詞的句子看作"有"字句,而且把不作謂語或謂語中心詞的句子也看作"有"字句,持此觀點的學者以詹開第、范

---

① 黎錦熙:《新著國語文法》,湖南教育出版社,2007年版,第53頁。
② 馬建忠:《馬氏文通》,商務印書館,1983年版,第177頁。
③ 馬建忠:《馬氏文通》,商務印書館,1983年版,第302頁。
④ 吕叔湘:《中國文法要略》,商務印書館,1982年版,第65~67頁、107~109頁。
⑤ 黎錦熙:《新著國語文法》,商務印書館,2007年版,111頁。

方蓮等爲代表。詹開第認爲："含有動詞'有'及其否定形式'沒（有）'的句子都稱做'有'字句。"① 范方蓮甚至認爲："'有'字句句中不一定出現'有'，特別是在後面的名詞帶有數量詞的情况下。"② 筆者認爲："有"字句中必須出現它的句式標志"有"字，因爲許多句式的語義往往很複雜，而且表達的語義也是隱形的，不用"有"字來表達的句子不能稱爲"有"字句。本書所述的"有"字句是狹義"有"字句，所謂狹義"有"字句應具備兩個條件：其一，句中必須出現"有"字；其二，"有"字應處於謂語位置。根據這兩個條件，剔除楚簡文獻中因殘斷、殘泐或尚不能釋讀的例子，最終得到可供研究的"有"字句數量有 573 例。③

二、"有"字句的表達功能和結構類型

關於有字句的表達功能，吕叔湘、黎錦熙、王建軍、何樂士、李佐豐等均有研究。其中李佐豐系統論述了大家所公認的"有"字表存在義之外的三種表達功能："（1）領有；（2）記异；（3）介紹。（1）是一種廣義的領有，如具有、擁有、占有、發生、産生、得到及作爲主要的一方參與、發動等等；這類'有'字句，主語經常由有生名詞充當，而'有'字大多帶體詞性賓語，如果帶謂詞性賓語，句子通常不是叙事句而是説明句，主要表示行爲的必要性和必行性。（2）是出現通常不出現的事物或事實，或表示短時間的出現，這種用法在《春秋》經傳中常見，其他書中也可以見到。（3）是介紹一個前文不曾出現過的人或物，這樣用的'有'常與'者''焉'呼應使用。"④"有"字句的結構類型研究以吕叔湘爲代表，他將"有"字句分爲"有起詞的"和"没有起詞的"兩類，認爲"没有起詞的"這一類"有"字句單純表示事物的存在，也可稱爲存在句；又將"有起詞的"這一類具體分爲"時地性起詞的""分母性起詞的""領屬性起詞的"三個小類，指出其中"時地性起

---

① 詹開第：《有字句》，《中國語文》，1981 年第 1 期。
② 范方蓮：《存在句》，《中國語文》，1963 年第 5 期。
③ 具體見附錄六。
④ 李佐豐：《古代漢語語法學》，商務印書館，2004 年版，第 397~407 頁。

詞的"這一類大多都是拿方所詞作起詞，表示事物存在於何處；"分母性起詞的"這一類或者用來列舉事物的種類，或者只就一類人的一個或物的一部分説話。① 吕叔湘的結構類型標準的著眼點在起詞，爲了多方位地瞭解"有"字句，本書對"有"字句結構的分類著眼點落脚於謂語動詞"有"，根據謂語動詞"有"前後成分的差异分爲以下十種："X+有+Y""有+Y""X+有""否定形式""V有""有無對舉""'有以'固定結構""單獨成句""有字連用""'有'字後面肯定否定短語"。

目前從專書和斷代角度對"有"字句進行研究的成果不是很多，這就會不同程度地影響"有"字句的歷時發展考察研究。所以本書考察"有"字句在楚簡文獻中的用法和特點，一方面可以對傳世文獻"有"字句研究作補充，另一方面也可爲進行先秦"有"字句的系統研究作鋪墊。

第二節　"有"字句結構分析

一、X+有+Y 句（X 指主語部分；Y 指賓語部分）

這種格式在上古漢語中較爲常見。崔芸在《〈左傳〉"有"字句研究》中指出《左傳》中"有"字用作謂語中心詞共出現 1220 例，其中以"A+有+B"格式（A 爲"有"前的主語部分，B 爲"有"後的賓語部分）出現的就有 660 例，約占 50%。② 這種狀况楚簡文獻仍有延續。由於 X 和 Y 所代表的内容有差异，所以會呈現出不同的語義關係，根據它們之間的關係可以分爲以下幾類。

---

① 吕叔湘：《中國文法要略》，商務印書館，1982 年版，第 65~67 頁、107~109 頁。
② 崔芸：《〈左傳〉"有"字句研究》，《阜陽師範學院學報》（社會科學版），2003 年第 2 期，第 63~66 頁。

（一）表示存現關係

判斷是否爲"有"字存現句，可依據王建軍的观点："嚴格、典型的'有'字存在句是在'有'字存在句趨於完型並與'領有'句分道揚鑣之後誕生的。方位詞或方位短語作前段當是一個重要的標志或轉折點。"① 所以 X 應表示空間類或時間類或者是時空混合類。例：

(1) 囯（國）②中又（有）③四大安（焉），王尻（居）一安（焉）④。（郭＿老子甲＿22）

(2) 上好此勿（物）也，下必又（有）甚安（焉）者矣。（郭＿緇衣＿14、15）

(3) 旮（幾）审（中）又（有）憙。（包＿198）（按：指貞問一年的時間之内⑤）

楚簡文獻中這類存現句僅發現 18 例，其中空間類作前段的有 12 例，時間類有 6 例，且這些前段成分較爲簡單，如以上三例中，例（1）和例（3）是合成詞，例（2）是單純詞，王建軍指出，先秦之後，稍顯複雜的前段部分才漸次産生。⑥

（二）表示領屬關係

X 表示整體，表示事物的泛稱，Y 往往是其中一個屬類，二者是包含和被包含的關係。例：

(4) 一組繡，一革，皆又（有）鉤。（長台關＿1＿2）

(5) 一𠄌（收）牀，又（有）簧。一𦥑（瑟），又（有）桼。（包＿260）

(6) 一新智（鞁）緅（屨），一㠯（舊）智（鞁）緅（屨），皆又

---

① 王建軍：《漢語存在句的歷時研究》，天津古籍出版社，2003 年版，第 144 頁。
② "囯（國）"字從李天虹《郭店楚簡文字雜釋》，《郭店楚簡國際學術研討會論文集》，湖北人民出版社，2000 年版。
③ 白於藍在《戰國秦漢簡帛古書通假字匯纂》中提及，今本和帛書甲本"又"作"有"，第 38 頁。
④ 白於藍在《戰國秦漢簡帛古書通假字匯纂》中提及，王弼本、河上本和帛書本"安"作"焉"，第 378 頁。
⑤ 參見陳偉主編：《楚地出土戰國簡册（十四種）》，經濟科學出版社，2009 年版，第 99 頁。
⑥ 王建軍：《漢語存在句的歷時研究》，天津古籍出版社，2003 年版，第 150 頁。

(有)莔（苴）疋（疏）纅（屨）。（仰天湖 25 號 _ 34①）

（7）四登（盌），又（有）盍（蓋）。二卵缶，又（有）盍（蓋）。（望山二號 _ 33②）

（8）《詩》於又（有）之曰："幾（豈）㚸（弟）③ 君子，民之父母。"（上博四 _ 曹沫之陣 _ 21、22）

　　王建軍指出，領屬關係中的賓語多由"者"字結構充任，如《左傳·閔公二年》"衛懿公好鶴，鶴有乘軒者"，《戰國策·趙策四》"微獨趙，諸侯有在者乎？"④ 但是，楚簡文獻中的情況並非如此，其中由單個具體名詞承擔 Y 位置的有 37 例，由類似於"某某有之曰"形式承擔的 4 例，由"者"字結構擔任 Y 位置的僅 1 例。石彥霞⑤、崔芸⑥等在研究"有"字句的領屬關係時也沒有特意提到領屬關係賓語多由"者"字結構充任。所以可以推測"者"字結構充任 Y 位置的多與少主要取決於篇章性質。

　　同時在這 42 例領屬句中，有 35 例⑦來自遣策類文獻。遣策是專門記錄隨葬品器物的簡牘，即隨葬物品的清單列表，其內容往往由漆器、陶器、衣物、食物、樂器等事物的名稱組成。當遣策類文獻需要說明某一器物的具體配件時，往往就在句中使用動詞"有"，如例（4）"有"字主要是用來說明"帶""革"上都各有配件"鈎"，"鈎"是"帶""革"這種服飾的組成部分之一。這樣主語和賓語之間就構成了包含和被包含的關係，顯然屬於領屬關係。

　　考察《望山二號楚墓竹簡遣策》《信陽長台關一號楚墓竹簡第二組遣策》《仰天湖 25 號楚墓竹簡遣策》《曾侯乙墓遣策》《包山楚簡遣策》，

---

① 在陳偉主編的《楚地出土戰國簡册（十四種）》中相應的簡號爲 15，經濟科學出版社，2009 年版，第 470 頁。
② 在陳偉主編的《楚地出土戰國簡册（十四種）》中相應的簡號爲 46，經濟科學出版社，2009 年版，第 289 頁。
③ "㚸（弟）"字從陳劍讀，見陳劍：《上博竹書〈曹沫之陣〉新編釋文》，簡帛研究網，2005 年 2 月 12 日。
④ 王建軍：《漢語存在句的歷時研究》，天津古籍出版社，2003 年版，第 144 頁。
⑤ 石彥霞：《〈紀效新書〉句法專題研究》，吉林大學博士學位論文，2008 年。
⑥ 崔芸：《〈左傳〉"有"字句研究》，《阜陽師範學院學報》（社會科學版），2003 年第 2 期。
⑦ 35 例領屬關係在遣册類文獻中的分布：《望山二號楚墓竹簡遣策》有 6 例，《信陽長臺關一號楚墓竹簡第二組遣策》有 11 例，《仰天湖 25 號楚墓竹簡遣策》有 10 例，《曾侯乙墓遣策》有 3 例，《包山楚簡遣策》有 5 例，合計 35 例。

可以發現"有"字的出現都是用於解釋説明某種器物及其構件之間包含與被包含的關係，這樣一種使用狀態下形成的"有"字句往往是領屬關係，因此，"有"字句中的領屬句在遣策類文獻中出現頻率較高，應該是有一定的必然性的。

（三）表示領有關係

指 X 擁有或具有 Y，二者之間是一種擁有與被擁有、具有與被具有的關係，語言邏輯上必定有"領主"。例：

（9）進必又（有）二𢓃（將）軍，母（每）①𢓃（將）軍必又（有）䙷（數）辟（嬖）②夫＝（大夫），母（每）③俾（嬖）④夫＝（大夫）必又（有）䙷（數）大官之帀（師）、公孫公子，凡又（有）司衛（率）倀（長）◎。（上博四＿曹沫之陣＿24下、25⑤）

（10）皇（禹）又（有）子五人，不㠯（以）亓（其）子爲後（後），見𦤜（皋）咎（陶）之臤（賢）也，而欲㠯（以）爲後（後）。（上博二＿容成氏＿33、34）

（11）士又（有）志於君子道，胃（謂）之峙（志）士。（郭＿五行＿7）

"領有"與"存現"某種程度上難捨難分。儲澤祥提出："如果存在是事物的特殊性質的話，那麼，被領有的東西也都具有存在性。也就是説領有包含存在，可以推論，某個事物可以兼有'存在'和'領有'兩種性質。"⑥王建軍進一步指出，領有句的主要特徵在於句子的前段絶大多數是表處所的實體名詞，由於這些表處所的實體名詞没有附以方位詞，任何處所都是不確定的、不實在的，所以不宜視作正規的"有"字

---

① "母（每）"從邴尚白讀，見邴尚白：《上博楚竹書〈曹沫之陣〉注釋》，《中國文學研究》，2006年第21期。
② "辟（嬖）"字從陳劍讀，見陳劍：《上博竹書〈曹沫之陣〉新編釋文（稿）》，簡帛研究網，2005年2月12日。
③ "母（每）"從邴尚白讀，見邴尚白：《上博楚竹書〈曹沫之陣〉注釋》，《中國文學研究》，2006年第21期。
④ 見陳劍：《上博竹書〈曹沫之陣〉新編釋文（稿）》，簡帛研究網，2005年2月12日。
⑤ 編聯從白於藍，見白於藍：《上博簡〈曹沫之陣〉釋文新編》，簡帛研究網，2005年4月10日。
⑥ 儲澤祥：《現代漢語的方所系統研究》，華中師範大學出版社，1997年版，第13頁。

存在句。① 他還舉例對"有"字存在句和領有句作了區分，分析《詩經·召公·野有死麋》"林有樸樕，野有死鹿"和《詩經·魏風·園有桃》"園有桃，其實之殽"，認爲假如在這兩例中的"林""園"後加"中"，"野"後加"外"，就可認爲這兩例是"有"字存在句。同時這也印證了儲澤祥的觀點。

楚簡文獻中，領有關係有 30 例。但是沒有出現表處所的實體名詞充任 X 的情況，充任 X 以普通名詞（短語）居多，且多爲抽象名詞。也有專有名詞充任 X 的情況，但出現次數極少，僅 3 例。充任 Y 位置的成分較爲豐富，有者字結構、所字結構、形容詞、並列名詞結構及主謂結構等，但是由名詞或簡單偏正名詞結構充任 Y 位置的占多數。

（四）表示相关關係

石彥霞對相關關係是這樣解釋的："當 X 表示有生命的主體，Y 表示事物或其他抽象名詞，它們之間的關係鬆散，兩者只是兩種相關的事物。"② 這裏借用"相關關係"這個概念指代楚簡文獻中既不能歸爲表存現，又不能歸爲表領屬或領有的"X＋有＋Y"句。根據 X 和 Y 詞性成分的不同搭配，將其主要分爲三類：

1. X＋有＋VP（VP 指動詞性結構賓語）

（12）傑（桀）不胃（謂）亓（其）民必噩（亂），而民又（有）爲噩（亂）矣。（郭_尊德義_22、23）

（13）既旻（得）亓（其）級（急）③，言必又（有）及。（郭_語叢四_5）

這種結構在楚簡文獻中不是一種強勢結構，僅有 19 例，且主要出自《郭店楚墓竹簡》部分。但是它起源很早，郭鳳花指出該種結構在甲骨文中已經出現。④ 關於"X＋有＋VP"，特別是"有＋VP"的結構性質，語法學界有不同的認識。張文國、張文強認爲，"有 VP"是動賓

---

① 王建軍：《漢語存在句的歷時研究》，天津古籍出版社，2003 年版，第 144 頁。
② 石彥霞：《〈紀效新書〉句法專題研究》，吉林大學博士學位論文，2008 年。
③ "級（急）"字從裘錫圭釋，見《郭店楚墓竹簡·語叢四》篇注［五］。
④ 郭鳳花：《説甲骨文中的謂賓動詞"有"》，《大理學院學報》，2002 年第 2 期，第 59～61 頁。

結構。① VP出現在"有"之後，其動作行爲、性質、狀態等就已經事物化，成爲可指稱的對象，可以用代詞"之"替代。劉利認爲，在"有VP"結構中，"VP"前面的"有"所表示的是"VP"動作、行爲已經完成，這種"有"具有動詞完成體外部標記的句法、語義特徵，用法大致與副詞"既""已"相當。②"有"具有表示完成體的功能。

分析上例，筆者同意張文國、張文强所提出的"有VP"是動賓結構的觀點，"VP"是動詞"有"的賓語，它們的語義模式是"存在＋行爲"，對於這種"行爲"是否已經事物化，筆者認爲還有待探討。其中例（13）"有"字前面有表肯定的情態副詞"必"，從句法結構看，一般"必＋動詞"結構所表示的都是一種未然的行爲，"必"是對這種未然行爲的肯定及加强。所以不能說例（13）中的"有"具有表示完成體的功能。

2. VP＋**有**＋NP

（14）是古（故）夫死又（有）宔（主），丹（終）身不繺（變）③，胃（謂）之婦，曰（以）訐（信）從人多也。（郭＿六德＿19、20）

（15）從正（政）又（有）七幾（機）。（上博二＿從政（甲）＿8）

（16）戬（戰）又（有）㬎（顯）道，勿兵曰（以）克。（上博四＿曹沫之陣＿38）

這種句式的特點是動詞性成分出現在主語位置上，表示具體的行爲動作，後面的NP是和這種行爲相關的事物。此類句式在楚簡文獻中僅有22例。

3. NP＋**有**＋NP

（17）又（有）天又（有）人，天人又（有）分。（郭＿窮達以時＿1）

（18）上六：大君子又（有）命，啓邦丞（承）豪（家），尖＝（小人）勿用。（上博三＿周易＿8）

---

① 張文國、張文强：《論先秦漢語的"有（無）＋VP"結構》，《廣西大學學報》，1996年第3期，第61~67頁。
② 劉利：《古漢語"有VP"結構中"有"的表體功能》，《徐州師範大學學報》，1997年第1期，第66頁。
③ "繺（變）"字從裘錫圭讀，見《郭店楚墓竹簡·六德》篇注〔一三〕。

處於主語位置和賓語位置的兩個名詞性成分之間既不是表存現，也不是領屬和領有的關係，它們只是一種相關聯的關係。但是，我們必須承認，這種意義都是和表存在的用法相聯繫的。

二、有＋Y 句

這種句式有 171 例，數量僅次於"X＋有＋Y"句。Y 位置的成分較爲豐富，不僅名詞（簡單名詞結構）、代詞、形容詞、動詞（簡單動詞結構）可以充當，而且一些複雜結構也可以充當。例：

(19) 句（苟）又（有）亓（其）殜（世），可（何）懂（艱）①之又（有）才（哉）？（郭＿窮達以時＿2）

(20) 虗（吾）又（有）所睧（聞）之：一出言三軍皆懂（勸）②，一出言三軍皆迬（往）。又（有）之虖（乎）？（上博四＿曹沫之陣＿59、60）

(21) 藏（壯）于頄（頄），又（有）凶。（上博三＿周易＿38）

(22) 女（如）牂（將）又（有）敗（敗），䮷（雄）是爲割（害）。（郭＿語叢四＿16）

(23) 埅（城）章（郭）必攸（修），緐（繕）③麞（甲）秒（利）兵，必又（有）戰（戰）心目（以）獸（守），所目（以）爲倀（長）也。（上博四＿曹沫之陣＿18）

(24) 遊於央（瑤）臺（臺）之上，又（有）嬰（燕）監（銜）卵而階（錯）者（諸）丌（其）前，取而畼（吞）之。（上博二＿子羔＿11）

(25) 民乃宜胃（怨），虐（虐）疾䚻（始）生，於是虐（乎）又（有）諳（喑）、聾、皮（跛）、瞑④、瘦（瘦）、秃、婁（僂）䚻（始）

---

① 白於藍在《戰國秦漢簡帛古書通假字匯纂》中認爲，"懂"似當讀作"艱"，第 407 頁。
② "懂（勸）"字從陳劍讀，見陳劍：《上博竹書〈曹沫之陳〉新編釋文（稿）》，簡帛研究網，2005 年 2 月 12 日。
③ 白於藍在《戰國秦漢簡帛古書通假字匯纂》中認爲，"緐"字原形作"𦅾"，右旁所從與"𦅾""𦅾"應是一字，第 261 頁。
④ 范常喜認爲應釋"瞑"，見范常喜：《試說〈上博五·三德〉簡 1 中的"瞑"》，簡帛網，2006 年 3 年 9 日。

迟（起）。（上博二_容成氏_36、37）

（26）又（有）一君子㱇（喪）備（服）曼廷牂（將）迠（蹠）闈。（上博四_昭王毀室_1）

分析上例，不難看出，例（24）到例（26），Y位置上的成分顯然要複雜一些，"有"字後面的名詞（結構）是"有"的賓語，不僅是受事，同時還是施事，如例（24）"騩（燕）"是"有"的賓語，同時還是"監（銜）卵而階（錯）者（諸）丌（其）前"的施事者。呂叔湘指出兼語式就是動賓結構套上一個主謂結構。① 這類兼語式有17例。從篇章看，"有"字後面引進的都是新的實體，這一點與李佐豐所提出的"有"字具有介紹功能相吻合。② 這種兼語式的生命力很強。何繼軍指出，"有NP+VP"句是漢語歷代沿用的固有句式，先秦就已出現，到秦漢"NP"和"VP"均有所發展，尤其東漢以後受佛經影響，出現了"有"引導的"NP+VP"式被動句。③ 馬彥霞指出，"有+NP+VP"這種句式在《紀效新書》中的出現頻率已經很高，約22%。④

三、位移式"有"字句（X+有）

范曉指出，句子主要由處於不同層次的主語、謂語、述語、賓語、定語、狀語、補語、中心語等成分構成。⑤ 一般情況下，或者説在静態的句法結構裹，各種句法成分都有一定的位置，但是句子是語言的基本運用單位，在實際言語中句法成分的位置常有變化，如主語可以出現在謂語後面，狀語、定語也可以出現在其中心語後面等。我們把句法成分在語言運用中由於表達的需要而移動其静態的位置的情況叫作移位，移位分爲一般性移位和主題化移位。根據該理論分析下面這3例：

（27）𢾭（絶）考（巧）弃利，覝（盜）惻（賊）⑥亡又（有）⑦。

---

① 呂叔湘：《漢語語法分析問題》，《漢語語法論文集》，商務印書館，2002年版，第547頁。
② 李佐豐：《古代漢語語法學》，商務印書館，2004年版，第397~407頁。
③ 何繼軍：《〈祖堂集〉"有"起首的"有NP+VP"句研究》，《安徽大學學報》（哲學社會科學版），2010年第2期，第95~96頁。
④ 石彥霞：《〈紀效新書〉句法專題研究》，吉林大學博士學位論文，2008年。
⑤ 范曉：《漢語的句子類型》，書海出版社，1998年版，第300~301頁。
⑥ 白於藍在《戰國秦漢簡帛古書通假字匯纂》中提及，今本和帛書本"惻"作"賊"，第199頁。
⑦ 白於藍在《戰國秦漢簡帛古書通假字匯纂》中提及，今本和帛書本"又"作"有"，第38頁。

(郭_老子甲_1)

（28）人多智（知），天〈而〉哦（奇）勿（物）慈（滋）① 己（起）。灋勿（物）慈（滋）章（彰），覜（盗）惻（賊）② 多又（有）③。（郭_老子甲_30、31）

（29）訂（始）折（制）④ 又（有）名，名亦既又（有）⑤，夫亦牆（將）智（知）虚（止），智（知）虚（止）所目（以）不訂（殆）。（郭_老子甲_19、20）

例（27）和例（28）中的"盗賊"和例（29）中的"名"從句法角度分析，它們均處於主語位置，但是從語義角度考慮，則是謂語動詞"有"所涉及的物件，是受事成分。究其原因，從大的語言環境出發，"盗賊"和"名"是已知資訊，是被關注的物件、被強調的成分，所以它們從本來的賓語位置分別轉移到謂語動詞"有"字前面，作了主語，成了全句的主題，從而使得賓語主題化了。

四、"V有"結構

所謂"V有"結構，就是指"有"字句中的"有"緊隨另一動詞之後，且該動詞爲單音節動詞，二者並列共同構成句子的謂語。這種情況楚簡中有兩例：

（30）昔堯（堯）之卿（饗）垄（舜）也，飯於土塯（塯），欲〈歡〉⑥ 於土型（鉶），而攺（撫）又（有）天下。（上博四_曹沫之陣_2、3）

（31）此目（以）瓺貞（貴）爲天子，賹（富）又（有）天下，長季（年）又（有）擧（譽）⑦，逡（後）殜（世）遂（述）之。（上博五_鬼神之明_1、2）

---

① 白於藍在《戰國秦漢簡帛古書通假字匯纂》中提及，今本"慈"作"滋"，第15頁。
② 白於藍在《戰國秦漢簡帛古書通假字匯纂》中提及，今本和帛書本"惻"作"賊"，第199頁。
③ 白於藍在《戰國秦漢簡帛古書通假字匯纂》中提及，今本"又"作"有"，第38頁。
④ 白於藍在《戰國秦漢簡帛古書通假字匯纂》中提及，今本和帛書甲本"折"作"制"，第245頁。
⑤ 白於藍在《戰國秦漢簡帛古書通假字匯纂》中提及，今本和帛書甲本"又"作"有"，第38頁。
⑥ 整理者认为是"欲"乃"歡"之誤。
⑦ "擧（譽）"字從廖名春讀，見廖名春《讀〈上博五·鬼神之明〉篇剳記》，簡帛研究網，2006年2月20日。

例（30）、例（31）中的"V"與"有"兩個動詞共用一個賓語，結構上相互獨立，不存在偏正之分。從語義關係看，例（30）"改（撫）"側重表示"有"的方式，例（31）"賙（富）"側重表示"有"的原因。

史有爲指出，"V 有"這種結構在先秦文獻中已經出現，並舉《詩經·周頌·桓》"桓桓武王，保有厥士，于以四方，克定厥家"以説明。① 董祥冬將"V 有"結構發展過程分爲三個時期，且指出先秦兩漢是"V 有"結構的醖釀期，② 並舉 5 例説明，但是所舉 4 例都來自西漢《史記》，僅有 1 例來自先秦文獻《荀子》。所以本書對論證先秦時代確有"V 有"結構的出現提供了兩個新的研究用例。

五、"有……無……"並列出現

這種格式中的"有""無"是反義對舉的關係，是對一件事情正反兩面情況的表述，二者直接連用，語氣緊凑，語義明了。楚簡文獻中共有 8 例。例：

（32）又（有）亓（其）人，亡亓（其）殜（世），唯（雖）臤（賢）弗行矣。（郭_窮達以時_1、2）

（33）又（有）固諓（謀）而亡固成（城），又（有）克正（政）而亡克戟（勣）。（上博四_曹沫之陣_13、14）

（34）又（有）智（知）㠯（己）而不智（知）命者，亡智（知）命而不智（知）㠯（己）者；又（有）智（知）豊（禮）而不智（知）樂者，亡智（知）樂而不智（知）豊（禮）者。（郭_尊德義_10）

六、"有……有……"結構的連用

這種結構的特點是"有"字句中的謂語"有"兩兩相對出現，且賓語均爲肯定式單賓語。例如：

---

① 史有爲：《關於"動+有"》，《語言學論叢》第十三輯，商務印書館，1984 年版，第 25 頁。
② 董祥冬：《"V+有"的詞匯化進程》，《湖北社會科学》，2009 年第 1 期，第 135 頁。

(35) ……又（有）宵又（有）朝，又（有）昼又（有）夕。（子弾庫（乙）_7、8）

(36) 又（有）生又（有）智（知），而句（後）好亞（惡）生。（郭_語叢一_8、9）

(37) 又（有）天又（有）命，又（有）迬（地）又（有）型（形）。（郭_語叢一_12）

(38) 又（有）勿（物）又（有）容，又（有）聿又（有）厚，又（有）頮（美）又（有）膳（善）。（郭_語叢一_14、15）

(39) 又（有）迬（地）又（有）型（形）又（有）聿（盡），而句（後）又（有）厚。（郭_語叢一_6、7）

(40) 又（有）悬（仁）又（有）智，又（有）義又（有）豊（禮），又（有）聖又（有）善。（郭_語叢一_16、17）

(41) 凡又〔有〕血獎（氣）者，膚（皆）又（有）悥（喜）又（有）忞（怒），又（有）夆（慎）又（有）慭（莊）。（郭_語叢一_45、46）

(42) 亓（其）豊（體）又（有）容，又（有）頜（色）又（有）聖（聲），又（有）臭（嗅）又（有）未（味），又（有）獎又（有）志。（郭_語叢一_46、47、48）

(43) 凡勿（物）又（有）蠢（本）又（有）卯（流）①，又（有）絭（終）又（有）絅（始）。（郭_語叢一_48、49）

爲行文方便，把本書"有……有……"這種結構稱爲"有"字格式。下面對這種"有"字格式進行初步探析。

(一) 兩個賓語之間詞義關係多樣化

總體來看，"有"字格式兩個賓語之間的詞義至少存在相通、相反和相關三種關係，呈現出多樣化的狀態。

1. **相通關係**

指賓語之間詞義相近或相類，相當於詞源學上的同源關係，二者有

---

① "卯（流）"字從白於藍讀，見白於藍：《郭店楚墓竹簡釋讀劄記》，《古文字論集（二）》，《考古文物叢刊》第四號，2001年版。

一個共同的核元素。例（40）"<u>又（有）惪（仁）又（有）</u>智，<u>又（有）義又（有）豊（禮）</u>，<u>又（有）聖又（有）</u>膳（善）"，其賓語就屬於相通關係，其中"仁"與"智"、"義"與"禮"、"聖"與"善"均處於賓語位置，在詞義上相近，它們在上古傳世文獻中經常以連稱用法的形式出現，如《荀子·君道》："……行義塞於天地之間，<u>仁智</u>之極也。""仁智"連稱，意義相近，但"仁"側重德行，"智"側重智慧；《荀子·樂論》："故樂行而志清，禮修而行成，耳目聰明，血氣和平，移民易俗，天下皆寧，<u>美善</u>相樂。"同樣，"美善"連稱，意義相近，但"美"側重外在，"善"側重内在；"義"與"禮"也如此，《韓詩外傳》："子曰：'不知命無以爲君子。'言天之所生，皆有<u>仁義禮智</u>順善之心。"劉釗指出："'仁義禮智'即'仁智義禮'。"① 其中"義"側重儀態，"禮"側重舉止。

2. 相反關係

指賓語描述的情況爲相反或相對。例（41）"<u>又（有）惪（喜）又（有）忞（怒）</u>"中的"喜"與"怒"；例（35）"<u>又（有）宵又（有）朝，又（有）昼又（有）夕</u>"中的"宵"與"朝""晝"與"夕"；例（43）"<u>又（有）絫（終）又（有）絉（始）</u>"中的"終"與"始"等都是相互對立的關係。

3. 相關關係

指賓語之間在不同時間和空間的相互關聯，這種相關關係的賓語大多表現的是一種抽象意義。例（37）"又（有）天又（有）命"中的"天"與"命"，儒家思想認爲天先於命，"天"與"命"之間有先後次序。也正因爲這種關係，"天命"得以連用，表現出一種抽象意義，並隨著語言的發展逐漸凝固爲複合詞。

（二）賓語具有名詞性

在上面所舉 9 例中，"有"字後面的詞語單從詞性看，既有名詞，也有形容詞和動詞。但是當它們作爲賓語成分進入"有"字格式後，就具有了一種指稱性，從而使原來的形容詞和動詞都具有了名詞的詞性。

---

① 劉釗：《郭店楚簡校釋》，福建人民出版社，2005年版，第185頁。

可見這種性質是"有"字格式所賦予的。也由於這一語法特性,在將上述例子轉變爲現代漢語時,一般會在"有"之後增加一些名詞性標志,以符合現代人的語言習慣。例(41)"又(有)憙(喜)又(有)忎(怒),又(有)晵(慎)又(有)䏈(莊)",通常翻譯爲"有高興的時候有發怒的時候,有謹慎的時候有莊重的時候",增加"……的時候"這一名詞性標志後更符合現代漢語的語言習慣;例(43)"又(有)蠢(本)又(有)卯(流)①",翻譯爲"有結束這個階段也有開始這個階段",增加了"……這個階段"這一名詞性標志。

(三)兩兩匹配的"有"字之間邏輯關係多樣化

"有"字格式在楚簡文獻中所呈現的邏輯關係不僅有並列關係,還有順承、條件等多種關係。曹峰就指出:"處於兩個項目之間的'有',有時表並列,有時當讀爲'就有''才有',表示兩個專案之間有種先後的因果關係,作者有時還專門用'而後有'的句式來突出有前者才會有後者。"② 分析例(39)"又(有)迬(地)又(有)型(形)又(有)聿(盡),而句(後)又(有)厚",儒家的哲學思想認爲,地先於形,盡先於厚,文章爲強調這四種事物之間的先後承接關係,特意用承接連詞"而後"。"而後"是順承連詞,所以由"而後"可以判斷這個句群裏"有"字之間的邏輯關係應屬順承,因此例(39)體現的是順承關係。例(36)"又(有)生又(有)智(知),而句(後)好亞(惡)生",是指有生命才能有知識,有知識才能產生好惡。由此,我們知道生命是知識產生的條件,知識是喜好能力產生的條件。《禮記·樂記》記載:"人生而静,天之性也;感於物而動,性之欲也。物至知知,然後好惡形焉。"該句所講可與例(36)對照,由此可以認爲例(36)所體現的是條件關係。

(四)"有"字格式的成因探析

研究《左傳》《國語》《荀子》《吕氏春秋》等上古傳世文獻,均未

---

① "卯(流)"字從白於藍讀,見白於藍:《郭店楚墓竹簡釋讀劄記》,《古文字論集(二)》,《考古文物叢刊》第四號,2001年版。
② 曹峰:《〈语丛〉一、三兩篇所見"名"的研究》,《學燈》,2007年第2期。

見這種"有"字格式。張先亮、鄭曼娟指出:"'有'字句的使用頻率和語體分布有很大關係"①,考察楚簡文獻中的"有"字格式,發現其主要來自楚簡《郭店·語叢一》。劉釗指出:"《語叢一》都是由類似格言或箴言似的文句構成,應是儒家思想觀念的一種語錄匯編。"② 所以據此推測,"有"字格式集中出現於《郭店·語叢一》,可能和其文體是由格言或箴言類文句構成有很大關係。由於格言或箴言類文句的語言一般都是短小精悍、言簡意賅,而"有……有……"結構是四音節結構,且每兩個音節構成一個節拍,形式簡潔,節奏鮮明,正好與格言或箴言類文句的凝聚性和韻律感相匹配。而上述四部文獻中,《左傳》《國語》《呂氏春秋》均屬史書類,《荀子》屬於哲學類,它們的文體和《郭店·語叢一》是不一樣的,所以這四部文獻中沒有出現"有"字格式是可以理解的。

七、"有"字的否定形式

楚簡文獻中"有"字的否定形式由下列詞語承擔:非、未、不、毋、未嘗、無。否定詞語的使用相對豐富,其中"毋"的使用頻率最高,而且主要來自楚簡中的卜筮祭禱類文獻。"不"和"未"的使用頻率僅次於"毋"。

(44) 父孝子慭(愛),非又(有)爲也。(郭_語叢三_8)

(45) 句(苟)不從丌(其)繇(由),不反丌(其)杳(本),未有可㝵(得)也者。(郭_成之聞之_12)

(46) 六晶(三):勿用取女;見金夫,不又(有)躳,亡(无)迫(攸)利。(上博三_周易_1)

(47)《君奭》曰:"歖(襄)③我二人,毋又(有)倉(合)才

---

① 張先亮、鄭曼娟:《漢語"有"字句的語體分布及語用功能》,《修辭學習》,2006年第1期,第37~39頁。
② 劉釗:《郭店楚簡校釋》,福建人民出版社,2005年版,第180頁。
③ 白於藍在《戰國秦漢簡帛古書通假字匯纂》中提及,今本《尚書·君奭》"歖"作"襄",第323頁。
④ 白於藍在《戰國秦漢簡帛古書通假字匯纂》中提及,今本《尚書·君奭》"又"作"有",第40頁。

（在）音（言）①。"（郭_成之聞之_29）

（48）目（以）君王之身殺祭（祭），未尚（嘗）又（有）。（上博四_柬大王泊旱_7）

（49）八月己巳之日，邻少司敗（敗）凍（臧）未受呇（幾），九月癸丑之日不遲（將）邻大司敗（敗）目（以）累（盟）邻之樸里之㦛無又（有）李㿟由（思），阰門又（有）敗（敗）。（包_23）

楚簡文獻中這類否定形式共有 51 例，其中否定副詞"毋"有 17 例，占全部"有"字句否定形式的 32％。這 17 例全部來自楚簡卜筮祭禱類文獻，主要由"……尚毋有……"的這一形式構成。

傳世文獻中"有"字句用"毋"否定的用例並不多見。倪懷慶在考察《國語》時不僅指出《國語》中"有"前沒有"毋"的用例，而且也指出其他典籍中"毋"字出現數量極少。②"毋"字之所以會在出土楚簡中出現較多，初步判斷和卜筮祭禱類文獻的文體性質有很大關聯。

卜筮祭禱類文獻主要包括卜筮和祭禱兩個內容，且有較爲固定的行文格式。其中卜筮反映的是占卜者想通過占卜來預測某種動作行爲會不會發生。所以占卜往往在記錄占卜事由之後，會接一個比較固定的結構"尚……"來對所占卜的事情進行詢問。楚簡中就經常出現"……尚毋有……"這一形式。卜筮的形式相對固定，如曾憲通指出："筮辭結構大體上可分爲序辭、命辭、前占辭、後占辭四部分。"③ 而"……尚毋有……"是楚簡卜筮祭禱類文獻命辭的構成部分之一，所以這一"有"字句的否定形式在卜筮祭禱類文獻中大量出現。

八、"有以"固定結構

（50）習也者，又（有）目（以）習亓（其）眚（性）也。（郭_性自命出_13、14；上博一_性情論_7）

---

① 白於藍在《戰國秦漢簡帛古書通假字匯纂》中提及，今本《尚書·君奭》"言"作"音"，第 425 頁。

② 倪懷慶：《從〈國語〉看"有"字的早期用法》，《廣州大學學報》(社會科學版)，2004 年第 6 期，第 50 頁。

③ 曾憲通：《包山卜筮簡考釋（七篇）》，《第二屆國際中國古文字學研討會論文集》，香港中文大學中國語言及文學系，1993 年 10 月，第 406 頁。

呂叔湘指出,"有以"實爲"有所以"之略,"以"字仍是介詞的用法。① 方有國贊同呂叔湘的觀點,並進一步從句型變換角度,結合古漢語實際考察"有以"的形成和結構關係。② 例(50)因"有以"位於動詞"習"前面,被看作固定結構,這種結構在楚簡中僅有1處。

九、"有"後面爲肯定否定短語

(51) 舉(舉)天下之复(作),弜(强)者果天下之大复(作),亓(其)欆蛋(龙)不自若=复=(若作,若作),甬(庸)又(有)果與不果?(上博三_亘先_10、11)

這種句式在楚簡文獻中僅有1例,《國語》《左傳》《搜神記》中均未見,所以可以推斷該種句式在先秦階段並不發達。

小 結

第一,無論是在傳世文獻還是在出土文獻中,"有"字句都是高頻率出現。據統計,《左傳》中"有"字句有1220例③,楚簡文獻中"有"字句達573例,可見"有"字句使用頻率之高。從"有"字句句型在楚簡文獻中的分布情況看,典籍、法律文書、卜筮祭禱、遣策、術數類中均有出現,說明"有"字句的使用範圍較廣。

第二,楚簡文獻和傳世文獻中的"有"字句所反映的語義關係豐富。雖然從句法結構看,"有"字句句式比較簡單,但其内含的語義關係却很豐富,尤以"存現關係、領屬關係、領有關係"爲多。《左傳》中這三種語義關係占"有"字句總體語義關係的96%④,但在楚簡文獻中這三種關係所占比例不高,不到50%,楚簡文獻表達地更多的是相關關係。

---

① 呂叔湘:《文言虚字》,中國青年出版社,1954年第三版,第67頁。
② 方有國:《論"有以""無以"的形成和結構關係》,《上古漢語語法研究》,巴蜀書社,2002年版,第63~77頁。
③ 崔芸:《〈左傳〉"有"字句研究》,《阜陽師範學院學報》(社會科學版),2003年第2期,第65頁。
④ 崔芸:《〈左傳〉"有"字句研究》,《阜陽師範學院學報》(社會科學版),2003年第2期,第65頁。

第三，"有"字句在楚簡文獻中的分布各有側重，似乎有規律可循。"X+有+Y"中語義關係屬於"領屬"部分的主要來自遣策類文獻，"有"字句中否定組合"毋有"多出自卜筮祭禱類文獻，尤其是包山楚簡，而"有字連用"格式大量集中於格言體的典籍文獻中。

第四，"X+有"字結構出現得不多，而且大多是因爲賓語前置，但在楚簡文獻中除有因賓語前置造成"X+有"格式外，當主語是受事主語時也會出現"X+有"字結構。這種句式在現代漢語中也存在，但是對語境要求較高，而且有强調的意味。

第五，楚簡文獻中有1個例句值得一提，這個句子的結構是"有"字後爲肯定否定結構，此句以疑問句的語氣出現，通過在"有"字後面增加肯定與否定，使得疑問句提供了一個選擇範圍。該種結構在《國語》《左傳》《搜神記》中均未見到，所以可以推斷此句式在先秦階段並不發達。

第六章 同位語結構

第一節 同位語的定義

"同位"這一現象最先由馬建忠提出,其在《馬氏文通》中稱這一語言現象爲"同次",並解釋説:"凡名代諸字,所指同而先後並置者,則先者曰前次,後者曰同次。至前次、同次,或一名也,一代也,或皆名也,或皆代也,皆可。同次云者,猶言同乎前次者,同乎前次者,即所指者與前次所指爲一也。"[①] 其後黎錦熙在《比較文法》中提出:"於一單句中,兩個以上之實體詞同在一位,而以後詞複指前詞者,無論其爲主、賓、副、補、領、或呼,概謂之在'同位'。故同位可大別爲三類:一,相加;二,總分;三,重指。"[②] 自此,"同位"作爲一種固定説法而爲後人所襲用。

對於同位的具體理解,許多學者都提出了自己的看法,如吕叔湘在《漢語語法基礎》"複指成分"一節中指出:"兩個詞語,在意義上指同一事物,在結構上作同一成分,兩者之間互爲複指,而且還有説明或解釋的關係,這叫作複指成分。管有説明或解釋作用的詞語叫作同位語,管被説明或被解釋的詞語叫作本位語。"[③] 張玉金在《甲骨文語法學》中這樣定義同位短語:"一般由兩個部分組成,前後各部分的詞語不但所指相同,語法地位也一樣。"[④]

[①] 馬建忠:《馬氏文通》,商務印書館,1983年版,第102頁。
[②] 黎錦熙:《比較文法》(1973年校訂本),中華書局,1986年版,第153頁。
[③] 吕叔湘:《漢語語法基礎》,商務印書館,2000年版,第274頁。
[④] 張玉金:《甲骨文語法學》,學林出版社,2001年版,第109頁。

結合諸位學者對同位語結構的定義，本書認爲構成同位語結構應該具備三個條件：第一，至少由兩個部分組成；第二，各個部分的所指相同（嚴格講，所指是指外延重合，而內涵並不相同）；第三，在句中處於同一語法地位。依據此原則統計楚簡文獻中的同位語結構，共計654處。①

第二節　同位語結構分析

楚簡文獻中的同位語結構多集中於包山簡的法律文書部分。《楚簡十四種》載："湖北荆沙鐵路考古隊認爲：文書類竹簡是若干獨立的事件或案件的記錄，都是各地官員向中央政府呈報的文書。陳偉説明：文書簡大多爲左尹官署製作，只有少數爲地方官員報送。"② 何樂士、楊伯峻在《古漢語語法及其發展》中指出："同位語的大量出現，促使名詞短語明顯增多，使一些原須注釋的内容得以同位語的形式納入正文，使人一目了然。它反映了語言表達的愈益細密、確切，推動了句子結構的複雜化。"③ 由此可以看出同位語記錄語言的細密性、確切性，恰好符合法律文書簡練、準確的語言要求，因此包山簡中出現大量的同位語也就可以理解了。根據考察，出土楚簡中的同位語結構全部屬於名名（名）類，可以分爲"名詞1＋名詞2"和"名詞1＋名詞2＋名詞3"兩大類，具體如下。

一、名詞1＋名詞2

（一）職官＋姓名

這種形式有384處。例：
(1) 中酘晉（許）适内（納）之。（包_18）

---

① 具體見附錄七，同位語的標示符號原則：依據順序分別是波浪綫、粗綫、雙下畫綫。
② 陳偉主編：《楚地出土戰國簡冊（十四種）》，經濟科學出版社，2009年版，第2頁。
③ 何樂士、楊伯峻：《古漢語語法及其發展》，語文出版社，1992年版，第778頁。

（2）顝（夏）柰之月乙丑之日，鄬司敗（敗）李瑆受昏（幾），九月甲晨（辰）之日，不盲（貞）周悢之奴昌（以）至（致）命，阩門又（有）渼散（敗）。（包＿20）

（3）九月辛丑之日，五帀（師）佫胺司敗（敗）周國受昏（幾），己栖（西）之日不遲（將）登（鄧）厞昌（以）廷，阩門又（有）散（敗）。（包＿45）

（4）八月乙未之日，龏（龔）夫人之大夫番赢受昏（幾），九月戊申之日不遲（將）駐䢼昌（以）廷，阩門又（有）散（敗）。（包＿41）

（5）是散（歲）也，互（㱿）思少司馬屈䜌昌（以）足金六匀（鈞）聖（聽）命於枼（葉），枼（葉）𦪸大夫左司馬邡（越）虢弗受。（包＿130）

例（1）職官"中廄"直接和"譽（許）适"組成同位；例（2）到例（4）的職官前面均有修飾語，例（2）職官"司敗（敗）"前有地名"鄬"作修飾語，指出該職官的地域所屬，例（4）職官"大夫"前有"龏（龔）夫人"作修飾語，指出該職官隸屬於哪個貴族；例（3）和例（5）職官前有雙重修飾語，例（3）職官"司敗（敗）"前有官署"佫胺"作修飾語，"佫胺"前有行政機構"五帀（師）"修飾。例（5）職官"左司馬"前有其所隸屬職官"𦪸大夫"修飾，"𦪸大夫"前有地名"枼（葉）"。需要指出的是，職官前的修飾語增添了很多的語言信息，但無論是一重修飾語還是雙重修飾語，與後面的姓名在句法上都不構成任何關係，只有職官和姓名組成同位關係。

（二）身份＋姓名

楚簡中有214處。例：

（6）東周之客譽（許）緽至（致）作（胙）於葴郢之散（歲）顝（夏）屄之月甲戌之日，子左尹命漾陸（陵）𦪸大夫𦧶（察）郶室人某瘫之典之才（在）漾陸（陵）之厽（參）鈰。（包＿12）

（7）僕（僕）五帀（師）宵佲之司敗（敗）若敢告貝（視）日：邵行之大夫盤岢夲（今）勢（執）煅（僕）之佲登虢、登昇（期）、登僅（僕）、登陞（嬖）而無古（故）。（包＿15）

（8）八月甲戌之日，鄝莫嚻之人周壬受昏（幾），癸未之日不廷，

阩門又（有）敗（敗）。（包_29）

（9）九月壬戌之日，鄾鄥司叀（直）郲邿受旮（幾），十月辛巳之日不遟（將）安陸之下隋（隋）里人屈犬、少宮墜申㠯（以）廷，阩門又（有）敗（敗）。（包_62）

（10）習（荊）屍之月己丑之日，膚人之州人陞（陳）德訟聖夫人之人郊繫、郊未，胃（謂）殺亓（其）蜺（兄）臣。（包_84）

（11）臬（爨）月辛栖（酉）之日，鄝（滕）敓之秤邑人走仿登（鄧）城（成）訟走仿邵㊀，㠯（以）其敓㳮汸與罺澤之古（故）。（包_100）

（12）左尹㠯（以）王命告子郜（宛）公：命瀯上之戠獄爲郯（陰）人舒媓㮷（盟）亓（其）所命於此箬（書）之中㠯（以）爲諆（證）。（包_139反）

楚簡的人物身份較多地是用籍貫來標示的，如例（6）"許緅"前的同位結構成分"東周之客"，是通過地域名稱"東周"來標示其身份的。例（12）"舒媓"前的"郯（陰）人"，是通過籍貫"郯（陰）"來標示其身份的。有時在標示其籍貫身份時會使用雙重結構，猶如今天的省、市、縣的書寫格式，如例（9）"屈犬"，在對這個人的身份進行說明時，先指出其屬於"安陸之下"這個地域，然後進一步指出其是"安陸之下"的"隋（隋）里人"，地名由大到小構成偏正結構，然後與"屈犬"形成同位結構。

楚簡中的人物身份另有少部分是通過指出其隸屬哪個貴族來標示的，如例（10）"聖夫人之人郊繫、郊未"反映了"郊繫、郊未"二人隸屬"聖夫人（楚聲王之妻）"；例（7）"登虢、登异（期）、登僕（僕）、登墼（墼）"的身份是通過前有同位結構"煆（僕）之倌"㊁來實現的。有時也通過雙重結構來標示其身份所屬，如例（8）"周壬"隸屬"莫囂"這個職位上的官員，但是"莫囂"的具體化則是通過前面的地

㊀ 原釋文隸作"綃"，但劉信芳、施謝捷等學者有他釋，姑出原形。
㊁ 倌，原考釋：《說文》"小臣也"。彭浩認爲倌人據《說文》的解釋是小臣，也就是奴僕。陳偉認爲作爲身份性稱謂的"倌（官）"或"倌（官）人"，大概是因爲從屬於作爲官府的某"官"而得名。孫詒讓《籀膏述林·官人義》指出典籍中倌人爲"庶人在官者"。簡書倌或倌人應大致相當。周鳳五認爲"官"或"倌"，也稱作"官人"或"倌人"，指官營手工作坊的工匠。而無論官營或私營的手工作坊也都可以稱作官。引自《楚地出土戰國簡册（十四種）》，第12頁。

域修飾語"鄩"來實現的，最終形成偏正結構與"周壬"組成同位結構，從而使得"周壬"的身份明朗化。

至於還有沒有通過其他途徑如所從事職業來標明身份的，目前還未有定論，因爲學術界對出土楚簡中一些關於職官、身份等方面的詞還存有異議。如例（11）"走仿邵❋"中的"走仿"，劉信芳認爲是徵稅官的屬官①，屬職官一類，但《楚簡十四種》②認爲"走仿當是某種身份名詞"，屬身份一類，但具體是哪種身份則不能確定。

（三）行輩＋姓名

有 27 處。

（13）九月癸亥之日，鄩之市里人腳（殷）䂇受亓（其）兄（兄）腳（殷）朔。（包_63）

（14）䊭死無子，亓（其）弟番點逡（後）之。（包_151）

（15）東周之客䢼（許）緹至（致）作（胙）於葴郢之歲（歲）頤（夏）层之月癸卯之日，子左尹命漾陞（陵）之宫大夫❋③（察）州里人陞牟之與亓（其）父陞年同室與不同室。（包_126）

（16）癸未，少姜婰，奠（鄭）羊。（包_181）

（17）臱（爨）月己亥，姜婦婕。（包_177）

（18）戊午，登（鄧）裦（勞），鄢郢黃鯛，䢼（越）异之人䡊（范）賈，㝋君之子連郢，筊州加公周䕽。（包_190）

（19）刌戠之少僮監族䢼（國）一夫、疾（瘵）一夫，尻於鄩逢區溹邑，凡君子二夫，敚是亓（其）箸之。（包_3、4）

（20）不量亓（其）力之不足，迟（起）帀（師）目（以）伐昏（岷）山是（氏），取亓（其）兩女㦷（琰）、㠭（琬）。（上博二_容成氏_37、38）

這裏的行輩概念較爲寬泛，不僅包括輩分（有高祖輩、曾祖輩、祖輩、父母輩、平輩、矮輩之分），也包括對人物各個年齡段的稱呼（如

---

① 陳偉主編：《楚地出土戰國簡册（十四種）》，經濟科學出版社，2009年版，第35頁。
② 陳偉主編：《楚地出土戰國簡册（十四種）》，經濟科學出版社，2009年版，第45頁。
③ 此字學者讀爲"竊""察""淺""督"等，但具體爲何字，學界爭議尚多，姑出原形以待進一步研究。

少妾、妾婦、少僮等）。例（13）"兄"、例（14）"弟"屬於平輩，例（15）"父"屬於父母輩，例（18）"子"、例（20）"女"屬於矮輩，例（16）"少妾"（蓋指未婚少女①）、例（17）"妾婦"（蓋指已婚女性②）、例（19）"少僮"（指未成年男性③）都是根據年齡對其的稱呼。

以上是"名詞1＋名詞2"的主要部分，另外還有幾種結構散見於楚簡中，出現次數極少。

（四）稱呼＋姓名

僅有5處。

（21）武（武）王昏（問）於大（太）公望（望）曰。（上博七_武王踐阼_11）

（22）大（太）公望（望）盒（答）曰。（上博七_武王踐阼_11/12）

（23）武（武）王齋七日，大（太）公望（望）弄（奉）丹箸（書）曰（以）朝。（上博七_武王踐阼_12、13）

（24）僮（僕）軍造言之：貝（視）日目（以）鄺（陰）人舒慶之告諠（囑）僮（僕），命遡（速）爲之剗（斷）。（包_137反）

這裏稱呼包括尊稱和謙稱兩類，例（21）到例（23）"太公"屬於尊稱，例（24）是官員向"貝（視）"致命，使用"僕"表示謙稱。

（五）某一類人員的通指＋姓名

（25）姑（苦）成豪（家）父目（以）亓（其）族參（三）坒（邻）正（征）百（百）豫（豫），不思（使）反，躬與士尻（處）壇，旦夕絢（治）之，思（使）又（有）君臣之節。（上博五_姑成家父_1、6）

（26）目（以）虞（吾）族參（三）坒（邻）與□□□□於君，狱（幸）④ 勒（則）晉（晋）邦之坛（社）祖（稷）可尋（得）而事也，

---

① 陳偉：《包山楚簡初探》，武漢大學出版社，1996年版，第114頁。
② 陳偉：《包山楚簡初探》，武漢大學出版社，1996年版，第114頁。
③ 陳偉：《包山楚簡初探》，武漢大學出版社，1996年版，第115頁。
④ 整理者認爲字待考，季旭昇釋爲"幸"，見《上博五芻議（下）》，簡帛網，2006年2月18日。

不犾（幸）勮（則）取①字（免）而出，者（諸）矦（侯）畜我，隹（誰）不目（以）蓐（厚）②？（上博五_姑成家父_2、3）

（27）舉（與）禱䙷（兄）俤（弟）無逡（後）者<u>卲良、卲輚（乘）、縣貉（貈）公</u>，各冡冡，酉（酒）飤（食），蒿之。（包_227）

出現有3處，"亓（其）族""䢘（吾）族""𤕣（兄）俤（弟）無浼（後）者"指的都是某一類人群，而非個人。"参（三）齺（郤）""卲良、卲珌（乘）、縣硸（狢）公"都是對前面同位成分的具體化，其中"三郤"指代郤氏家族郤犨、郤至和郤錡三人。

（六）尊稱＋謚號

僅有1處。

（28）䖍（吾）<u>先君戚（莊）王</u>逜（蹠）河離之行。（上博六_平王與王子木_2、3）

"先君"是對已故國君的尊稱，"戚（莊）王"是其謚號，"䖍（吾）"作"先君"的修飾語，形成偏正結構，然後與"戚（莊）王"構成同位結構。

（七）職官＋尊稱

有4處。

（29）<u>武</u>王暚（問）於<u>帀（師）㠯（尚）父</u>曰。（上博七_武王踐阼（甲）_1）

（30）<u>帀（師）㠯（尚）父</u>曰。（上博七_武王踐阼（甲）_1/2、3）

（31）<u>帀（師）㠯（尚）父</u>羍（奉）箸（書），道③箸（書）之言曰。（上博七（甲）_武王踐阼_3）

---

① 何有祖讀爲"取"，見《〈季康子問於孔子〉與〈姑成家父〉試讀》，簡帛網，2006年2月19日。
② 整理者讀爲"苦"，陳劍讀爲"厚"，見沈培文《上博簡〈姑成家父〉一個編聯組位置的調整》注釋16，簡帛網首發，2006年2月2日。
③ 整理者釋爲"道"。郝士宏疑此字當爲從辵東聲之字。見郝士宏：《讀〈武王踐阼〉小記一則》，復旦大學出土文獻與古文字研究中心，2009年1月2日。

依據原考釋①，"師"是專管軍事的官職，"尚"是名，"父"是敬稱，東漢鄭玄將"尚"和"父"合二爲一，解釋爲"吕望也，尊稱焉"②，從而"師"與"尚父"構成同位結構。

(八) 職官＋爵位

(32) 君王尚（當）曰（以）睧（問）<u>大（太）剌（宰）晋矦（侯）</u>，皮（彼）聖人之孫＝（子孫），辈（將）必智之。（上博四＿柬大王泊旱＿10）

楚簡中僅有此 1 處，由職官"大（太）剌（宰）"和爵位"晋矦（侯）"組成，在具體的語言環境中意義被確定，具有指代性。

對於以下兩例，本書不將其歸納爲同位語結構：

(33) 古者吳（虞）烝（舜）管（篤）事宍（瞽）③寞（瞍）④，乃弋（式）丌（其）孝；忠事帝堃（堯），乃弋（式）丌（其）臣。（郭＿唐虞之道＿9）

(34) 悉（愛）晜（親）尊（尊）臤（賢），吳（虞）烝（舜）丌（其）人也。（郭＿唐虞之道＿10）

周法高在《中國古代語法·造句編》中指出："有一些'名詞＋專名'的組織，如'父丁''妣己''父瘖'等，是親屬稱謂加上專名，'巫咸''弈秋'等，都是職業的名稱加上專名，已經形成一個整體，接近複合詞的組織了。又如：何故不謂子爲盜丘，而乃謂我爲盜跖？（《莊子·盜跖》）我們可以看出'盜跖'已經形成一個複詞，而'盜丘'則係模仿'盜跖'而來的。"⑤"虞舜"是封地名稱加上專名，在長期的語言使用過程中，也早已形成一個整體，所以將其分析爲複合詞。

---

① 馬承源：《上海博物館藏戰國楚竹書（七）》，上海古籍出版社，2008 年版。
② 《十三經注疏》，中華書局，1980 年版，《毛詩箋》部分。
③ "宍（瞽）"字從李零讀，見李零：《郭店楚簡校讀記》（增訂本），北京大學出版社，2002 年版，第 97 頁。
④ "寞（瞍）"字從李家浩讀，見李家浩：《讀〈郭店楚墓竹簡〉瑣議》，《郭店楚簡研究》，《中國哲學》第二十輯，遼寧教育出版社，1999 年版。
⑤ 周法高：《中國古代語法造句編》，"中央"研究院歷史語言研究所，1993 年版，第 109 頁。

二、名詞1＋名詞2＋名詞3

（一）身份＋行輩＋姓名

（35）乙巳，鄭昜（陽）人陸（陳）楚，新埜（野）人少妾䎽，邵寅。（包＿183）

楚簡中僅有此1處，"新埜（野）人"指出其身份的户籍所在地，"少妾"透露出其還屬未婚女性，與姓名"䎽"構成同位結構。

（二）行輩＋職官＋姓名

（36）牵居鄩，與亓（其）季父䢼連囂陞必同室。（包＿127）

（37）東周客嚭（許）經逗（歸）胙於葴郢之歲䤈（爨）月己（丙）晨（辰）之日，攻尹之䂮䵼（執）事人頔异（與）壄（衛）龒爲子左尹䟦异（與）禱於新（親）王父司馬子音，戠（特）牛，饋之。（包＿224）

（38）袼於新（親）父鄀（蔡）公子豪（家），䵼（特）豬，西（酒）飤（食），饋之。（包＿202）

楚簡中有3處，其中"季父""新（親）王父""新（親）父"屬於行輩，"䢼連囂""司馬""蔡公"屬於職官。

（三）身份＋身份＋姓名

（39）昔（冬）柰之月甲晨（辰）之日，少臧之州人冶士石佢訟亓（其）州人冶士石䐗，言胃（謂）剔（傷）亓（其）弟石虺䯄。（包＿80）

（40）九月戊午之日，卲無割（害）之州人鼓鼗（鼗）張怵訟鄢之鳴䨮（狐）邑人某戀與亓（其）蕎大市米塱人杳（本），胃（謂）杳（本）犛（雜）亓（其）弟䍃而戀殺之。（包＿95）

（41）䤈（爨）月辛栖（西）之日，鄝（滕）敓之郲邑人走仿登（鄧）城（成）訟走仿邸䕡，目（以）其敓潒汸與鬲澤之古〔故〕。（包＿100）

楚簡中有4處。其中"少臧之州人""卲無割（害）之州人""狄敓之粀邑人"是通過戶籍所在地來標示其身份的，"冶士""鼓甔""走仿"是通過職業來標示身份的。王穎《包山楚簡詞彙研究》指出"冶士"與"冶師"相類，應為負責青銅器冶鑄的技術人員。①《楚簡十四種》指出："'鼓甔'應是張怵的身份。《周禮·春官·小師》：'掌教鼓、甔、柷、敔、塤、簫、管、弦、歌。'鼓甔大概是掌管這兩種鼓具的樂人。"② "走仿"依據劉信芳是徵稅官的屬官。③

（四）身份＋職官＋姓名

（42）邻（陰）人苛冒、逗（桓）卯曰（以）<u>宋客盛公䲳</u>之歲（歲）酉（荊）层之月癸巳之日，𢾺殺僕（僕）之䪅（兄）旸。（包_132）

（43）<u>宋客盛公䲳</u>萼（聘）楚之歲（歲）屈㮚之月戊寅之日，邶昜（陽）公命邨或（國）之客、葦𢀸尹癸𢀸（察）之。（包_125）

（44）<u>宋客盛公䲳</u>䎹（聘）於楚之歲（歲）酉（荊）层之月乙未之日，監吉曰（以）保豕（家）為左尹𢀸貞（貞），自酉（荊）层之月曰（以）㪍（就）酉（荊）层之月，出內（入）事王，聿（盡）采（卒）歲（歲），躬身愐（尚）毋又（有）咎。（包_197）

（45）<u>宋客盛公䲳</u>䎹（聘）於楚之歲（歲）酉（荊）层之月乙未之日，石被裳曰（以）訓𦉢為左尹𢀸貞（貞），自酉（荊）层之月曰（以）㪍（就）酉（荊）层之月，聿（盡）采（卒）歲（歲），躬身愐（尚）毋又（有）咎。（包_199）

（46）<u>宋客盛（公）䲳</u>䎹（聘）於楚之歲（歲）酉（荊）层之月乙未之日，郞（應）會曰（以）央著為子左尹𢀸貞（貞）；自酉（荊）层之月曰（以）㪍（就）酉（荊）层之月，出內（入）事王，聿（盡）采（卒）歲（歲），躬身尚毋又（有）咎。（包_201）

（47）十月辛丑之日，䜩䚽曰（以）訟<u>邶昜君之人邨公番申</u>曰（以）責（債）。（包_98）

（48）邻（陰）人舒𠦜命詳（證）<u>邻（陰）人迎（御）君子陸（陳）</u>

---

① 王穎：《包山楚簡詞彙研究》，廈門大學博士學位論文，2004年。
② 陳偉主編：《楚地出土戰國簡冊（十四種）》，經濟科學出版社，2009年版，第44頁。
③ 陳偉主編：《楚地出土戰國簡冊（十四種）》，經濟科學出版社，2009年版，第35頁。

旦、陞（陳）龍、陞（陳）無正、陞（陳）㹃，與亓（其）敫客、百宜君、大叓（史）連中、左闡（關）尹黃惕、酪（酨）差（遳）都（蔡）惑、坪汻（射）公都（蔡）冒、大𦒃尹連虞（且）、大胆尹公𢧳必，與𤆂①卅＝（三十）。（包＿138、139）

楚簡中有 7 處。"宋客""邱昜君之人""䣜（陰）人"均指身份，王穎在《包山楚簡詞彙研究》中認爲"宋客"指身份爲宋國的使者，"邱昜君之人"通過隸屬關係指出其身份爲邱昜君屬下，"陰人"通過戶籍地"陰"指出其身份爲陰地之人。② "盛公""伈公""迎（御）君子"均指職官，其中"迎（御）君子"《包山楚簡詞彙研究》指出應該是負責御車的職官。③

第三節　同位語句中句法結構分析

楚簡中的同位語可在句中充當主語、賓語、雙賓結構中的間接賓語、兼語和定語等，這也是和其體詞性短語的性質相呼應的。舉例如下。

一、充當主語

（49）墬（成）公乹（乾）友（擾）④𤳷償（疇）⑤ 中。（上博六＿平王與王子木＿1、5）

（50）八月己巳之日，邔司馬之州加公李瑞、里公隓（隨）旻（得）受旮（幾），辛未之日不䛊（察）陞（陳）宝䣊之剔（傷）之古（故）

---

① 此字有歧釋，姑出原形。李天虹（1993，87 頁）釋爲"爀"。劉信芳（2003A，135 頁）認爲字與《說文》"爀"字古文同形，疑讀爲"戠"。古代訟獄須納財物於官府，"與戠三十"，乃舒舉爲要求盟證所付的訴訟費。湯餘惠（1993A，72 頁）、何琳儀（1993B，56 頁）以爲左旁所從爲"寮"，湯氏疑即古"寮攴"字，何氏讀爲"轑"。
② 王穎：《包山楚簡詞彙研究》，廈門大學博士學位論文，2004 年。
③ 王穎：《包山楚簡詞彙研究》，廈門大學博士學位論文，2004 年。
④ 讀爲"擾"，見陳偉：《讀〈上博六〉條記》，簡帛網，2007 年 7 月 9 日。
⑤ 整理者讀爲"籌"，凡國棟讀爲"疇"，見《〈上博六〉楚平王逸篇初讀》，簡帛網，2007 年 7 月 9 日。

目（以）告，阩門又（有）敗。（包_22）

(51) 上新都人邻（蔡）盂①訟新都南陵（陵）大宰戀瘠、右司寇正陜（陳）旻（得）、正叀（史）赤，目（以）其爲其捝（兄）邻（蔡）癢剌（斷）不瀘。（包_102）

二、充當賓語

(52) 王目（以）睧（問）薿（贅）尹高。（上博四_柬大王泊旱_8）

(53) 苛冒、赿（桓）卯𣪠殺儅（僕）之捝（兄）卲，舍（陰）人陜（陳）臧、陜（陳）旦、陜（陳）郶（越）、陜（陳）鄯、陜（陳）寵、連利皆智（知）亓（其）殺之。（包_135）

三、充當雙賓結構中的間接賓語

(54) 儅（僕）目（以）告君=王=（君王，君王）諰（屬）儅（僕）於子=左=尹=（子左尹，子左尹）諰（屬）之新偌廷尹丹，命爲儅（僕）至（致）典。（包_15、16）

四、充當兼語

(55) 大司馬卲（昭）鄴（陽）敗（敗）晋帀（師）於翳（襄）陵（陵）之散（歲）亯月，子司馬目（以）王命=（命命）冀陵（陵）公鼇、宜昜（陽）司馬 䍄（强）貣郶（越）異之黃金，目（以）貣（貸）鄗郲（鄅）目（以）糴穜（種）。（包_103）

(56) 右司馬适命左敝（令）墊定（正）之，言冒（謂）戌又（有）逡（後）。（包_152）

(57) 鄢宮命少剖（宰）尹鄢智㞢（察）酤（問）大梁（梁）之蔑𩊱之客苛坦。（包_157）

---

① 黃錫全隸作"廝"。具體待考，姑出原形。

五、充當定語

（58）東周之客響（許）煋逯（歸）作（胙）於葳郢之截（歲）頤（夏）柰之月癸丑之日，邻（陰）司敗（敗）某旃（旱）告湯公競軍言曰：氅（執）事人誈（囑）<u>邻（陰）人　亙（桓）精、苛冒、舒逿、舒煋、舒慶</u>之獄於邻（陰）之正。（包＿131）

（59）邻（陰）人苛冒、赶（桓）卯邑（以）<u>宋客盛公豐</u>之歲（歲）臨（荊）屎之月癸巳之日，殺殺僕（僕）之鈗（兄）肌。（包＿132、133）

第四節　同位語內部組成成分分析

首先，出土楚簡中包山簡的同位語結構使用頻率較高，在構成形式上主要是"名詞1＋名詞2"和"名詞1＋名詞2＋名詞3"兩大類。無論是在兩項同位語結構還是三項同位語結構中，名詞1的成分都比較靈活，可以是職官、比較泛化的社會身份、行輩等，也可以是某一類人群的通指，其中職官出現頻率最高。兩項同位語結構中的名詞2的成分較爲穩定，基本都是人名，但是三項同位語結構中的名詞2的成分則要豐富得多，可以是職官、行輩、比較泛化的社會身份等，名詞3則多爲人名。

其次，從各項構成成分所能指稱的範圍來看，兩項同位語中名詞2範圍最小，三項同位語中名詞3範圍最小，這個結論與潘玉坤《西周金語序研究》[1]的結論一致。潘玉坤指出同位短語前項的指稱範圍往往比後項大，前項或爲官職，或爲行輩，或爲社會身份，後項多爲人名，即前項多爲通名，後項多爲專名；借用邏輯術語，就是前一概念的外延大於後一概念的外延。魏德勝在《睡虎地秦墓竹簡》[2]中雖然沒有對同位

---

[1] 潘玉坤：《西周金文語序研究》，華東師範大學博士學位論文，2003年。
[2] 魏德勝：《睡虎地秦墓竹簡》，首都師範大學出版社，2000年。

語結構進行詳細分析，但是從其所舉實例可以看出，睡虎地秦簡的同位語也是前一概念的外延大於後一概念的外延。出土楚簡同位語結構的構成與上述基本相同，前一概念外延大於後一概念。

最後，楚簡中"尊稱＋諡號""職官＋尊稱""職官＋爵位"這三種形式的同位結構比較獨特，名詞2不是人名，这种同位结构的粘著性較強，一般不单独使用。

第五節 同位語在出土楚簡中的分布及原因

一、分布情況

同位語"名詞1＋名詞2"結構中的"職官＋姓名""身份＋姓名""行輩＋姓名"共625例，其中僅1例不屬於包山楚簡。

同位語"名詞1＋名詞2"結構中的"稱呼＋姓名""某一類人員的通指＋姓名""尊稱＋諡號""職官＋尊稱""職官＋爵位"共14例，全部來自上博典籍文獻。

同位語"名詞1＋名詞2＋名詞3"結構的本质是"名詞1＋名詞2"結構的延伸，共包括"身份＋行輩＋姓名""行輩＋職官＋姓名""身份＋身份＋姓名""身份＋職官＋姓名"四種類型，共15例，全部來自包山楚簡。

二、分布原因探析

同位語之所以集中於包山楚簡，和包山楚簡的內容息息相關。包山楚簡分爲法律文書、卜筮祭禱和遣策三類，其中法律文書和卜筮祭禱中出現了大量的同位語。法律文書具有精准性，其對所涉及的內容總是盡力準確全面地說明，同位語恰恰能夠滿足這一要求，因爲同位項之間的互相補充能使指稱更清楚、更準確，信息量隨之更大。卜筮祭禱中同位語的使用應該是先人的認知觀照和傳統文化心理的反映。按照認知語言學的觀點,詞語組織形式越長,傳遞的資訊就越豐富,表現的概念越重要,也越能提高認知心理的顯著度,更能引起注意,加強感情。如單呼其名不足以體現人物的區別特徵,也不足以表示對先祖的尊崇。再如社會稱謂中職官類同位短語越發達,越能確定被稱謂者的職責範圍,顯示雙方地位的差別。

結　語

　　本書對出土楚簡中的兼語句、雙賓句、賓語前置句、疑問句、"有"字句和同位語結構6類句型進行了討論，在整理描寫的基礎上形成了幾點新見，現歸納如下：

　　第一，關於雙賓動詞所構成的雙賓句，鑒於楚簡中雙賓動詞數量不多，句法結構相對簡單，所以本書沒有從雙賓動詞的分類及句法結構角度進行討論，而是以分析主語和賓語之間的語義關係爲重點。徐志林、劉彭冰[①]運用原型理論考察甲骨卜辭中的雙賓語句，認爲甲骨卜辭中雙賓語句的語義特徵是"獻祭"，反映的是神與人的關係，並提出到西周時，雙賓句往往表示人與人之間的關係，反映人與神靈之間"獻祭"關係的僅在少數。楚簡的語料可證明他們的觀點。經分析，楚簡中雙賓句的主語和賓語均沒有指"神靈"的情況。楚簡中雙賓句的主語經常由地位相對較高者充當，賓語往往由普通百姓或大臣這類地位比較低微的人充當（相對主語而言），突出的是人與人之間的關係，且爲上下級關係，不同於後來的平等關係，多體現相對的尊卑（君臣、君民、長幼、師生等）關係。

　　第二，筆者發現楚簡中由"弗"構成的否定句，其代詞賓語均後置。據李海燕統計，同時期的傳世文獻《論語》《老子》《墨子》《國語》《左傳》中，"弗"字否定句中前置和後置的比例是1∶2.5[②]，説明在這5部文獻中"弗"字否定句的代詞賓語位置不固定。魏兆惠通過對西漢

[①] 徐志林、劉彭冰：《甲骨卜辭雙賓結構原型範疇理論研究》，《江西師範大學學報》（哲學社會科學版），2008年第12期，第103～110頁。
[②] 李海燕：《先秦漢語常見賓語前置研究》，鄭州大學碩士學位論文，2007年。

9部文獻①的考察，指出僅《淮南子》《史記》中存有"弗"字帶代詞賓語的情況，共有7例（《淮南子》5例，《史記》2例），其代詞賓語全部後置；又通過對東漢9部文獻②的考察，發現僅《潛夫論》中有3例"弗"字帶代詞賓語的情況，但是其代詞賓語是全部前置。③因此，從數據看，從春秋到漢代，"弗"字否定句中賓語的語序似乎與時代的關係不是很密切，與語料本身的關係應該更密切。

　　第三，分析楚簡中"何如""如何"的使用特點。在考察疑問句的過程中，筆者發現楚簡中"何如""如何"在使用頻率、語義功能、所作句法成分方面比較接近，而在傳世文獻中，二者僅在所作句法成分方面（均是主要作謂語）比較相似，在使用頻率和語義功能方面的區別是比較大的。所以首先從使用頻率看，楚簡中"何如"與"如何"的出現頻率幾乎對等，比例爲6：7。而據劉春萍對10部傳世文獻《左傳》《論語》《墨子》《孟子》《莊子》《荀子》《韓非子》《楚辭》《呂氏春秋》《戰國策》的統計，"何如"有148例，"如何"僅有9例④；姚堯通過對《春秋公羊傳》疑問詞使用的考察，發現"何如"出現10次，"如何"僅有1次。⑤由此可以看出傳世文獻"何如"的使用頻率明顯要高於"如何"。其次從語義功能角度看，呂叔湘曾經就"何如""如何"的語義功能提出看法："文言詢問事物的性狀，所用的詢問詞以'何如'最爲常見，'如何'不及'何如'。'如何'主要用來詢問動作的容狀及方法等。"⑥現就楚簡語料看，"何如"主要用來詢問事物性狀，在出現的6例中，有4例用來詢問事物性狀；"如何"則沒有用來表達對動作的容狀或方法的詢問，所出現的7例均用來表達對事物性狀的詢問，因此楚簡的語料似乎不支持呂叔湘的觀點。當然，這個結論可能和本書的考察範圍有關，所以數據只是客觀說明，不是定論。

　　第四，"有"字句研究中，發現"有"字句的句法結構與語料本身

---

① 這9部文獻具體包括劉安的《淮南子》、韓嬰的《韓詩外傳》、司馬遷的《史記》、董仲舒的《春秋繁露》、劉向的《新序》《說苑》、賈誼的《新書》、桓寬的《鹽鐵論》、桓譚的《新論》。
② 這9部文獻具體包括《漢書》《論衡》《太平經》《前漢記》《潛夫論》《申鑒》《金匱要略》《傷寒論》《漢譯佛經》。
③ 魏兆惠：《兩漢語法專題研究》，華東師範大學博士後論文，2007年。
④ 劉春萍：《戰國時代疑問代詞研究》，華南師範大學，2006年。
⑤ 姚堯：《〈春秋公羊傳〉詞彙、語法專題研究》，復旦大學博士學位論文，2010年，第228頁。
⑥ 呂叔湘：《中國文法要略》，商務印書館，1990年版，第177頁。

有密切的聯係，如領屬關係"有"字句主要發現於遣册類文獻。遣册是專門記錄隨葬品器物的簡牘，其內容往往由漆器、陶器、衣物、食物、樂器等事物的名稱組成。當遣册類文獻需要説明某一器物的具體配件時，句中就會出現動詞"有"。再如格言体典籍文獻中出現了大量的"有……有……"连用格式，這種現象可能和格言的文體性質相關。格言或箴言類文句的語言一般都是短小精悍、言簡意賅，而"有……有……"是四音節結構，且每兩個音節構成一個節拍，形式簡潔，節奏鮮明，正好與格言或箴言類文句的凝聚性和韻律感相匹配。筆者通過研究楚簡句式，發現文獻的類型對句法狀況具有很大的影響力。我們當前的語言研究存在這樣一個現象，如對於缺乏實物文獻資料的殷商西周時代，人們很容易將甲骨文與殷商語言、金文與西周語言等量齊觀。有學者在探求上古雅言問題時作過這樣的論述："由考古文物得知，殷商甲骨文中不重複的字約有4500多個，一片甲骨上很多的有180多個字，已有名詞、代詞、數量詞、動詞、形容詞、副詞、連詞、介詞、嘆詞，已分單句、複句，還有連動和遞動式，其辭彙和文法已相當完備。殷商的書面語多半是記錄當時占卜的卜辭。那些卜辭距我們已幾千年，但讀起來並不難懂，同現代漢語的差距也不如我們想像的那麼大，從這一點也可以推想到，它們是比較忠實地記錄了當時的口語。即是説，商代的書面語同官方口語大致是一致的。"[①] 鄭張尚芳在討論"夏語"問題時這樣説："目前最早的有完整文字記錄的前古漢語，只有殷代的甲骨文和金文，從其基本框架，如句法的SVO'主動賓'結構，'定中'結構，封閉類詞如代詞、否定詞、數詞等，以及基本核心辭彙觀察，仍都與後世漢語相同，可以肯定彼此是一脉相承的。周代承繼了殷商文化，尤其是文字，所以其書面語言也基本相同，這個時代的文獻典籍更是相當豐富了，《易經》《書經》《詩經》等都是大家熟悉的，顯然也大都使用著基本相同的書面語言。"[②] 很顯然，上述兩位學者儘管討論的問題並不相同，但是對甲骨文、金文的語言屬性都界定爲同時代的"書面語"或者是"官方口語"。但是從前文楚簡句法研究的結果來看，此種

---

① 吳進：《論雅言的形成》，《東南大學學報》（哲學社科版），2005年第6期。
② 鄭張尚芳：《夏語探索》，《語言研究》，2009年第4期。

認識顯然有修正的必要。楚簡句法研究表明，不同類型的文獻可能與不同的句法系統有著對應性，見下表：

表1　6類句型在楚簡文獻中的分布

	典籍文獻					卜筮祭禱		法律文書	遣策類		術數類
	道家①	儒家		其他④	兵書⑤	包山(197—250)	望山1號	包山(1—196)	包山(251—277)	其他⑥	長台關_2	九店
		散文體②	格言體③									
兼語句	2	53	0	54	12	0	0	26	0	0	0	1
雙賓句	2	61	4	36	0	0	0	3	0	0	0	0
同位	0	4	0	16	0	51	0	581	2	0	0	0
賓語前置	3	38	0	43	8	0	0	0	0	0	0	0
疑問句	10	77	0	97	26	20	0	0	0	0	0	0
"有"字句	29	215	39	114	42	40	0	65	4	13	3	9

由上表可知，6種句法結構在楚簡文獻中的分布是有差异的。其中

---

① 包括《老子（甲）》《老子（乙）》《老子（丙）》《太一生水》《亘先》《語叢四》。
② 包括《緇衣》(郭)、《五行》、《性自命出》、《六德》、《尊德義》、《成之聞之》、《窮達以時》、《魯穆公問子思》、《孔子詩論》、《緇衣》(上博)、《性情論》、《民之父母》、《子羔》、《魯邦大旱》、《周易》、《仲弓》、《采風曲目》、《逸詩》、《内豊》、《東大王泊旱》、《相邦之道》、《弟子問》、《季庚子問於孔子》、《君子爲禮》、《孔子見季桓子》、《武王踐阼》。
③ 包括《語叢一》《語叢二》《語叢三》。
④ 包括《唐虞之道》《忠信之道》《從政》《昔者君老》《容成氏》《彭祖》《昭王毀室・昭王與龔之脽》《鮑叔牙與隰朋之諫》《姑成家父》《三德》《鬼神之明》《競建内之》《競公瘧》《莊王既成・申公臣靈王》《平王與王子木》《慎子曰恭儉》《天子建州（甲、乙）》《平王問鄭壽》《鄭子家喪》《君人者何必安哉》《凡物流形》《吴命》《長台關_1》《用曰》。
⑤ 包括《曹沫之陣》。
⑥ 包括《五里牌》《仰天湖》《曾侯乙墓》。

卜筮祭禱類對兼語句、疑問句、雙賓句的運用較多，法律文書對兼語句、同位結構和"有"字句的應用較多，具有純記錄功能的遣策類文獻僅僅涉及表達存現關係的"有"字句，術數類在這 6 類句法結構的使用方面最爲滯後。與術數類文獻相反，典籍文獻的句法結構變化較爲豐富，這 6 類句型都有大量的使用。

由此可以看出，文獻的類型影響句法的運用，假如我們不考慮文獻類型，僅僅關注句法特徵，從而判定上古出土文獻是否真實反映了同時代的"書面語"或者是"官方口語"，這種做法是欠妥的。

毫無疑問，本書尚存在諸多不足，主要原因在於部分楚簡形制不一，編聯不易，破損難辨，給釋讀造成了困難。同時對楚簡中的部分字形字義，到目前爲止仍是説法不一，故也影響到句型結構的判斷。筆者雖盡力蒐羅相關資料，以求判斷準確，然限於個人才學，不足之處尚多，懇請各位讀者斧正。

參考文獻

一、楚簡原始著錄及發掘報告

河南省文物考古研究所. 新蔡葛陵楚墓［M］. 鄭州：大象出版社，2003.

湖北省博物館. 曾侯乙墓（上、下）［M］. 北京：文物出版社，1989.

湖北省荊沙鐵路考古隊. 包山楚簡［M］. 北京：文物出版社，1991.

湖北省文物考古研究所，北京大學中文系. 九店楚簡［M］. 北京：中華書局，2000.

湖北省文物考古研究所，北京大學中文系. 望山楚簡［M］. 北京：中華書局，1995.

湖北省文物考古研究所. 江陵望山沙塚楚墓［M］. 北京：文物出版社，1996.

荊州博物館. 江陵九店東周墓［M］. 北京：科學出版社，1995.

荊州市博物館. 郭店楚墓竹簡［M］. 北京：文物出版社，1998.

馬承源. 上海博物館藏戰國楚竹書（二）［M］. 上海：上海古籍出版社，2002.

馬承源. 上海博物館藏戰國楚竹書（六）［M］. 上海：上海古籍出版社，2007.

馬承源. 上海博物館藏戰國楚竹書（七）［M］. 上海：上海古籍出版社，2008.

馬承源. 上海博物館藏戰國楚竹書（三）［M］. 上海：上海古籍出版社，2003.

馬承源. 上海博物館藏戰國楚竹書（四）［M］. 上海：上海古籍出版社，2004.

馬承源. 上海博物館藏戰國楚竹書（五）［M］. 上海：上海古籍出版

社，2005.

馬承源. 上海博物館藏戰國楚竹書（一）[M]. 上海：上海古籍出版社，2001.

商承祚. 戰國楚竹簡匯編 [M]. 濟南：齊魯書社，1995.

中國科學院考古研究所. 長沙發掘報告 [M]. 北京：科學出版社，1957.

中國社會科學院考古研究所. 信陽楚墓 [M]. 北京：文物出版社，1986.

二、重要工具書

白於藍. 戰國秦漢簡帛古書通假字匯纂 [M]. 福州：福建人民出版社，2012.

陳偉. 楚地出土簡册（十四種）[M]. 北京：經濟科學出版社，2009.

郭若愚. 戰國楚簡文字編 [M]. 上海：上海書畫出版社，1994.

何琳儀. 戰國古文字典：戰國文字聲系 [M]. 北京：中華書局，1998.

李守奎. 楚文字編 [M]. 上海：華東師範大學出版社，2003.

湯余惠. 戰國文字編 [M]. 福州：福建人民出版社，2001.

滕壬生. 楚系簡帛文字編 [M]. 武漢：湖北教育出版社，1995.

王引之. 經傳釋詞 [M]. 南京：江蘇古籍出版社，2000.

楊樹達. 詞詮 [M]. 上海：上海古籍出版社，2006.

張光裕. 包山楚簡文字編 [M]. 臺北：藝文印書館，1992.

張光裕. 郭店楚簡研究·文字編 [M]. 臺北：藝文印書館，1999.

張守中. 包山楚簡文字編 [M]. 北京：文物出版社，1996.

張守中. 郭店楚簡文字編 [M]. 北京：文物出版社，2000.

三、專著

白於藍. 釋"鴻""鱖" [M] // 古文字研究（二十二輯）. 北京：中華書局，2000.

陳夢家. 殷墟卜辭綜述 [M]. 北京：科學出版社，1956.

陳偉. 包山楚簡初探 [M]. 武漢：武漢大學出版社，1996.

陳偉. 郭店竹書別釋 [M]. 武漢：湖北教育出版社，2002.

儲澤祥. 現代漢語的方所系統研究［M］. 武漢：華中師範大學出版社，1997.

大西克也. 並列連詞"及""與"在出土文獻中的分布及上古漢語方言語法［M］//古漢語語法論集. 北京：語文出版社，1998.

大西克也. 從方言的角度看時間副詞"將""且"在戰國秦漢出土文獻中的分布［M］//紀念王力先生百年誕辰學術論文集. 北京：商務印書館，2002.

鄧佩玲. 楚簡《性情論》及《性自命出》的著作年代及版本探論［M］//簡帛語言文字研究（五輯）. 成都：巴蜀書社，2010.

范曉. 漢語的句子類型［M］. 山西：書海出版社，1998.

方有國. 論"有以""無以"的形成和結構關係［M］//上古漢語語法研究. 成都：巴蜀書社，2002.

管燮初. 《左傳》句法研究［M］. 合肥：安徽教育出版社，1994.

管燮初. 西周金文語法研究［M］. 北京：商務印書館，1981.

管燮初. 殷墟甲骨刻辭的語法研究［M］. 北京：科學出版社，1953.

何樂士. 《史記》語法特點研究［M］. 北京：商務印書館，2005.

何樂士. 漢語語法史斷代專書比較研究［M］. 開封：河南大學出版社，2007.

何樂士. 論"謂之"句和"之謂"句［M］//古漢語研究論文集. 北京：北京出版社，1982.

季旭昇. 《上海博物館藏戰國楚竹書（二）》讀本［M］. 臺北：萬卷樓圖書股份有限公司，2003.

季旭昇. 《上海博物館藏戰國楚竹書（三）》讀本［M］. 臺北：萬卷樓圖書股份有限公司，2005.

季旭昇. 《上海博物館藏戰國楚竹書（四）》讀本［M］. 臺北：萬卷樓圖書股份有限公司，2007.

季旭昇. 《上海博物館藏戰國楚竹書（一）》讀本［M］. 北京：北京大學出版社，2009.

黎錦熙. 比較文法（1973年校訂本）［M］. 北京：中華書局，1986.

李家浩. 讀《郭店楚墓竹簡》瑣議［M］//郭店楚簡研究. 瀋陽：遼寧教育出版社，1999.

李零. 讀《楚繫簡帛文字編》[M] //出土文獻研究（五輯）. 北京：科學出版社，1999.

李零. 郭店楚簡校讀記（增訂本） [M]. 北京：北京大學出版社，2002.

李零. 郭店楚簡校讀記 [M] //道家文化研究（十七輯）. 上海：上海三聯書店，1999.

李明曉. 戰國楚簡語法研究 [M]. 武漢：武漢大學出版社，2010.

李天虹. 郭店楚簡文字雜釋 [M] //郭店楚簡國際學術研討會論文集. 武漢：湖北人民出版社，2000.

李佐豐. 古代漢語語法學 [M]. 北京：商務印書館，2004.

廖振佑. 先秦書面語的雙賓語動詞類型 [M] //古漢語語法論集. 北京：語文出版社，1998.

劉宋川. 先秦雙賓語結構考察 [M] //古漢語語法論集. 北京：語文出版社，1998.

劉釗. 郭店楚簡校釋 [M]. 福州：福建人民出版社，2005.

劉志基. 戰國楚文字數位化處理系統 [M]. 上海：上海教育出版社，2003.

呂叔湘. 漢語語法分析問題 [M] //漢語語法論文集. 北京：商務印書館，2002.

呂叔湘. 文言虛字 [M]. 北京：中國青年出版社，1954.

呂叔湘. 中國文法要略 [M]. 北京：商務印書館，1956.

裘錫圭. 讀上博簡《容成氏》劄記二則 [M] //古文字研究（二十五輯）. 北京：中華書局，2004.

沈培. 周原甲骨文裏的"甶"和楚墓竹簡裏的"甶"或"思" [M] //漢字研究（一輯）. 北京：學苑出版社，2005.

史存直. 漢語語法史綱要 [M]. 上海：華東師範大學出版社，1986.

王海棻. 古代漢語疑問詞語 [M]. 杭州：浙江教育出版社，1987.

王建軍. 漢語存在句的歷時研究 [M]. 天津：天津古籍出版社，2003.

王力. 漢語史稿 [M]. 北京：中華書局，1980.

魏德勝. 睡虎地秦墓竹簡 [M]. 北京：首都師範大學出版社，2000.

楊伯峻，何樂士. 古漢語語法及其發展 [M]. 北京：語文出版社，1992.

楊五銘. 西周金文被動句式簡論［M］//古文字研究（第7輯）. 北京：中華書局，1982.

楊澤生. 楚地出土簡帛中的總括副詞［M］//簡帛語言文字研究（二輯）. 成都：巴蜀書社，2006.

張玉金. 西周漢語代詞研究［M］. 北京：中華書局，2006.

周法高. 中國古代語法 造句編（上冊）［M］. 臺北："中央"研究院歷史語言研究所，1993.

周守晉.《郭店楚簡》中的"是"和"此"［M］//漢語史論文集. 武漢：武漢出版社，2002.

四、期刊

白於藍.《郭店楚墓竹簡》釋文正誤一例［J］. 吉林大學學報，1999（2）.

白於藍. 包山楚簡補釋［J］. 中國文字，2001（27）.

白於藍. 讀《上博簡（二）》劄記［J］. 江漢考古，2005（4）.

白於藍. 郭店楚墓竹簡釋讀劄記［J］. 考古文物叢刊，2001（4）。

白於藍. 上海博物館藏竹簡《容成氏》"凡民俾砳"考［J］. 文物，2005（11）.

貝羅貝，吳福祥. 上古漢語疑問代詞的發展與演變［J］. 中國語文，2000（4）.

邴尚白. 上博楚竹書《曹沫之陣》注釋［J］. 中國文學研究，2006（21）.

曾憲通. 包山卜筮簡考釋（七篇）［J］. 第二屆國際中國古文字學研討會論文集，1993.

程亞恒. 古漢語兼語句中的若干問題［J］. 語文學刊，2007（9）.

崔芸.《左傳》"有"字句研究［J］. 阜陽師範學院學報（社會科學版），2003（2）.

鄧佩玲. 郭店楚簡《老子》否定詞研究［J］. 香港中文大學中文系專題研究論文，2001.

丁驌. 殷貞卜之格式與貞辭允驗辭之解釋［J］. 中國文字，1980（2）.

丁貞蕖. "……之謂"式的作用及特點［J］. 遼寧大學學報（哲學社會科學版），1978（6）.

丁貞蕖. 論前置賓語後的"是""之"的詞性［J］. 中國語文，1983（2）.

董琨. 郭店楚簡《老子》异文的語法學考察［J］. 中國語文，2001（4）.

董蓮池. 甲骨文中的"於"字被動式探索［J］. 古籍整理研究學刊，1998（4、5）.

董祥冬. "V+有"的詞彙化進程［J］. 湖北社會科學，2009（1）.

范方蓮. 存在句［J］. 中國語文，1963（5）.

甘露. 睡虎地秦簡中的連謂句和兼語句［J］. 青海師專學報，2001（3）.

郭鳳花. 說甲骨文中的謂賓動詞"有"［J］. 大理學院學報，2002（2）.

何繼軍. 《祖堂集》"有"起首的"有NP+VP"句研究［J］. 安徽大學學報（哲學社會科學版），2010（2）.

何樂士. 先秦（動·之·名）雙賓式中的"之"是否等於"其"［J］. 中國語文，1980（4）.

侯慎偉. 試論《史記》中的雙賓結構［J］. 社會科學家，1998年增刊.

胡云晚，唐巧娟. 《楚辭》《詩經》雙賓語結構的語用比較［J］. 雲夢學刊，2011（3）.

許敏云. 《史記》雙賓動詞的配價研究［J］. 惠州學院學報（社會科學版），2006（2）.

黃人二. 上博七《君人者何必安哉》試釋［J］. 故宮博物院院刊，2009（6）.

鄺永輝. "爲之名"雙賓結構在先秦典籍中的發展［J］. 廣東第二師範學院學報，2011（2）.

李愛麗. 試論古漢語否定句代詞賓語前置的歷史演變［J］. 蘭州學刊，2006（9）.

李峰. 郭店楚簡動詞初步研究［J］. 中華文化論壇，2009（1）.

李靖之. 先秦兼語式的結構形式［J］. 古漢語研究，1991（2）.

劉春萍. 出土戰國文獻疑問代詞研究［J］. 廣西社會科學，2011（2）.

參考文獻

劉利. 古漢語"有 VP"結構中"有"的表體功能 [J]. 徐州師範大學學報, 1997 (1).

倪懷慶. 從《國語》看"有"字的早期用法 [J]. 廣州大學學報（社會科學版）, 2004 (6).

宁赫, 孫琳. 楚簡《老子》否定副詞"不"與"弗"的比較 [J]. 長春工程學院學報（社會科學版）, 2004 (1).

裘錫圭. 關於殷墟卜辭的命辭是否問句的考察 [J]. 中國語文, 1988 (1).

時兵. 古漢語雙賓句再認識 [J]. 安徽大學學報（哲學社會科學版）, 1999 (11).

時兵. 兩周金文的雙賓語結構研究 [J]. 巢湖學院學報, 2003 (6).

湯志彪. 上博簡（三）《彭祖》篇校讀瑣記 [J]. 江漢考古, 2005 (3).

王大年. 《尚書》中的賓語前置句式 [J]. 古漢語研究, 1994 (1).

王貴元. 戰國竹簡遣策的物量表示法與量詞 [J]. 古漢語研究, 2002 (3).

吳進. 論雅言的形成 [J]. 東南大學學報（哲學社科版）, 2005 (6).

徐志林, 劉彭冰. 甲骨卜辭雙賓結構原型範疇理論研究 [J]. 江西師範大學學報, 2008 (12).

楊琳. 論"唯 S 是（之）P" [J]. 烟台大學學報（哲學社會科學版）, 1989 (1).

殷國光, 朱淑華. 《詩經》賓語前置句的考察 [J]. 陝西師範大學學報（哲學社會科學版）, 2008 (7).

于智榮. "賜予類動詞＋代詞＋名詞"爲雙賓句式——從《詩經》"永賜爾類"的訓釋談起 [J]. 漢字文化, 2007 (6).

俞敏. 倒句探源 [J]. 語言研究, 1981 (1).

詹開. 有字句 [J]. 中國語文, 1981 (1).

張景霓. 西周金文的連動式和兼語式 [J]. 廣西民族學院學報, 1999 (3).

張文國, 張文強. 論先秦漢語的"有（無）＋VP"結構 [J]. 廣西大學學報, 1996 (3).

張先亮, 鄭曼娟. 漢語"有"字句的語體分布及語用功能 [J]. 修辭學習，2006（1）.

張玉金. 論殷墟甲骨文中的兼語句［J］. 古籍整理研究學刊，2003（1）.

張玉金. 殷墟甲骨文句類問題研究［J］. 古漢語研究，1997（4）.

郑张尚芳. 夏語探索［J］. 語言研究，2009（4）.

周鳳五. 上博六《莊王既成》《申公臣靈王》《平王問鄭壽》《平王與王子木》新探［J］. 2007 中國簡帛學國際論壇，2007 年 11 月 10—11 日.

周清海. 兩周金文裏的被動式和使動式［J］. 中國語文，1992（6）.

周守晋. 戰國簡帛中介引時間的"以"［J］. 古漢語研究，2004（4）.

朱城. 出土文獻"是是"連用後一"是"字的訓釋問題［J］. 古漢語研究，2004（4）.

五、學位論文

曹禮品. 郭店楚簡名詞研究［D］. 華東師範大學，2007.

程亞恒.《左傳》兼語句研究［D］. 貴州大學，2006.

丁勇. 元代漢語句法專題研究［D］. 華中科技大學，2007.

董豔豔. 商代金文語言研究［D］. 西南師範大學，2003.

杜煥君.《戰國策》兼語句研究［D］. 暨南大學，2003.

范勝.《韓非子》同位短語研究［D］. 山東師範大學，2011.

范玉.《韓非子》兼語句研究［D］. 山東師範大學，2011.

李海燕. 先秦漢語常見賓語前置研究［D］. 鄭州大學，2007.

李志軍. 先秦漢語雙賓語研究［D］. 廣西師範大學，2001.

梁春妮. 春秋戰國銘文句法研究［D］. 華東師範大學，2010.

劉海平.《史記》語序研究［D］. 華中科技大學，2009.

劉鑫鑫. 上古漢語中的兼語句［D］. 西南大學，2008.

孟鳳芹. 秦簡幾個語法問題的研究［D］. 華東師範大學，2011.

潘玉坤. 西周金文語序研究［D］. 華東師範大學，2003.

齊琳.《三國志》同位短語研究［D］. 山東師範大學，2012.

石彥霞.《紀效新書》句法專題研究［D］. 吉林大學，2008.

孫銀龍.《史記》同位短語研究［D］. 山東師範大學，2012.

王穎. 包山楚簡詞彙研究［D］. 廈門大學，2004.

魏兆惠. 兩漢語法專題研究［D］. 華東師範大學，2007.

楊高建.《三國志》兼語句研究［D］. 新疆大學，2010.

楊巧琳. 居延新簡語法研究［D］. 華東師範大學，2009.

于峻嶸.《荀子》語法研究［D］. 安徽大學，2004.

袁金平. 新蔡葛陵楚簡字詞研究［D］. 安徽大學，2007.

張心怡.《上海博物館藏戰國楚竹書（七）·凡物流形》研究［D］. 臺灣師範大學，2010.

張鈺.《郭店楚墓竹簡》虛詞研究［D］. 首都師範大學，2004.

趙小東.《世說新語》兼語句研究［D］. 四川師範大學，2003.

六、電子文獻

白於藍. 上博簡《曹沫之陳》釋文新編［EB/OL］. 簡帛研究網，2005－04－10.

陳劍. 上博簡《子羔》、《從政》篇的竹簡拼合與編連問題小議［EB/OL］. 簡帛研究網，2003－01－08.

陳劍. 上博簡《容成氏》的拼合與編連問題小議［EB/OL］. 簡帛研究網，2003－01－09.

陳劍. 上博竹書《仲弓》篇新編釋文（稿）［EB/OL］. 簡帛研究網，2004－04－18.

陳劍. 上博竹書《曹沫之陳》新編釋文［EB/OL］. 簡帛研究網，2005－02－12.

陳劍. 上博竹書《昭王與龔之脽》和《柬大王泊旱》讀後記［EB/OL］. 簡帛研究網，2005－02－15.

陳劍. 談談《上博（五）》的竹簡分篇、拼合與編聯問題［EB/OL］. 簡帛網，2006－02－19.

陳劍.《上博（五）》零劄兩則［EB/OL］. 簡帛網，2006－02－21.

陳劍. 釋上博竹書和春秋金文的"羹"字異體［EB/OL］. 復旦大學出土文獻與古文字研究中心網，2008－01－06.

陳劍.《上博（六）·孔子見季桓子》重編新釋［EB/OL］. 復旦大學出土文獻與古文字研究中心網，2008－03－22.

陳偉. 上博楚竹書《仲弓》"季桓子章"集釋 [EB/OL]. 簡帛網，2005－12－10.

陳偉. 上博五《鬼神之明》篇初讀 [EB/OL]. 簡帛網，2006－02－18.

陳偉. 讀《上博六》條記 [EB/OL]. 簡帛網，2007－07－09.

陳偉. 讀《上博六》條記之二 [EB/OL]. 簡帛網，2007－07－10.

陳偉.《天子建州》校讀 [EB/OL]. 簡帛網，2007－07－13.

丁四新. 楚簡《恒先》章句釋義 [EB/OL]. 簡帛研究網，2004－07－25.

董珊. 讀《上博七》雜記（一）[EB/OL]. 復旦大學出土文獻與古文字研究中心網，2008－12－31.

復旦大學出土文獻與古文字研究中心研究生讀書會.《上博七·武王踐阼》校讀 [EB/OL]. 復旦大學出土文獻與古文字研究中心網，2008－12－30.

范常喜. 試説《上博五·三德》簡1中的"瞑" [EB/OL]. 簡帛網，2006－03－09.

范常喜.《上博五·三德》劄記六則 [EB/OL]. 簡帛網，2006－05－18.

范常喜.《上博七·凡物流形》短劄一則 [EB/OL]. 簡帛網，2009－01－03.

復旦大學出土文獻與古文字研究中心研究生讀書會.《上博七·鄭子家喪》校讀 [EB/OL]. 復旦大學出土文獻與古文字研究中心網，2008－12－31.

復旦大學出土文獻與古文字研究中心研究生讀書會.《上博七·凡物流形》重編釋文 [EB/OL]. 復旦大學出土文獻與古文字研究中心網，2008－12－31.

復旦大學出土文獻與古文字研究中心研究生讀書會.《上博七·君人者何必安哉》校讀 [EB/OL]. 復旦大學出土文獻與古文字研究中心網，2008－12－31.

凡國棟.《上博六》楚平王逸篇初讀 [EB/OL]. 簡帛網，2007－07－09.

凡國棟. 讀《上博楚竹書六》記［EB/OL］. 簡帛網，2007−07−09.

凡國棟. 上博七《凡物流形》簡4"九囿出牧"試說［EB/OL］. 簡帛網，2009−01−03.

何琳儀. 滬簡二册選釋［EB/OL］. 簡帛網，2003−01−14.

郝士宏. 讀《武王踐阼》小記一則［EB/OL］. 復旦大學出土文獻與古文字研究中心網，2009−01−02.

何有祖. 上博五《鮑叔牙與隰朋之諫》試讀［EB/OL］. 簡帛網，2006−02−19.

何有祖. 《季康子問於孔子》與《姑成家父》試讀［EB/OL］. 簡帛網，2006−02−19.

何有祖. 讀《上博六》劄記［EB/OL］. 簡帛網，2007−07−09.

何有祖. 上博七《君人者何必安哉》校讀［EB/OL］. 簡帛網，2008−12−31.

何有祖. 《凡物流形》劄記［EB/OL］. 簡帛網，2008−12−31.

侯乃峰. 《上博七·武王踐阼》小劄三則［EB/OL］. 復旦大學出土文獻與古文字研究中心網，2009−01−03.

季旭昇. 上博五芻議（上）［EB/OL］. 簡帛網，2006−02−18.

季旭昇. 上博五芻議（下）［EB/OL］. 簡帛網，2006−02−18.

廖名春. 楚簡《逸詩·交交鳴鳥》補釋［EB/OL］. 簡帛研究網，2005−02−12.

李鋭. 清華大學簡帛講讀班第三十二次研討會綜述［EB/OL］. "孔子2000"網站，2004−04−15.

李鋭. 《恒先》淺釋［EB/OL］. 簡帛研究網，2004−04−23.

李鋭. 讀上博四劄記（一）［EB/OL］. 簡帛研究網，2005−02−20.

李鋭. 《孔子見季桓子》新編（稿）［EB/OL］. 簡帛網，2007−07−11.

林清源. 上博簡《武王踐阼》"幾""微"二字考辨［EB/OL］. 簡帛網，2009−10−13.

林志鵬. 戰國楚竹書《彭祖》考論——兼論《漢志》"小説家"之成立（一）［EB/OL］. 簡帛網，2007−08−18.

劉樂賢. 讀上博（四）劄記［EB/OL］. 簡帛研究網，2005−02−15.

劉信芳. 上博藏五試解續［EB/OL］. 簡帛網，2006−03−20.

孟蓬生. 上博竹書（四）閒詁 [EB/OL]. 簡帛研究網，2005-02-15.

孟蓬生. 上博竹書（四）閒詁（續）[EB/OL]. 簡帛研究網，2005-03-06.

孟蓬生.《君人者何必安哉》賸義掇拾 [EB/OL]. 復旦大學出土文獻與古文字研究中心網，2009-01-04.

沈培. 上博簡《姑成家父》一個編聯組位置的調整 [EB/OL]. 簡帛網，2006-02-22.

沈培.《上博（六）》字詞淺釋（七則）[EB/OL]. 簡帛網，2007-07-20.

蘇建洲. 初讀《上博（六）》[EB/OL]. 簡帛網，2007-07-19.

單育辰. 占畢隨錄之七 [EB/OL]. 復旦大學出土文獻與古文字研究中心網，2009-01-01.

宋華强.《上博（七）·吳命》"姑姊大姬"小考 [EB/OL]. 簡帛網，2009-01-01.

宋華强.《上博（七）·凡物流形》劄記四則 [EB/OL]. 簡帛網，2009-01-03.

宋華强. 釋《上博六·莊王既成》的"船" [EB/OL]. 簡帛網，2011-01-06.

田河.《君人者何必安哉》補議 [EB/OL]. 復旦大學出土文獻與古文字研究中心網，2009-02-07.

魏宜輝. 讀上博楚簡（四）劄記 [EB/OL]. 簡帛研究網，2005-03-10.

禤健聰. 上博楚簡（五）零劄（一）[EB/OL]. 簡帛網，2006-02-24.

禤健聰. 上博（七）零劄三則 [EB/OL]. 簡帛網，2009-01-14.

張崇禮. 釋《用曰》的一個編連組 [EB/OL]. 簡帛研究，2007-12-29.

張崇禮.《君人者何必安哉》釋讀 [EB/OL]. 復旦大學出土文獻與古文字研究中心網，2009-01-13.

周鳳五. 讀上博楚竹書《從政》（甲篇）劄記 [EB/OL]. 簡帛研究網，2003-01-10.

附　　錄

附錄一　篇名（郭店和上博）對照表

簡稱	全稱	簡稱	全稱
		上博楚簡三	
		周易	周易
	郭店楚簡	仲弓	仲弓
老子（甲）	老子（甲）	亙先	亙先
老子（乙）	老子（乙）	彭祖	彭祖
老子（丙）	老子（丙）	上博楚簡四	
太一	太一生水	采風曲目	采風曲目
緇衣	緇衣	交交	逸詩—交交鳴烏
		多薪	逸詩—多薪
魯穆公	魯穆公問子思	昭王	昭王毀室・昭王與龔之脽
窮達	窮達以時	柬大王	柬大王泊旱
五行	五行	內豊	內豊
唐虞	唐虞之道	相邦	相邦之道
忠信	忠信之道	曹沫	曹沫之陣
成之	成之聞之	上博楚簡五	
尊德義	尊德義	鮑叔牙	鮑叔牙與隰朋之諫
性自	性自命出	弟子問	弟子問
六德	六德	姑成	姑成家父

續表

簡　稱	全　稱	簡　稱	全　稱
		上博楚簡三	
		周易	周易
語叢一	語叢一	鬼神	鬼神之明
語叢二	語叢二	季庚子	季庚子問於孔子
語叢三	語叢三	融師	融師有成氏
語叢四	語叢四	競建	競建內之
上博楚簡一		君子	君子爲禮
詩論	孔子詩論	三德	三德
緇衣	緇衣		
性情論	性情論	上博楚簡六	
上博楚簡二		競公瘧	競公瘧
民之	民之父母	季桓子	孔子見季桓子
子羔	子羔	莊王	莊王既成　申公臣靈王
魯邦	魯邦大旱	王子木	平王與王子木
從政	從政	慎子	慎子曰恭儉
昔者	昔者君老	用曰	用曰
容成氏	容成氏	天子	天子建州
上博楚簡七		鄭壽	平王問鄭壽
武王	武王踐阼		
鄭子	鄭子家喪		
君人者	君人者何必安哉		
凡物	凡物流形		
吳命	吳命		

附錄二　兼語句文例（以兼語動詞爲序）

一、命

(1) 東周之客響（許）經至（致）胙（胙）於蔵郢之歲（歲）顕（夏）尿之月甲戌之日，子左尹命漾陸（陵）宜夫大夫𦉶（察）邯室人某瘧之典之才（在）漾陸（陵）之厶（参）鈐。（包12）

(2) 大司馬卲（昭）鄢（陽）敗（敗）晋帀（師）於鄎（襄）陸（陵）之歲（歲）亯月，子司馬目（以）王命命龔陸（陵）公鼇、宜昜（陽）司馬巠（強）貣邨（越）异之黃金，目（以）貣（貸）鄦䣙（鄢）目（以）糴穜（種）。（包103）

(3) 大司馬卲（昭）鄢（陽）敗（敗）晋帀（師）於鄟陸（陵）之歲（歲）顕（夏）柰之月庚午之日，命（令）尹子士、大帀（師）子繡（㬎）命龔陸（陵）公邘鼇爲鄦䣙（鄢）貣（貸）邨（越）异之朋金一百益（鎰）二益（鎰）四兩。（包115）

(4) 昜（陽）城（成）公𦥑罶命倞邡、解句傳邡倀夁（得）之。（包120）

(5) 東周客鄩（鄩）經逯（歸）祚（胙）於蔵郢之歲（歲）顕（夏）尿之月，互（巫）思少司馬登瘧言胃（謂）：甘匠之歲（歲），左司馬迪目（以）王命命互（巫）思舍柰（葉）𫆪王之𪏼（虅）一青義（犧）之賫足金六匀（鈞）。（包129）

(6) 僮（僕）目（以）誥告子鄐（宛）公，子鄐（宛）公命鄎右司馬彭懌爲僮（僕）笑篅（志），目（以）舍会（陰）之歡客、会（陰）鄎（侯）之慶李、百宜君，命爲僮（僕）搏（捕）之。（包133）

(7) 君命遅（速）爲之刜（斷），顕（夏）柰之月，命一𦫺（執）事人目（以）至（致）命於郢。（包135反）

(8) 臮（視）日命一𦫺（執）事人至（致）命目（以）行古（故），潛上恆，僮（僕）倚之目（以）至（致）命。（包137反）

-151-

(9) 僕（僕）軍造言之：既（視）日目（以）鄰（陰）人舒慶之告諲（囑）僕（僕），命遬（速）爲之剌（斷）。（包137反）

(10) 命潛上之戠獄爲鄰（陰）人舒㚇粲（盟）亓（其）所命於此箸（書）之中目（以）爲諆（證）。（包139反）

(11) 右司馬适命左敏（令）獸定（正）之，言胃（謂）戌又（有）逡（後）。（包152）

(12) 僕（僕）命恆受足，若足命。（包155）

(13) 鄢邉命少剚（宰）尹鄎𦩻出（察）餰（問）大梁（梁）之戠𨟻之客苟坦。（包157）

(14) 鄢攻尹屈惕命解舟䇂、舟䎡、司舟、舟斨、車軯㚔斨、牢宝（中）之斨、古斨、𡉈竽駋（馴）佰、竽佰之𨟻𧶠解。（包157）

(15) 宋䛷瀘（廢）亓（其）官事，命受正目（以）出之。（包18）

(16) 三言目（以）爲使不足，或命（令）之或唐（所）豆（屬）。（郭＿老子甲＿1、2）

(17) 鉛之而不可，必夒（文）目（以）訛，母（毋）命（令）智（知）我。（郭＿語叢四＿6）

(18) 王遉（徙）凥（居）於坪滰，采（卒）目（以）夫＝（大夫）歓＝（飲酒）於坪滰，因命（令）至（致）侕（庸）毀室。（上博四＿昭王＿5）

(19) 視罘逃珧，王命龏（龔）之脾（脽）母（毋）見。（上博四＿昭王＿7、8）

(20) 今君王或命脾（脽）母（毋）見，此勵（則）僕（僕）之辠（罪）也。（上博四＿昭王＿8、9）

(21) 三日安（焉），命龏（龔）之脾（脽）見。（上博四＿昭王＿10）

(22) 乃命毀鐘型（型）而聖（聽）邦政。（上博四＿曹沫＿10）

(23) 逳（失）車䖒（甲），命之母（毋）行，晶＝（明日）牂（將）戩（戰），思（使）爲前行。（上博四＿曹沫＿31）

(24) 朿（簡）大王泊翰（旱），命龜尹羅貞於大頤（夏），王自臨卜。（上博四＿朿大王＿1）

(25) 此所胃（謂）之"翰（旱）母"，帝牂（將）命之攸（修）者

（諸）矦（侯）之君之不能詞（治）者，而劉（刑）之㠯（以）榦（旱）。（上博四＿柬大王＿11、12）

（26）乃佥（命）又（有）嗣（司）箸祚浮，老弜（弱）不型（刑）；畝䌌耑（短）①，田䌌長，百（百）糧簹（鐘）②。（上博五＿鮑叔牙＿3）

（27）命③九月敘（除）逶（路）。十月而徒秎（梁）㢊（成），一之日而車秎（梁）㢊（成）。（上博五＿鮑叔牙＿3、1）

（28）欧（既）祭（祭）安（焉），命行先王之蘽（濾）。（上博五＿競建＿3）

（29）高宗命伥（謚）鳶（說）量之㠯（以）祭，欧（既）祭（祭）安（焉），命行先王之蘽（濾）。（上博五＿競建＿4、3）

（30）王命屈木昏（問）軋（范）芷（武）子之行安（焉）。（上博六＿競公瘧＿4）

（31）競坪（平）王命王子木运（蹠）㢊（成）父，㘸（過）䌌（申），睹（舍）④飤（食）於甀寬（宿）⑤，成公訖（乾）友（櫌）⑥𤔲於償（疇）⑦中。（上博六＿王子木＿1、5）

（32）奠（鄭）人青（請）亓（其）古（故），王命佥（答）之曰：……⑧（上博七＿鄭子（甲）＿3）

（33）𨞪（鄭）人命㠯（以）子良爲執（贄）⑨，命思（使）子家利

---

① "耑（短）"字從何有祖，見何有祖：《上博五〈鮑叔牙與隰朋之諫〉試讀》，簡帛網，2006年2月19日。
② "簹（鐘）"字從劉信芳，見劉信芳：《上博藏五試解續》，簡帛網，2006年3月20日。
③ "命"依從陳劍屬下讀，見陳劍：《談談〈上博（五）〉的竹簡分篇、拼合與編聯問題》，武漢大學簡帛網，2006年2月19日。
④ "睹（舍）"字從陳劍，見陳劍：《釋上博竹書和春秋金文的"羹"字異體》，復旦大學出土文獻與古文字研究中心，2008年1月6日。
⑤ "寬（宿）"字從何有祖隸定，見何有祖：《讀〈上博六〉劄記》，簡帛網，2007年7月9日，釋讀作"宿"是從陳劍，見陳劍：《釋上博竹書和春秋金文的"羹"字異體》，復旦大學出土文獻與古文字研究中心，2008年1月6日。
⑥ 白於藍在《戰國秦漢簡帛古書通假字匯纂》中提及，整理者釋"友"爲"冯"。不確。當釋爲"友"，似讀作"櫌"，訓耕種，第51頁。
⑦ "償（疇）"字從凡國棟讀，見凡國棟：《〈上博六〉楚平王逸篇初讀》，簡帛網，2007年7月9日。
⑧ 表示省略。
⑨ 白於藍在《戰國秦漢簡帛古書通假字匯纂》中提及，"執"當讀作"贄"。《白虎通義·瑞贄》："贄者，質也。質己之誠，致己之悃愊也。"《説苑·修文》："贄者，所以質也。"

（梨）木三耸（寸）①，綎（疏）索以絟（紘），毋敢丁門而出，斂（掩）②之成（城）亟（基）。（上博七_鄭子（甲）_5）

（34）君王又（有）白玉三回（圍）而不戔（琖）③，命爲君王戔（琖）④之，敔（敢）告於見日。（上博七_君人者（甲）_1）

（35）尔居逡（復）山之阢（基），不周之埜（野），帝胃（謂）尔無事，命尔司兵死者。（九店_五六號_43）

二、使

（1）顕（夏）屎之月己栖（酉）之日，囟（使）一戠獄之宝（主）目（以）至（致）命；不至（致）命，陲（阩）門又敗（敗）。（包128）

（2）子郜（宛）公誑（囑）之於会（陰）之敦客，囟（使）剌（斷）之。（包134）

（3）囟（使）聖（聽）之。（包136）

（4）囟（使）娌之裁（仇）叙（除）於娌齋＝（之所）諽（證）。（包138反）

（5）囟（使）左尹佗遂（踐）逡（復）尸（處）。（包238）

（6）乍（作）豊（禮）樂，折（制）型（刑）灋，孝（教）此民尔（而）⑤貞（使）之又（有）向也，非聖智者莫之能也。（郭_六德_2、3）

（7）貞（使）之足目（以）生，足目（以）死，胃（謂）之君，目（以）宜（義）貞（使）人多。（郭_六德_14、15）

（8）是古（故）先王之孝（教）民也，不貞（使）此民也惌（憂）

---

① "耸（寸）"字從復旦大學出土文獻與古文字研究中心研究生讀書會讀，見讀書會：《〈上博七・鄭子家喪〉校讀》，復旦大學出土文獻與古文字研究中心網，2008年12月31日。
② "斂（掩）"字從復旦大學出土文獻與古文字研究中心研究生讀書會讀，見讀書會：《〈上博七・鄭子家喪〉校讀》，復旦大學出土文獻與古文字研究中心網，2008年12月31日。
③ "戔（琖）"字從田河讀，見田河：《〈君人者何必安哉〉補議》，復旦大學出土文獻與古文字研究中心網，2009年2月7日。
④ "戔（琖）"字從田河讀，見田河：《〈君人者何必安哉〉補議》，復旦大學出土文獻與古文字研究中心網，2009年2月7日。
⑤ 白於藍在《戰國秦漢簡帛古書通假字彙纂》中認爲，"尔"似當讀作"而"，第175頁。

丌（其）身，遊（失）丌（其）獻。（郭＿六德＿40、41）

（9）亓（其）甬（用）心各异，姦（教）貞（使）肰（然）也。（郭＿性自＿9；上博一＿性情論＿4）

（10）凡交毋剌（烈），必貞（使）又（有）末。（郭＿性自＿60；上博一＿性情論＿30）

（11）凡民俾（罷）①被（弊）②者，季（教）而菣（誨）之，歈（飲）而飤（食）之，思（使）返（役）百（百）官而月青（請）之。（上博二＿容成氏＿3）

（12）螷（禹）肰（然）句（後）訒（始）爲之唐（號）羿（旗），目（以）支（辨）亓（其）左右，思（使）民母（毋）惠（惑）。（上博二＿容成氏＿20）

（13）思（使）民道（蹈）之，能述（遂）者述（遂），不能述（遂）者，内（墜）③而死，不從侖（命）者，從而桎睪（梏）之。（上博二＿容成氏＿44）

（14）文王時（持）故時而姦（教）民時，高下肥毳（磽）之利聿（盡）智（知）之，智（知）天之道，智（知）陞（地）之利，思（使）民不疾。（上博二＿容成氏＿48、49）

（15）貞（使）亡（無）又（有）少（小）大、忎（絶）④毫（饒）⑤，貞（使）膚（皆）昃（得）亓（其）社稷（稷）百眚（姓）而奉守之。（上博二＿子羔＿1、6）

（16）古（故）夫㚅（舜）之惪（德）亓（其）成（誠）叚（賢）矣，采（抽）⑥者（諸）畎（畎）畧（畝）之中，而貞（使）君天下而爰（𥼶）。（上博二＿子羔＿8）

---

① "俾（罷）"字從裘錫圭，見裘錫圭：《讀上博簡〈容成氏〉劄記二則》，《古文字研究》第二十五輯，中華書局，2004年版。
② "被（弊）"字從白於藍，見白於藍：《上海博物館藏竹簡〈容成氏〉"凡民俾砬"考》，《文物》，2005年第11期。
③ "内（墜）"字從陳劍讀，見陳劍：《上博簡〈容成氏〉的拼合與編連問題小議》，簡帛研究網，2003年1月9日。
④ "忎（絶）"從白於藍，見白於藍：《讀上博簡（二）劄記》，《江漢考古》，2005年第4期。
⑤ "毫（饒）"從白於藍，見白於藍：《讀上博簡（二）劄記》，《江漢考古》，2005年第4期。
⑥ "采（抽）"字從季旭昇，見季旭昇：《〈上海博物館藏戰國楚竹書（二）〉讀本》，萬卷樓圖書股份有限公司，2003年版，第35頁。

(17) 季逗（桓）子叀（使）中（仲）弓爲剷（宰），中（仲）弓㠯（以）告孔＝（孔子），曰："季是（氏）◎。"（上博三_仲弓_1）

(18) ◎子又（有）臣蘁（萬）人道（導）女（汝），思老丌（其）豪（家），夫◎。（上博三_仲弓_3）

(19) ◎叀（使）雔（雍）也從於剷（宰）夫之逡（後），雔（雍）也憧愚，志（恐）忬①（貽）虐（吾）子愿（羞）②，悉（願）因（因）虐（吾）子而忋（辭）③。（上博三_仲弓_4、26④）

(20) 亓（其）子牌（胜）欧（既）與虐（吾）同車，或 舍之 衣，囚（使）邦人脣（皆）見之。（上博四_昭王_10）

(21) 乃□□厚（薄）⑤飤（食），思（使）爲耑（前）行。（上博四_曹沫_30）

(22) 遊（失）車虘（甲），命之母（毋）行，晶＝（明日）牁（將）戱（戰），思（使）爲前行。（上博四_曹沫_31）

(23) 能綺（治）百（百）人，叀（使）倀（長）百人；能綺（治）三軍，思（使）銜（帥）。（上博四_曹沫_36）

(24) 三行之逡（後），句（苟）見嵩（短）兵，攵母（毋）忬（怠）⑥，母（毋）思（使）民矣（疑）。（上博四_曹沫_30、52⑦）

(25) 收而聚之，罘（束）而蓺（厚）之，茭（重）賞泊（薄）臸（刑），思（使）忘亓（其）死而見（獻）亓（其）生，思（使）良車良士迬（往）取之餌（耳）。思（使）亓（其）志辺（起），戩（勇）者思（使）惪（喜），孳（蒠）者思（使）罯（悔），肬（然）句（後）改

---

① "忬（貽）"字從陳劍讀，見陳劍：《上博竹書〈仲弓〉篇新編釋文（稿）》，簡帛研究網，2004 年 4 月 18 日。

② 此字陳劍讀爲"羞"。見陳劍：《上博竹書〈仲弓〉篇新編釋文（稿）》，簡帛研究網，2004 年 4 月 18 日。

③ 原考釋讀"治"，陳偉讀此字爲"辭"，推辭。見陳偉：《上博楚竹書〈仲弓〉"季桓子章"集釋》，簡帛網，2005 年 12 月 10 日。

④ 簡 4 與簡 26 連接，是李學勤的意見，見李銳：《清華大學簡帛講讀班第三十二次研討會綜述》，"孔子 2000"網站，2004 年 4 月 15 日。

⑤ "厚（薄）"字從陳劍讀，見陳劍：《上博竹書〈曹沫之陳〉新編釋文》，簡帛研究網，2005 年 2 月 12 日。

⑥ "忬（怠）"字從陳劍讀，見陳劍：《上博竹書〈曹沫之陳〉新編釋文》，簡帛研究網，2005 年 2 月 12 日。

⑦ 簡序的編聯依從白於藍，見白於藍：《上博簡〈曹沫之陳〉釋文新編》，簡帛研究網，2005 年 4 月 10 日。

（改）訋（始）。（上博四_曹沫_54、55）

（26）虐（吾）聭（聞）爲臣者必思（使）君륫（得）志於吕（己），而又（有）䖒（後）青（請）。（上博五_姑成_5）

（27）姑（苦）成豪（家）父目（以）亓（其）族參（三）圱（邻）正（征）百（百）豫（豫），不思（使）反，躬與士尻（處）培，旦夕絧（治）之，思（使）又（有）君臣之節。（上博五_姑成_1、6）

（28）姑（苦）成豪（家）父乃窰（寧）百（百）豫（豫），不思（使）從吕（己）立（涖）①於廷。（上博五_姑成_5、9）

（29）夫子吏（使）亓（其）厶（私）吏聖（聽）獄於晋邦，塼（薄）②情而不儢，叀（使）亓（其）厶（私）祝、叀進◎。（上博六_競公瘧_4）

（30）今新（薪）登（蒸）思（使）③吳（虞）守之；羣（澤）棃（梁）④叀（使）敄（漁）⑤守之；山柗（林）叀（使）萛（衡）守之。（上博六_競公瘧_8）

（31）褙（禍）敗因（因）童（重）⑥於楚邦，懼祱（鬼）神目（以）爲怒，囟（使）先王亡（無）所逼（饋）⑦，虐（吾）可（何）⑧改而可？（上博六_鄭壽_1、2）

（32）孤吏（使）一介吏（使），惎（親）於桃迗⑨袋（勞）其大夫，虐（且）青（請）其行。（上博七_吳命_4）

（33）天逡（厚）厚楚邦，囟（使）爲者（諸）侯正。（上博七_鄭子（甲）_2）

---

① "立（涖）"字從沈培讀，見沈培：《上博簡〈姑成家父〉一個編聯組位置的調整》，簡帛網，2006年2月22日。
② "塼（薄）"字從陳偉讀，見陳偉：《讀〈上博六〉條記》，簡帛網，2007年7月9日。
③ "思（使）"字從何有祖讀，見何有祖：《讀〈上博六〉劄記》，簡帛網，2007年7月9日。
④ "棃（梁）"字從何有祖讀，見何有祖：《讀〈上博六〉劄記》，簡帛網，2007年7月9日。
⑤ "敄（漁）"字從何有祖讀，見何有祖：《讀〈上博六〉劄記》，簡帛網，2007年7月9日。
⑥ "童（重）"字從陳偉讀，見陳偉：《讀〈上博六〉條記》，簡帛網，2007年7月9日。
⑦ 白於藍在《戰國秦漢簡帛古書通假字匯纂》中認爲，"逼"即"歸"字，在此似當讀作"饋"或"餽"，訓祭。
⑧ "可（何）"字從陳偉讀，見陳偉《讀〈上博六〉條記》，簡帛網，2007年7月9日。
⑨ 整理者：魯國地名，今山東汶上縣北而稍東三十余里之桃鄉。文獻中有"郊勞"之禮，逆、勞之事定當發生於郊，疑"桃"也當讀爲"郊"。見復旦大學出土文獻與古文字研究中心研究生讀書會：《〈上博七·吳命〉校讀》，復旦大學出土文獻與古文字研究中心，2008年12月30日。

（34）余牂（將）必囟（使）子豪（家）毋目（以）成（盛）①名立於上而威尽於下。（上博七_鄭子（甲）_4、5）

（35）命思（使）子豪（家）利（梨）②木三眷(寸)③，絅（疏）索目（以）絑（紘）④，毋敢（敢）丁門而出，敚（掩）⑤之成（城）亟（基）。（上博七_鄭子（甲）_5）

（36）虘（吾）女（如）之可（何）思（使）餮(飽)？（上博七_凡物_7）

（37）使民不逆而訓（順）城（成），百（百）眚（姓）之爲絥(?)⑥。（上博七_武王_15）

三、有

（1）又（有）五晢、王士之逡（後）鄘賞閞（間）之，言胃（謂）番戌無逡（後）。（包152）

（2）邦朕占之：乞（恆）卣（貞）吉，又（有）祱（祟）見新（親）王父、殤（殤）。（包222）

（3）占之：亙（恆）卣（貞）吉，又（有）祱（祟）見。（包223）

（4）義占之：亙（恆）卣（貞），不死，又（有）祱（祟）見於幽（絕）無逡（後）者與漸木立，目（以）亓（其）古（故）敚（說）之。（包249）

（5）昔者君子有言曰：戰與型（刑）人，君子之述悳（德）也。

---

① "成（盛）"字從復旦大學出土文獻與古文字研究中心研究生讀書會讀，見讀書會：《〈上博七·鄭子家喪〉校讀》，復旦大學出土文獻與古文字研究中心，2008年12月31日。

② "利（梨）"字從復旦大學出土文獻與古文字研究中心研究生讀書會讀，見讀書會：《〈上博七·鄭子家喪〉校讀》，復旦大學出土文獻與古文字研究中心，2008年12月31日。

③ "眷（寸）"字從復旦大學出土文獻與古文字研究中心研究生讀書會讀，見讀書會：《〈上博七·鄭子家喪〉校讀》，復旦大學出土文獻與古文字研究中心，2008年12月31日。

④ "絑（紘）"字從復旦大學出土文獻與古文字研究中心研究生讀書會讀，見讀書會：《〈上博七·鄭子家喪〉校讀》，復旦大學出土文獻與古文字研究中心，2008年12月31日。

⑤ "敚（掩）"字從復旦大學出土文獻與古文字研究中心研究生讀書會讀，見讀書會：《〈上博七·鄭子家喪〉校讀》，復旦大學出土文獻與古文字研究中心，2008年12月31日。

⑥ 整理者讀作"聽"；禤健聰則釋作"緒"，見禤健聰：《上博（七）零劄三則》，武漢大學簡帛研究中心，2009年1月14日。讀書會讀作"經"，但並不確定。見復旦大學出土文獻與古文字研究中心研究生讀書會：《〈上博七·武王踐阼〉校讀》，復旦大學出土文獻與古文字研究中心，2008年12月30日。

(郭_成之_6)

（6）昔者콤（君子）有言曰："聖人天惪（德）"。（郭_成之_37、38）

（7）宋人又（有）言曰："人而亡賁（恆），不可爲卜筮（筮）也。"（郭_緇衣_45）

（8）宋人又（有）言曰："人而亡亙（恆），不可爲卜筮（筮）也。"（上博一_緇衣_23）

（9）遊於央（瑶）臺（臺）上，又（有）鸚（燕）監（銜）卵而階（錯）者（諸）丌（其）前，取而喪（吞）之。（上博二_子羔_11下、12）

（10）民乃宜害（怨），虐（虐）疾訂（始）生，於是虐（乎）又（有）諳（喑）、聾、皮（跛）、瞑①、瘻（瘻）、秃、婁（僂）訂（始）起（起）。（上博二_容成氏_36、37）

（11）又（有）孚懥（窒），悤（惕），中吉，冬（終）凶。（上博三_周易_4）

（12）又（有）孚比之，亡（無）咎。又（有）孚淦（盈）②缶，冬（終）逨（來），又（有）它吉。（上博三_周易_9）

（13）◎子又（有）臣矸（萬塵人道（導）女（汝），思老丌（其）豪（家），夫◎。（上博三_仲弓_3）

（14）又（有）一君子殡（喪）備（服）曼廷牁（將）逗（躐）閨。（上博四_昭王_1）

---

① 整理者認爲"●"可能是寫壞的字，見馬承源《上海博物館藏戰國楚竹書（二）》，上海古籍出版社，2002年版，第279頁。何琳儀釋爲"玄"，疑爲"幻"之變體，通作"眩"，見何琳儀：《滬簡二册選釋》，《學術界》，2003年第1期。劉釗認爲，此字本像"目"一邊明亮一邊暗昧形，是個會意字，即"眇"字的本字，"眇"則爲後起的形聲字，見劉釗《容成氏釋讀一則（二）》，簡帛研究網，2003年4月6日。徐在國結合《上博三·周易》中的"楈"字認爲此字當釋"冥"，見徐在國《上博竹書（三）〈周易〉釋文補正》，簡帛研究網，2004年4月24日。劉信芳指出："（此字）其右半並未完全塗黑，而是在黑的這一半的中間有一竪筆，明顯是'月'形。"並據此認爲該字當釋爲"昌"，讀作"張"，見劉信芳《楚簡〈容成氏〉官廢疾者文字叢考》《古文字研究》第二十五輯，中華書局，2004年版。黃德寬結合《上博三·周易》認爲此字可能是"杳"字的省文，讀作"眇"，見黃德寬《楚簡〈周易〉"濱"字説》（《中國文字學報》，2005年第1期）。范常喜認爲應釋"瞑"，見范常喜《試說〈上博五·三德〉簡1中的"瞑"》（簡帛網，2006年3月9日）。

② "淦（盈）"字從何琳儀、程燕，見何琳儀、程燕《滬簡〈周易〉選釋》，簡帛研究網，2004年5月16日。

(15) 不肰（然），君子目（以）叚（賢）爯（稱），害（曷）又（有）弗旻（得）？目（以）亡道爯（稱），害（曷）又（有）弗遊（失）？（上博四_曹沫_9、10）

(16) 垐（城）章（郭）必攸（修），經（繕）虐（甲）秎（利）兵，必又（有）戠（戰）心目（以）獸（守），所目（以）爲倀（長）也。（上博四_曹沫_18）

(17) 蠹（融）帀（師）又（有）成，氏（是）痌（狀）若生，又（有）耳不睧（聞），又（有）口不鳴，又（有）目不見，又（有）足不趣（趨）。（上博五_融師_5）

(18) 蔑帀（師）見智，毀斳（折）鹿戈（踐），佳（惟）孳（茲）俴（作）章（彰），菩皮（彼）獸（獸）鼠，又（有）足而◎。（上博五_融師_6）

(19) 昔高宗祭（祭），又（有）雘（雉）匀（雊）於傊（彝）寿（前）。詔（召）①祖己而昏（問）安（焉），曰："是可（何）也？"（上博五_競建_2）

(20) 虞（且）筦（管）中（仲）又（有）言曰："孡＝（君子）龏（恭）則述（遂），喬（驕）則泝（䜭），臥言多難◎。"（上博五_季庚子_4）

(21) 丘昏（聞）之牀（臧）曼（文）中（仲）又（有）言曰。（上博五_季庚子_9）

(22) 丹箸（書）之言又（有）之曰。（上博七_武王_13）

四、立

(1) 會才（在）天陛（地）之閵（閒），而橐（包）才（在）四洀（海）之内，運（畢）能亓（其）事，而立爲天子。（上博二_容成氏_9）

(2) 坒（舜）聖（聽）正（政）三年，山陛（陵）不尻（處），水

---

① "詔（召）"字從陳劍讀，見陳劍：《談談〈上博（五）〉的竹簡分篇、拼合與編聯問題》，簡帛網，2006年2月19日。

滎（潦）不滑，乃立㚟（禹）㠯（以）爲司工。（上博二_容成氏_23）

（3）天下之民居奠，乃飤飮（食），乃立句（后）㱿（稷）㠯（以）爲絰（田）①。（上博二_容成氏_28）

（4）民又（有）余（餘）飤（食），無求不㝵（得），民乃賽，喬（驕）能（態）訂（始）乍（作），乃立咎（皋）匋（陶）㠯（以）爲李（李）。（上博二_容成氏_29）

（5）衾（舜）乃欲會天陸（地）之燹（氣）而聖（聽）甬（用）之，乃立夔（夔）以爲樂正。（上博二_容成氏_30）

（6）湯乃愸（謀）戒求㝅（賢），乃立泗（伊）尹㠯（以）爲差（佐）。（上博二_容成氏_37）

（7）王子回（圍）立爲王，繻（陳）公子𧻚見王。（上博六_申公_5）

五、以……爲……

（1）民㠯（以）君爲心，君㠯（以）民爲體，心好則體安之，君好則民㤇（欲）之。（郭_緇衣_8、9）

（2）敬宗宿（廟）之豊（禮），㠯（以）爲丌（其）杳（本）；秉叟（文）之㥁（德），㠯（以）爲丌（其）鱳（業）；……②（上博一_詩論_5）

（3）《臡（將）大車》之嚻也，勑（則）㠯（以）爲不可女（如）可（何）也。（上博一_詩論_21）

（4）民㠯（以）君爲心，君㠯（以）民爲豊（體），心珇（好）則豊（體）安之，君珇（好）勑（則）民㐁（欲）之。（上博一_緇衣_5）

（5）夫山，石㠯（以）爲膚，木㠯（以）爲民，女（如）天不雨，石牁（將）爨（焦），木牁（將）死，丌（其）欲雨，或甚於我，或必

---

① "絰（田）"字從張富海，見張富海《讀楚簡劄記五則》，《古文字研究》第二十五輯，中華書局，2004年版。
② "……"表示省略。

-161-

寺（待）虖（乎）名（榮）① 虖（乎）？（上博二_魯邦_4）

（6）夫川，<u>水目（以）爲膚</u>，<u>魚目（以）爲民</u>，女（如）天不雨，水牂（將）沽（涸），魚牂（將）死，丌（其）欲雨，或甚於我，或必寺（待）虖（乎）名（榮）② 砠（乎）？（上博二_魯邦_4、5）

（7）於是虖（乎）方百（百）里之审（中），衒（率）天下之人邉（就），奉而立之，<u>目（以）爲天子</u>。（上博二_容成氏_6、7）

（8）於是虐（乎）<u>天下之人</u>，<u>目（以）</u>尭（堯）<u>爲善興殹（賢）</u>，而羍（卒）立之。（上博二_容成氏_11、13）

（9）尭（堯）又（有）子九人，不<u>目（以）</u>亓（其）子爲銜（後），見坴（舜）之殹（賢）也，而欲<u>目（以）</u>爲銜（後）。（上博二_容成氏_12）

（10）坴（舜）又（有）子七人，不<u>目（以）</u>亓（其）子爲銜（後），見㝅（禹）之殹（賢）也，而欲<u>目（以）</u>爲銜（後）。（上博二_容成氏_17）

（11）㝅（禹）又（有）子五人，不<u>目（以）</u>亓（其）子爲銜（後），見咎（皋）咎（陶）之殹（賢）也，而欲<u>目（以）</u>爲銜（後）。（上博二_容成氏_33、34）

（12）專（溥）亦（夜）<u>目（以）</u>爲槿（淫），不聖（聽）亓（其）邦之正（政）。（上博二_容成氏_45）

（13）昔三弋（代）之明王之又（有）天下者，莫之舍③也，而□取之，<u>民皆目（以）爲義</u>。（上博二_從政（甲）_1、2）

（14）㝅（禹）絢（治）天下之川，□<u>目（以）爲异（己）名</u>；夫子絢（治）《旹（詩）》《箸（書）》，非以异（己）名。（上博五_君子_15、13、16、14）

（15）古（故）子<u>目（以）此言爲奚女（如）</u>？（上博五_季庚子_13）

（16）君貞（貴）我而爰（授）我眾（衆），<u>目（以）我爲能絢</u>

---

① "名（榮）"字從陳劍，陳劍於2003年1月9日在清華大學思想文化研究所討論會上的發言。
② "名（榮）"字從陳劍，陳劍於2003年1月9日在清華大學思想文化研究所討論會上的發言。
③ 整理者讀爲"餘"。周鳳五釋讀爲"舍"，給予義。見周鳳五：《讀上博楚竹書〈從政〉（甲篇）劄記》，簡帛研究網，2003年1月10日。

（治），征（今）①虐（吾）亡（無）能絢（治）也，而因（因）目（以）害君，不義，型（刑）莫大安（焉）。（上博五_姑成_3、4）

（17）或（又）目（以）豊連（刁）舁（與）叡（易）舀（牙）爲相。（上博五_競建_10）

（18）不目（以）邦豪（家）爲事，縱公之所欲。（上博五_鮑叔牙_4）

（19）皆可目（以）爲者（諸）矦（侯）娶（相）欹（矣）。（上博五_弟子問_18）

（20）川（順）天之道，虐（吾）奚（奚）目（以）爲頁（首）？（上博七_凡物（甲）_7）

（21）含（今）君王聿（盡）去耳目之欲，人目（以）君王爲炗（忤）②以估（矯）③。（上博七_君人者（甲）_6、7）

（22）女（如）丄（上）帝禞（鬼）神目（以）爲悲（怒），虐（吾）牁（將）可（何）目（以）畣（答）？（上博七_鄭子（甲）_2、3）

六、發

癹（發）駤（駟）逩（蹠）四＝＝疆＝（四疆，四疆）皆管（熟）。（上博四_柬大王_16）

---

① 整理者讀爲"政"。陳劍讀爲"今"，見沈培文：《上博簡〈姑成家父〉一個編聯組位置的調整》注釋17，簡帛網，2006年2月2日。

② 整理者認爲字或有訛，疑從户、從眾，眾在户下，會聚集之意，疑"聚"之或體。讀書會認爲爲"所"之异體，見復旦大學出土文獻與古文字研究中心研究生讀書會：《〈上博七·君人者何必安哉〉校讀》，復旦大學出土文獻與古文字研究中心，2008年12月31日。蘇建洲認字上從"所"，下部所從是"人"形，讀爲"忤"，指楚昭王悖忤先王的聽鼓鐘之樂、御幸女色、極目遊觀的作爲，見蘇建洲：《也說〈君人者何必安哉〉》，"人以君王爲所以嚻"，復旦大學出土文獻與古文字研究中心網，2009年1月10日。

③ 整理者讀爲"嚻"，喧嘩貌。季旭昇認爲"嚻"讀爲"徼"，見季旭昇：《上博七芻義》，復旦大學出土文獻與古文字研究中心，2009年1月1日。孟蓬生讀爲"矯"，義爲"抑制""克制"。見孟蓬生：《〈君人者何必安哉〉賸義掇拾》，復旦大學出土文獻與古文字研究中心，2009年1月4日。李天虹從孟說，見李天虹：《〈君人者何必安哉〉補說》，武漢大學簡帛研究中心，2009年1月21日。

附錄三 雙賓句文例

一、非行爲動詞"謂"

（一）S＋謂＋之＋NP$_2$

（1）下，土也，而胃（謂）之陸（地）；上，燹（氣）也，而胃（謂）之天。（郭_太一_10）

（2）悥（仁）型（形）於內胃（謂）之悳（德）之行，不型（形）於內胃（謂）之行。義型（形）於內胃（謂）之悳（德）之行，不型（形）於內胃（謂）之行。豊（禮）型（形）於內胃（謂）之悳（德）之行，不型（形）於內胃（謂）之之行。智型（形）於內胃（謂）之悳（德）之行，不型（形）於內胃（謂）之行。聖型（形）於內胃（謂）之悳（德）之行，不型（形）於內胃（謂）之悳（德）之行。（德）之行五，和胃（謂）之悳（德），四行和胃（謂）之善。（郭_五行_1、4）

（3）五行皆型（形）于內而時行之，胃（謂）之君子；士又（有）志於君子道，胃（謂）之峙（志）士。（郭_五行_6、7）

（4）未尚（嘗）螽（聞）君子道，胃（謂）之不聰（聰）；未尚（嘗）見臤（賢）人，胃（謂）之不明。螽（聞）君子道而不智（知）亓（其）君子道也，胃（謂）之不聖。見臤（賢）人而不智（知）亓（其）又（有）悳（德）也，胃（謂）之不智。（郭_五行_22、24）

（5）疋膚＝（鹺鹺）達者（諸）君子道，胃（謂）之臤（賢）。（郭_五行_43）

（6）君子智（知）而與（舉）之，胃（謂）之隥（尊）臤（賢）；智（知）而事之，胃（謂）之隥（尊）臤（賢）者也。（郭_五行_43、44）

(7) 目而智（知）之胃（謂）之進之。（郭_五行_47）

(8) 俞（喻）而智（知）之，胃（謂）之進之。（郭_五行_47）

(9) 辟（譬）而智（知）之，胃（謂）之進之。（郭_五行_47）

(10) 貞（使）之足㠯（以）生，足㠯（以）死，胃（謂）之君，㠯（以）宜（義）貞（使）人多。（郭_六德_14、15）

(11) 句（苟）淒夫人之善R，惷（勞）丌（其）牀忧之力弗敢單（憚）也，亽（危）丌（其）死弗敢忎（愛）也，胃（謂）之臣，㠯（以）忠（忠）貞（事）人多。（郭_六德_16、17）

(12) 智（知）可爲者，智（知）不可爲者；智（知）行者，智（知）不行者，胃（謂）之夫，㠯（以）智衛（率）人多。（郭_六德_17、18）

(13) 是古（故）夫死又（有）宔（主），丹（終）身不継（變）①，胃（謂）之婦，㠯（以）訐（信）從人多也。（郭_六德_19、20）

(14) 既生畜之，或從而孝（教）惢（誨）之，胃（謂）之聖。（郭_六德_20、21）

(15) 子也者，會埠（庸）② 長材㠯（以）事上，胃（謂）之宜（義），上共下之宜（義）㠯（以）犇黔=（社稷），胃（謂）之孝。（郭_六德_21、22）

(16) 不攸（修）不武〈戒〉，胃（謂）之必痓（成），則彝（暴）。（上博二_從政（甲）_15）

(17) 此所胃（謂）之"稌（旱）母"，帝牉（將）命之攸（修）者（諸）矣（侯）之君之不能論（治）者，而劉（刑）之㠯（以）稌（旱）。（上博四_柬大王_11、12）

(18) 先王爲此，人胃（謂）之安邦，胃（謂）之利民。（上博七_君人者（甲）_6）

（二）S＋之＋謂＋NP₂

(1) 凡見者之胃（謂）勿（物）。（郭_性自_12；上博一_性情

---

① "継（變）"字從裘錫圭讀，見《郭店楚墓竹簡·六德》篇注［一三］。
② 白於藍在《戰國秦漢簡帛古書通假字匯纂》中認爲，"価"似當讀作"庸"，第297頁。

論_6)

(2) 快於믰（己）者之胃（謂）兌（悦）。（郭_性自_12；上博一_性情論_6)

(3) 勿（物）之埶（勢）者之胃（謂）埶（勢）。（郭_性自_12、13；上博一_性情論_6)

(4) 又（有）爲也者之胃（謂）古（故）。（郭_性自_13；上博一_性情論_6、7)

(5) 上下膚（皆）县（得）亓（其）所之胃（謂）訐（信）。（郭_語叢一_65)

(6) 愿（愛）膳（善）之胃（謂）忥（仁）。（郭_語叢一_92)

(7) 備之胃（謂）聖。（郭_語叢一_94)

(8) 浧聖之胃（謂）聖。（郭_語叢一_100)

(9) 孔=（孔子）仓（答）曰："民之父母虎（乎），必達於豊（禮）綠（樂）之簹（源），目（以）至（致）'五至'目（以）行'三亡（無）'，目（以）皇（橫）于天下。四方又（有）敗（敗），必先智（知）之，亓（其）之胃（謂）民之父母矣。"（上博二_民之_1、2、3)

（三）(S) ＋NP_2＋之＋謂

(1) "亦既見峀（之），亦既詢（覯）峀（之），我心則兌（悦）"，此之胃（謂）也。（郭_五行_10、11)

(2) "明=（明明）才（在）下，虩=（赫赫）才（在）上"，此之胃（謂）也。（郭_五行_25、26)

(3) "文王才（在）上，于昭于而〈天〉"，此之胃（謂）也。（郭_五行_29、30)

(4) "不彌（競）不採（絿），不勇（剛）不矛（柔）"，此之胃（謂）也。（郭_五行_41、42)

(5) "上帝賢〈臨〉女（汝），毋式（貳）尔心"，此之胃（謂）也。（郭_五行_48)

(6) 雀（禪）也者，上直（德）受（授）臤（賢）之胃（謂）也。（郭_唐虞_20）

(7) 至忠亡諙，至信（信）不怀（背），夫此之胃（謂）此。（郭_忠信_4）

(8) 配天陸（地）也者，忠信（信）之胃（謂）此。（郭_忠信_5）

(9) 孔=（孔子）曰："'五至'虎（乎），勿（物）之所至者，志亦至安（焉）；志之所至者，豊（禮）亦至安（焉）；豊（禮）之所至者，縷（樂）亦至安（焉）；縷（樂）之所至者，悹（哀）亦至安（焉）。悹（哀）縷（樂）相生，君子曰（以）正，此之胃（謂）'五至'。"（上博二_民之_3、4、5）

(10) 孔=（孔子）曰："'三亡（無）'虎（乎），亡（無）聖（聲）之縷（樂），亡（無）膿（體）之豊（禮），亡（無）備（服）之桑（喪）。君子曰（以）此皇（橫）于天下，奚（傾）①耳而聖（聽）之，不可昃（得）而窨（聞）也；明目而昃（視）之，不可昃（得）而視〈見〉也，而昃（德）既塞於四海（海）矣，此之胃（謂）'三亡（無）'。"（上博二_民之_5、6、7）

(11) ◎□也，此之胃（謂）怠（仁）。（上博五_弟子問_11）

(12) ◎所明，又（有）所不明，此之胃（謂）唇（乎）？（上博五_鬼神_5）

(13) 孯=（君子）玉亓（其）言而礥（展）②亓（其）行，敬盛（成）亓（其）惪（德）曰（以）臨民=（民，民）瞠（望）亓（其）道而備（服）安（焉），此之胃（謂）怠（仁）之曰（以）惪（德）。（上博五_季庚子_3、4）

(14) 夫此之胃（謂）省（小）成。（上博七_凡物（甲）_28）

---

① 何琳儀認為此字當讀為"傾"。見何琳儀：《滬簡二冊選釋》，簡帛網，2003年1月14日。
② "礥（展）"字從禤健聰讀，見禤健聰：《上博楚簡（五）零劄（一）》，簡帛網，2006年2月24日。

二、行爲動詞

(1) 又（有）邦（國）者章好章亞（惡），目（以）視（示）民厚，則民青（情）不弌（忒）。（郭＿緇衣＿2、3）

(2) 古（故）君民者章好目（以）視（示）民忩（俗），懂（謹）亞（惡）目（以）渫（遏）民淫〈淫〉，則民不賊（惑）。（郭＿緇衣＿6）

(3)《寺（詩）》員（云）："人之肝（好）我，旨（示）我周行。"（郭＿緇衣＿41、42）

(4)《各（詩）》員（云）："人之肝（好）我，貽（示）我周行。"（上博一＿緇衣＿21）

(5) 夫聖人上事天，效（教）民又（有）尊（尊）也。（郭＿唐虞＿4）

(6) 下事陞（地），效（教）民又（有）新（親）也。（郭＿唐虞＿4）

(7) 旹（時）事山川，效（教）民又（有）敬也。（郭＿唐虞＿4、5）

(8) 新（親）事且（祖）潭（廟），效（教）民孝也。（郭＿唐虞＿5）

(9) 大（太）教（學）之中，天子晜（親）齒，效（教）民弟也。（郭＿唐虞＿5）

(10) 先聖牙（與）迿（後）耵（聖），考迿（後）而逼（歸）先，孝（教）民大川（順）之道也。（郭＿唐虞＿5、6）

(11) 文王時（持）故時而漱（教）民時，高下肥毳（磽）之利聿（盡）智（知）之。（上博二＿容成氏＿48、49）

(12) 既言之，誣（囑）之左尹。（包155反）

(13) 誣（囑）之政（正）。（包156）

(14) 僕目（以）告君=王=（君王，君王）誣（囑）僕（僕）於子=左=尹=（子左尹，子左尹）誣（囑）之新俈过尹丹，命爲僕（僕）至（致）典。（包15、16）

（15）亓（其）嬰（亂），王舍（予）人邦豪（家）土陞（地）。（上博二＿從政（甲）＿2）

（16）王訡（召）①而余（予）②之衽（領）③裸（袍）④。（上博四＿昭王＿7）

（17）女（汝）⑤此（出）⑥繇（囚）⑦而余（予）⑧之内庫之兵。（上博五＿姑成＿9）

（18）《寺（詩）》員（云）："我龜既猒（厭），不我告猷。"（郭＿緇衣＿46、47；上博三＿緇衣＿24⑨）

（19）女（汝）斈＝（幼子）専（博）⑩昏（問），舍（余）告女（汝）人綸（倫），曰：戒之毋喬（驕），訢（慎）冬（終）保裝（勞）。（上博三＿彭祖＿2）

（20）舍（余）告女（汝）："咎◎。"（上博三＿彭祖＿6）

（21）又（有）邽（國）者章肝（好）章惡，曰（以）眎（示）民臺（厚），勯（則）民意（情）不糸（貳）⑪。（上博一＿緇衣＿1、2）

（22）子先（堯）南菖（面），厽（舜）北菖（面），厽（舜）於是唐（乎）訂（始）語先（堯）天陞（地）人民之道。（上博二＿容成氏＿14、8）

（23）◎叀（使）替（雍）也從於剒（宰）夫之愆（後），替（雍）

---

① "訡（召）"字從陳劍讀，見陳劍：《上博竹書〈昭王與龔之脽〉和〈柬大王泊旱〉讀後記》，簡帛研究網，2005年2月15日。
② "余（予）"字從孟蓬生讀，見孟蓬生：《上博竹書〈四〉閒詁》，簡帛研究網，2005年2月15日。
③ "衽（領）"字從陳劍讀，見陳劍：《上博竹書〈昭王與龔之脽〉和〈柬大王泊旱〉讀後記》，簡帛研究網，2005年2月15日。
④ "裸（袍）"字從陳劍讀，見陳劍：《上博竹書〈昭王與龔之脽〉和〈柬大王泊旱〉讀後記》，簡帛研究網，2005年2月15日。
⑤ "女（汝）"整理者讀爲"如"，陳劍讀爲"汝"，見陳劍：《〈上博（五）〉零劄兩則》，簡帛網，2006年2月22日。
⑥ 整理者釋爲"此"。陳劍釋爲"出"，見陳劍：《〈上博（五）〉零劄兩則》，簡帛網，2006年2月22日。
⑦ "繇（囚）"字從陳劍，見陳劍：《〈上博（五）〉零劄兩則》，簡帛網，2006年2月21日。
⑧ "余（予）"字從季旭昇《上博五芻議（下）》，簡帛網，2006年2月18日。
⑨ 上博簡本《緇衣》中"員（云）"字前面殘缺。
⑩ "専（博）"字從湯志彪，見湯志彪：《上博簡（三）〈彭祖〉篇校讀瑣記》，《江漢考古》，2005年第3期。
⑪ "糸（貳）"從裘錫圭按，《郭店楚墓竹簡·緇衣》篇注［八］讀。

也憧愚，忎（恐）怠①（貽）虗（吾）子愿（羞）②，忎（愿）囡（因）虗（吾）子而訋（辭）③。（上博三＿仲弓＿4、26④）

（24）君貞（貴）我而叜（授）我眾（衆），曰（以）我爲能絽（治），征（今）⑤虗（吾）亡（無）能絽（治）也，而因（因）曰（以）害君，不義，型（刑）莫大安（焉）。（上博五＿姑成＿3、4）

（25）臣爲君王臣，君王挽（免）之死，不曰（以）唇〈辱〉釸（斧）⑥慁（鑕）⑦，可（何）敢（敢）心之又（有）。（上博六＿申公＿8、9）

---

① "怠（貽）"從陳劍，見陳劍：《上博竹書〈仲弓〉篇新編釋文（稿）》，簡帛研究網，2004 年 4 月 18 日。

② 此字陳劍讀爲"羞"。見陳劍：《上博竹書〈仲弓〉篇新編釋文（稿）》，簡帛研究網，2004 年 4 月 18 日。

③ 原考釋讀"治"，陳偉讀此字爲"辭"，推辭。見陳偉：《上博楚竹書〈仲弓〉"季桓子章"集釋》，簡帛網，2005 年 12 月 10 日。

④ 簡 4 與簡 26 連接，是李學勤的意見，見李銳：《清華大學簡帛講讀班第三十二次研討會綜述》，"孔子 2000"網站，2004 年 4 月 15 日。

⑤ 整理者讀爲"政"。陳劍讀爲"今"，見沈培文：《上博簡〈姑成家父〉一個編聯組位置的調整》注釋 17，簡帛網首發，2006 年 2 月 2 日。

⑥ "釸（斧）"字從陳偉《讀〈上博六〉條記》（簡帛網，2007 年 7 月 9 日）、何有祖《讀〈上博六〉劄記》（簡帛網，2007 年 7 月 9 日）釋讀。

⑦ "慁（鑕）"此字改釋從陳偉、何有祖所釋讀。見陳偉《讀〈上博六〉條記》（簡帛網，2007 年 7 月 9 日）、何有祖《讀〈上博六〉劄記》（簡帛網，2007 年 7 月 9 日）。

附錄四　賓語前置句文例

一、不借助結構助詞直接位於動詞前邊

（1）民莫之命（令）天〈而〉自均安①。（郭＿老子甲＿19）

（2）《寺（詩）》員（云）："皮（彼）求我則，女（如）不我㝵（得），䎭（執）我裁＝（仇仇②），亦不我力。"（郭＿緇衣＿18、19；上博一＿緇衣＿10）

（3）《寺（詩）》員（云）："我龜既猒（厭），不我告猷。"（郭＿緇衣＿46、47；上博一＿緇衣＿24）

（4）㝴（寡）人惑安（焉），而未之得也。（郭＿魯穆公＿4）

（5）亙（亟）③爯（稱）亓（其）君之亞（惡）者未之又（有）也。（郭＿魯穆公＿5、6）

（6）古（故）莫之智（知）而不毀□□□□□□□□□嗅而不芳。（郭＿窮達＿12）

（7）不雈（禪）而能蝎（化）民者，自生民未之又（有）也。（郭＿唐虞＿21）

（8）忠㐭（信）砅（積）而民弗睪（親）㐭（信）者，未之又（有）也。（郭＿忠信＿1、2）

（9）民不從上之命，不訐（信）丌（其）言，而能㥯（念）④悳（德）者，未之又（有）也。（郭＿成之＿2、3）

（10）句（苟）又（有）丌（其）青（情），唯（雖）未之爲孚（斯），人訐（信）之壴（矣）。（郭＿性自＿51）

（11）乍（作）豊（禮）樂，折（制）茥（刑）灋，孝（教）此民

---

① 白於藍在《戰國秦漢簡帛古書通假字匯纂》中認爲，傅奕本和帛書本"安"作"焉"，第378頁。
② 白於藍在《戰國秦漢簡帛古書通假字匯纂》中認爲，今本《禮記‧緇衣》"裁"作"仇"，第13頁。
③ "亙（亟）"字從陳偉《郭店竹書别釋》，湖北教育出版社，2002年版，第45頁。
④ "㥯（念）"字從裘錫圭讀，見《郭店楚墓竹簡‧成之聞之》篇注釋［一］。

尔（而）①貞（使）之又（有）向也，非聖智者莫之能也。（郭_六德_2、3）

（12）新（親）父子，和大臣，帰（寢）四罗（鄰）之束（策）②虐（慮）③，非悬（仁）宜（義）者莫之能也。（郭_六德_3、4）

（13）聚人民，賁（任）陞＝（土地），足此民尔生死之甬（用），非忠（忠）訐（信）者莫之能也。（郭_六德_4、5）

（14）昔三弋（代）之明王之又（有）天下者，莫之舍④也，而□取之，民皆目（以）爲義。（上博二_從政（甲）_1、2）

（15）兂（堯）目（以）天下嘼（讓）於臤（賢）者，天下之臤（賢）者莫之能耍（受）也。（上博二_容成氏_10）

（16）萬邦之君皆目（以）亓（其）邦嘼（讓）於臤（賢）◎□□□臤（賢）者，而臤（賢）者莫之能嘼（受）也。（上博二_容成氏_10、11）

（17）戜（執）用黄牛之革，莫之勳（勝）敚（説）⑤。（上博三_周易_30）

（18）牂（將）返（復）戡（戰），則彔（禄）笇（爵）又（有）棠（常），幾莫之堂（當）。（上博四_曹沫_51下、50⑥）

（19）事而弗耍（受）者，虐（吾）睯（聞）而未之見也。（上博五_弟子問_9）

（20）烏（於）！莫我智（知）也夫。（上博五_弟子問_4）

（21）賜，不虐（吾）智（知）也。（上博五_弟子問_22）

（22）碻（積）涅（盈）天之下，而莫之能□。（上博六_用曰_8）

（23）眾（衆）之所槀（植），莫之能灋（廢）⑦也。（上博六_季桓

---

① 白於藍在《戰國秦漢簡帛古書通假字匯纂》中認爲，"尔"似當讀作"而"，第175頁。
② "束（策）"字從白於藍《包山楚簡補釋》，《中國文字》新27期，藝文印書館，2001年版。
③ "虐（慮）"字從白於藍《包山楚簡補釋》，《中國文字》新27期，藝文印書館，2001年版。
④ 整理者讀爲"餘"。周鳳五釋讀爲"舍"，給予義。見周鳳五：《讀上博楚竹書〈從政〉（甲篇）劄記》，簡帛研究網，2003年1月10日。
⑤ 白於藍《戰國秦漢簡帛古書通假字匯纂》按，"敚（説）"稍有殘泐，整理者不識。此字原本作"宔"，就是"敚"字，第242頁。
⑥ 此處編聯從白於藍《上博簡〈曹沫之陳〉釋文新編》，簡帛研究網，2005年4月10日。
⑦ "灋（廢）"字從陳劍讀，見陳劍：《〈上博（六）·孔子見季桓子〉重編新釋》，復旦大學出土文獻與古文字研究中心網，2008年3月22日。

附　錄

子_25）

（24）岂（美）与（與）亞（惡），相去可（何）①若？（郭_老子乙_4）

（25）可（何）女（如）而可胃（謂）忠臣？（郭_魯穆公_1）

（26）《告（詩）》，丌（其）猷（猶）坪（平）門，與戋（賤）民而豫之，丌（其）甬（用）心也牆（將）可（何）女（如）？（上博一_詩論_4）

（27）民之又（有）戚（慼）患（患）也，卡＝（上下）之不咊（和）者，丌（其）甬（用）心也牆（將）可（何）女（如）？（上博一_詩論_4）

（28）又（有）塍（成）工（功）者可（何）女（如）？（上博一_詩論_5）

（29）敔（敢）䛈（問）可（何）女（如）而可胃（謂）民之父母？（上博二_民之_1）

（30）女（如）㚔（舜）才（在）含（今）之殜（世）則可（何）若？（上博二_子羔_8）

（31）敢昏（問）爲正（政）可（何）先？（上博三_仲弓_5）

（32）臣可（何）執（設）②可（何）行，而③墾（遷）④於朕身，而訕（謟）于帝裳（常）？（上博三_彭祖_1）

（33）大尹之言脿（膭）⑤，可（何）訧又（有）安（焉）？（上博四_昭王_9）

（34）我可（何）爲，𢧁（歲）安（焉）管（熟）？（上博四_柬大王_13）

（35）虔（吾）子之畣（答）也可（何）女（如）？（上博四_相

---

① 白於藍在《戰國秦漢簡帛古書通假字匯纂》中提及，今本和帛書本"可"作"何"，第156頁。
② "執（設）"字從林志鵬，見林志鵬：《戰國楚竹書〈彭祖〉考論——兼論〈漢志〉"小説家"之成立（一）》，簡帛網，2007年8月18日。
③ 見季旭昇主編：《上海博物館藏戰國楚竹書（三）》讀本，萬卷樓圖書股份有限公司，2005年版，第251頁。
④ 見季旭昇主編：《上海博物館藏戰國楚竹書（三）》讀本，萬卷樓圖書股份有限公司，2005年版，第251頁。
⑤ "脿（膭）"字從陳劍讀，見陳劍：《上博竹書〈昭王與龔之膭〉和〈柬大王泊旱〉讀後記》，簡帛研究網，2005年2月15日。

邦_4)

(36) 臧（莊）公曰："勿兵目（以）克奚女（如）？"（上博四_曹沫_38）

(37) 臧（莊）公或（又）睧（問）曰："善攻者奚女（如）？"（上博四_曹沫_55、56）

(38) 還年而睧（問）於敖（曹）敓（沫）曰："虞（吾）欲與齊戰，睧（問）帗（陳）奚女（如）？獣（守）鄡（邊）坐（城）奚女（如）？"（上博四_曹沫_12、13）

(39) 睧（莊）公曰："善獣（守）者奚女（如）？"（上博四_曹沫_57）

(40) 不肰（然），君子目（以）臤（賢）再（稱），害（曷）又（有）弗旻（得）？目（以）亡道再（稱），害（曷）又（有）弗遊（失）？（上博四_曹沫_9、10）

(41) 莫新（親）唇（乎）父母，死不覨（顧）生，可（何）言唇（乎）丌（其）訐（信）也？（上博五_弟子問_8）

(42) 爲此殜（世）也從事，可（何）目（以）女（如）是亓（其）疾與（歟）才（哉）？（上博五_姑成_6）

(43) 虞（吾）植（直）①立經（徑）行，遠愯（慮）意（圖）箜（後），唯（雖）不堂（當）殜（世），句（苟）義毋售（久）立，死可（何）戁（傷）才（哉）？（上博五_姑成_7）

(44) 敓（敢）睧（問）可（何）胃（謂）也？（上博五_君子_4）

(45) 肥，從又（有）司之箜（後），罷（一）②不智（知）民乳（亂）之安才（在）。（上博五_季庚子_1）

(46) 天才（哉）人才（哉），朋（憑）可（何）新（親）才（哉），旻（沒）亓（其）身才（哉）。（上博五_三德_17）

(47) 日既，公昏（問）二夫=（大夫）："日之飤（食）也，害（曷）爲？"（上博五_競建_1）

(48) 公曰："肰（然）則奚女（如）？"（上博五_鮑叔牙_6、7）

---

① "植（直）"字從何有祖讀，見何有祖：《〈季康子問於孔子〉與〈姑成家父〉試讀》，簡帛網，2006年2月19日。
② "罷（一）"字從季旭昇讀，見季旭昇：《上博五芻議（上）》，簡帛網，2006年2月18日。

附　錄

(49) 王子曰："償（疇）①可（何）目（以）爲？"（上博六＿王子木＿5）

(50) 王子曰："可（何）目（以）粎（麻）爲？"（上博六＿王子木＿2）

(51) 褔（禍）敗（敗）囙（因）童（重）②於楚邦，懼視（鬼）神目（以）爲怒，囟（使）先王亡（無）所遏（饋）③，虐（吾）可（何）④改而可？（上博六＿鄭壽＿1、2）

(52) 耑（前）各（冬）言曰邦必芒（亡）我，及含（今）可（何）若？（上博六＿鄭壽＿5）

(53) 王芺（笑）："女（如）我得弣（免），遴（後）之人可（何）若？（上博六＿鄭壽＿6）

(54) 既朿（本）既槿（根），柔（奚）遴（後）之柔（奚）先？（上博七＿凡物（甲）＿1、2）

(55) 骨＝（骨肉）之既粎（靡），身豊（體）不見，虐（吾）柔（奚）自飤（食）之？（上博七＿凡物（甲）＿6）

(56) 川（順）天之道，虐（吾）柔（奚）目（以）爲頁（首）？（上博七＿凡物＿7）

(57) 日之有耳（珥），牁（將）可（何）聖（聽）？月之又（有）軍（輪）⑤，牁（將）可（何）正（征）？水之東流，牁（將）可（何）涅（盈）？（上博七＿凡物＿9、10）

(58)《寺（詩）》員（云）："虩＝（赫赫）帀（師）尹，民具尔（爾）贍（瞻）。"（郭＿緇衣＿15、16；上博一＿緇衣＿9）

(59) 夫山，石目（以）爲膚，木目（以）爲民，女（如）天不雨，石牁（將）燚（焦），木牁（將）死，丌（其）欲雨，或甚於我，或必寺（待）虐（乎）名（榮）⑥虐（乎）？（上博二＿魯邦＿4）

---

① "償（疇）"字從凡國棟讀，見凡國棟：《〈上博六〉楚平王逸篇初讀》，簡帛網，2007年7月9日。
② "童（重）"字從陳偉讀，見陳偉：《讀〈上博六〉條記》，簡帛網，2007年7月9日。
③ 白於藍在《戰國秦漢簡帛古書通假字匯纂》中認爲，"灘"即"歸"字，在此似當讀作"饋"或"餽"，訓祭。
④ "可（何）"字從陳偉讀，見陳偉：《讀〈上博六〉條記》，簡帛網，2007年7月9日。
⑤ "軍（輪）"字從宋華強讀，見宋華強：《〈上博（七）·凡物流形〉劄記四則》，簡帛網，2009年1月3日。
⑥ "名（榮）"字從陳劍，陳劍於2003年1月9日在清華大學思想文化研究所討論會上的發言。

（60）夫川，水昌（以）爲膚，魚昌（以）爲民，女（如）天不雨，水牂（將）沽（涸），魚牂（將）死，丌（其）欲雨，或甚於我，或必寺（待）虖（乎）名（榮）①虖（乎）？（上博二＿魯邦＿4、5）

（61）民之所惪（喜），上帝是有（祐）。（上博五＿三德＿6）

（62）卬（仰）天事君，嚴（嚴）咢（恪）必訐（信）；府（俯）視□□，孜（務）䢉（農）敬戒。（上博五＿三德＿15）

（63）民之所欲，䰡（鬼）神是有（祐）。（上博五＿三德＿20）

（64）王子不畏（得）君，楚②邦或（又）③不畏（得）。（上博六＿王子木＿4）

（65）裯（禍）不降自天，亦不出自陸（地），隹（唯）心自惻（賊）。（上博六＿用曰＿9）

（66）□人亡（無）叟（文）④，言台（以）爲章。（上博六＿用曰＿18）

（67）是古（故）又（有）鼠-⑤（一），天下亡（無）不又（有）；亡（無）鼠-⑥（一），天下亦亡（無）鼠-⑦（一）又（有）。（上博七＿凡物（甲）＿21）

二、借助於結構助詞而位於動詞前邊

（1）句（苟）又（有）亓（其）殜（世），可（何）懂（艱）⑧之又（有）才（哉）？（郭＿窮達＿2）

---

① "名（榮）"字從陳劍，陳劍於2003年1月9日在清華大學思想文化研究所討論會上的發言。
② "楚"從周鳳五屬下讀，見周鳳五：《上博六〈莊王既成〉、〈申公臣靈王〉、〈平王問鄭壽〉、〈平王與王子木〉新探》，2007中國簡帛學國際論壇。
③ "或（又）"字從周鳳五，見周鳳五《上博六〈莊王既成〉、〈申公臣靈王〉、〈平王問鄭壽〉、〈平王與王子木〉新探》，2007中國簡帛學國際論壇。
④ "叟（文）"字從陳偉《讀〈上博六〉條記》（簡帛網，2008年7月9日）、何有祖《讀〈上博六〉劄記》（簡帛網，2008年7月9日）讀。
⑤ "鼠-（一）"字從沈培讀，見沈培：《略說〈上博（七）〉新見的"一"字》，復旦大學出土文獻與古文字研究中心網，2008年12月31日。
⑥ "鼠-（一）"字從沈培讀，見沈培：《略說〈上博（七）〉新見的"一"字》，復旦大學出土文獻與古文字研究中心網，2008年12月31日。
⑦ "鼠-（一）"字從沈培讀，見沈培：《略說〈上博（七）〉新見的"一"字》，復旦大學出土文獻與古文字研究中心網，2008年12月31日。
⑧ 白於藍在《戰國秦漢簡帛古書通假字匯纂》中認爲，"懂"似當讀作"艱"，第407頁。

（2）《少（小）夏（雅）》員（云）："非亓（其）止（止）之共，唯王【之】恭（卭）。"（郭＿緇衣＿7、8）

（3）亡（無）聖（聲）之缧（樂），亡（無）膿（體）之豊（禮），亡（無）備（服）之桑（喪），可（何）志（詩）是迡（近）？（上博二＿民之＿7、8）

（4）大（太）子乃亡（無）聝（聞）、亡聖（聽），不聝（問）、不命，唯忢（哀）悲是思，唯邦之大炙（務）①是敬。（上博二＿昔者＿4）

（5）熨（氣）是（寔）②自生，亙（極）③莫生熨＝（氣。氣）是（寔）④自生自复（作）。（上博三＿亙先＿2）

（6）君子相好，㠯（以）自爲退（長），戠（豈）⑤紋是好？隹心是□。（上博四＿交交＿1）

（7）戠（豈）⑥紋是好？隹（唯）⑦心是巽。（上博四＿交交＿3）

（8）戠（豈）⑧紋是好？隹（唯）⑨心是萬（勵）。（上博四＿交交＿4）

（9）君子之立孝，怣（愛）是甬（用），豊（禮）是貞（貴）。（上博四＿內豊＿1）

（10）◎競（境）必勅（勝），可㠯（以）又（有）怡（治）邦，周

---

① "炙（務）"見何琳儀《滬簡二册選釋》（簡帛研究網，2003年1月14日），釋"炙"爲"矛"，讀作"務"。白於藍指出讀作"務"可信，但字當釋作"炙"，見白於藍：《〈郭店楚墓竹簡〉釋文正誤一例》，《吉林大學學報》，1999年第2期。
② "是（寔）"字從董珊，見董珊：《楚簡〈恒先〉初探》，簡帛研究網，2004年5月12日。
③ "亙（極）"字從裘錫圭，見裘錫圭：《是"恒先"還是"極先"？》，復旦大學出土文獻與古文字研究中心網，2009年6月2日。
④ "是（寔）"字從董珊，見董珊：《楚簡〈恒先〉初探》，簡帛研究網，2004年5月12日。
⑤ "戠（豈）"字從孟蓬生讀，見孟蓬生：《上博竹書（四）閒詰（續）》（簡帛研究網，2005年3月6日）、魏宜輝《讀上博楚簡（四）劄記》（簡帛研究網，2005年3月10日）。
⑥ "戠（豈）"字從孟蓬生讀，見孟蓬生《上博竹書（四）閒詰（續）》（簡帛研究網，2005年3月6日）、魏宜輝《讀上博楚簡（四）劄記》（簡帛研究網，2005年3月10日）。
⑦ "隹（唯）"字從廖名春，見廖名春：《楚簡〈逸詩·交交鳴鳥〉補釋》，簡帛研究網，2005年2月12日。
⑧ "戠（豈）"字從孟蓬生讀，見孟蓬生：《上博竹書（四）閒詰（續）》（簡帛研究網，2005年3月6日）、魏宜輝《讀上博楚簡（四）劄記》（簡帛研究網，2005年3月10日）。
⑨ "隹（唯）"字從廖名春，見廖名春：《楚簡〈逸詩·交交鳴鳥〉補釋》，簡帛研究網，2005年2月12日。

等（志）①是䧹（存）。（上博四_曹沫_41）

（11）凡目毋遊，定見（視）是求。(上博五_君子_6)

（12）唯子之訇（貽）②朕（羞）③，青（請）昏（問）：君＝（君子）之從事者，於民之◎（上博五_季庚子_1）

（13）唯䨷（福）之亞（基），怣（過）而攺（改）。（上博五_三德_5）

（14）身虡（且）有痣（病），亞（惡）盇（羹）與飤（食）；邦虡（且）亡，亞（惡）聖人之思（謀）；室虡（且）弃，不墮（綏）④祭（祭）祀，唯蘆（怒）⑤是備（服）。（上博五_三德_13）

（15）視寿（前）寡（顧）逡（後），九惠是鼎（貞）。（上博六_用曰_5）

（16）凡䡍（寵）⑥人，非人是䡍（寵），氐（厥）身是戔（暴）⑦。（上博六_用曰_6）

（17）用曰：咎羣（群）言之弃（棄）。（上博六_用曰_7）

（18）非稷（稷）之糧（種），而可歈（飲）飤（食）。（上博六_用曰_8）

（19）凡民之冬（終）頪（類），隹（唯）善是善。（上博六_用曰_20）

（20）使民不逆而訓（順）城（成），百（百）眚（姓）之爲緁（？）⑧。（上博七_武王_15）

（21）臣爲君王臣，君王勉（免）之死，不目（以）唇〈辱〉鈗

---

① "等（志）"字從陳劍讀，見陳劍：《談談〈上博（五）〉的竹簡分篇、拼合與編聯問題》，簡帛網，2006年2月19日。
② 整理者讀爲"治"。陳偉讀爲"貽"，見陳偉：《上博五〈季庚子問於孔子〉零識》，簡帛網，2006年2月24日。
③ 陳偉讀爲"羞"，見陳偉：《上博五〈季庚子問於孔子〉零識》，簡帛網，2006年2月24日。
④ "陸（綏）"字從晏昌貴讀，見晏昌貴：《〈三德〉"不墮祭祀"補說》，簡帛網，2006年5月3日。
⑤ 范常喜讀爲"怒"，見范常喜：《〈上博五·三德〉劄記六則》，簡帛網，2006年5月18日。
⑥ 白於藍在《戰國秦漢簡帛古書通假字匯纂》中認爲，"䡍"似當讀作"寵"，第298頁。
⑦ 白於藍在《戰國秦漢簡帛古書通假字匯纂》中認爲，"芠"似當讀作"暴"，第80頁。
⑧ 整理者讀作"聽"，禤健聰則釋作"緒"，見禤健聰：《上博（七）零劄三則》，武漢大學簡帛研究中心，2009年1月14日。讀書會讀作"經"，但並不確定。見讀書會：《〈上博七·武王踐阼〉校讀》，復旦大學出土文獻與古文字研究中心，2008年12月30日。

（斧）①叀（鑽）②，可（何）敢（敢）心之又（有）。（上博六_申公_8、9）

（22）孤居繢（褓）③統（繈）之中，亦唯君是望。（上博七_吳命_2）

（23）孤也可（何）裌（勞）力之又（有）安（焉）！（上博七_吳命_8）

---

① "釳（斧）"字從陳偉《讀〈上博六〉條記》（簡帛網，2007年7月9日）、何有祖《讀〈上博六〉劄記》（簡帛網，2007年7月9日）釋讀。
② "叀（鑽）"此字改釋從陳偉、何有祖所釋讀。見陳偉《讀〈上博六〉條記》（簡帛網，2007年7月9日）、何有祖《讀〈上博六〉劄記》（簡帛網，2007年7月9日）。
③ 整理者讀爲"保"。復旦大學出土文獻與古文字研究中心研究生讀書會認爲與下一字合讀爲"褓繈"。見讀書會：《〈上博七·吳命〉校讀》，復旦大學出土文獻與古文字研究中心，2008年12月30日。

附錄五 疑問句文例

一、特指問句

(1) 虐（吾）可（何）① 目（以）智（知）元（其）肰（然）也？（郭＿老子甲＿30）

(2) 𢇍（絕）學（學）亡惪（憂），唯與可（呵）②，相去戔（幾）可（何）？（郭＿老子乙＿4）

(3) 岜（美）与（與）亞（惡），相去可（何）③若？（郭＿老子乙＿4）

(4) 可（何）④胃（謂）慹（寵）辱？（郭＿老子乙＿5、6）

(5) 虐（吾）可（何）⑤目（以）智（知）天◎（郭＿老子乙＿18）

(6) 《寺（詩）》員（云）："隹（誰）秉或（國）城（成），不自爲貞（正），卆（卒）袋（勞）百眚（姓）。"（郭＿緇衣＿9）

(7) 《寺（詩）》員（云）："隹（誰）秉或（國）城（成），不自爲貞（正），卆（卒）袋（勞）百眚（姓）。"（上博一＿緇衣＿5、6）

(8) 可（何）女（如）而可胃（謂）忠臣？（郭＿魯穆公＿1）

(9) 可（何）胃（謂）六惪（德）？（郭＿六德＿1）

(10) 遒丌（其）所悆（愛），必曰："虐（吾）奚（奚）舍（舍）之？賓贈氏（是）已。"（上博一＿詩論＿27）

(11) 《耆（詩）》，丌（其）猷（猶）坪（平）門，與戋（賤）民而㒹（豫）之，丌（其）甬（用）心也酒（將）可（何）女（如）？（上博

---

① 白於藍在《戰國秦漢簡帛古書通假字匯纂》中提及，河上本、王弼本及帛書本"可"作"何"，第156頁。
② 白於藍在《戰國秦漢簡帛古書通假字匯纂》提及，帛書乙本"可"作"呵"，第158頁。
③ 白於藍在《戰國秦漢簡帛古書通假字匯纂》中提及，今本和帛書本"可"作"何"，第156頁。
④ 白於藍在《戰國秦漢簡帛古書通假字匯纂》中提及，今本和帛書乙本"可"作"何"，第156頁。
⑤ 白於藍在《戰國秦漢簡帛古書通假字匯纂》中提及，河上本、王弼本及帛書乙本"可"作"何"，第156頁。

一_詩論_4）

（12）民之又（有）戚（慼）惓（患）也，卡＝（上下）之不咊（和）者，丌（其）甬（用）心也㞢（將）可（何）女（如）？（上博一_詩論_4）

（13）又（有）垕（成）工（功）者可（何）女（如）？（上博一_詩論_5）

（14）"褱（懷）尔（爾）絭（明）悳（德）"，害（曷）？（上博一_詩論_7）

（15）《鬪（關）疋（雎）》之攺（改），《梂（樛）木》之告（時），《灘（漢）㿿（廣）》之智（智），《䳜（鵲）樔（巢）》之逞（歸），《甘棠》之保（報），《緑衣》之思，《鷃（燕燕）》之意（情），害（曷）？（上博一_詩論_10）

（16）敌（敢）䏿（問）可（何）女（如）而可胃（謂）民之父母？（上博二_民之_1）

（17）敌（敢）䏿（問）可（何）胃（謂）"五至"？（上博二_民之_3）

（18）"五至"既䏿（聞）之矣，敌（敢）䏿（問）可（何）胃（謂）"三亡（無）"？（上博二_民之_5）

（19）亡（無）聖（聲）之緙（樂），亡（無）體（體）之豊（禮），亡（無）備（服）之桑（喪），可（何）志（詩）是迡（邇）？（上博二_民之_7、8）

（20）可（何）古（故）曰（以）旻（得）爲帝？（上博二_子羔_1）

（21）女（如）㿻（舜）才（在）含（今）之殜（世）則可（何）若？（上博二_子羔_8）

（22）箮（孰）天子而可反？（上博二_容成氏_46）

（23）一人爲亡（無）道，百（百）眚（姓）亓（其）可（何）辠（罪）？（上博二_容成氏_48）

(24) 上九：𨟭（何）①? 天之枭（衢），卿（亨）。（上博三＿周易＿23）

(25) 敢昏（問）爲正（政）可（何）先?（上博三＿仲弓＿5）

(26) 夫先又（有）司，爲之女（如）可（何）?（上博三＿仲弓＿8）

(27) 敢昏（問）聖（舉）才女（如）之可（何）?（上博三＿仲弓＿9、10）

(28) 惑（宥）怘（過）聖（舉）皋（罪），則民可（何）系?（上博三＿仲弓＿10）

(29) 若此三者，既昏（聞）侖（命）壴（矣）。敢昏（問）道（導）民興惪（德）女（如）可（何）?（上博三＿仲弓＿17、11）

(30) 臣可（何）埶（設）②可（何）行，而③聖（遷）④於朕身，而諡（謚）于帝棠（常）?（上博三＿彭祖＿1）

(31) 大尹之言脾（脽）⑤，可（何）訕又（有）安（焉）?（上博四＿昭王＿9）

(32) 含（今）夕不敦（穀）夢若此，可（何）?（上博四＿柬大王＿9、10）

(33) 牁（將）必鼓而涉之，此可（何）?（上博四＿柬大王＿10、11）

(34) 我可（何）爲，歲（歲）安（焉）管（熟）?（上博四＿柬大王＿13）

(35) 敢（敢）昏（問）民事?（上博四＿相邦＿2）

(36) 虞（吾）子之盒（答）也可（何）女（如）?（上博四＿相

---

① 見季旭昇主編：《上海博物館藏戰國楚竹書（三）》，萬卷樓圖書股份有限公司，2005年10月初版，第65頁。
② "埶（設）"字從林志鵬，見林志鵬：《戰國楚竹書〈彭祖〉考論——兼論〈漢志〉"小說家"之成立（一）》，簡帛網，2007年8月18日。
③ 見季旭昇主編：《上海博物館藏戰國楚竹書（三）》，萬卷樓圖書股份有限公司，2005年10月初版，第251頁。
④ 見季旭昇主編：《上海博物館藏戰國楚竹書（三）》，萬卷樓圖書股份有限公司，2005年10月初版，第251頁。
⑤ "脾（脽）"字從陳劍讀，見陳劍：《上博竹書〈昭王與龔之脽〉和〈柬大王泊旱〉讀後記》，簡帛研究網，2005年2月15日。

邦_4)

（37）今天下之君子欧（既）既可智（知）已，箮（孰）能並兼人才（哉）？（上博四_曹沫_4、5）

（38）不肰（然），君子目（以）叞（賢）禹（稱），害（曷）又（有）弗旻（得）？目（以）亡道禹（稱），害（曷）又（有）弗遴（失）？（上博四_曹沫_9、10）

（39）還年而聐（問）於敓（曹）尗（沫）曰："虗（吾）欲與齊戰，聐（問）𢧜（陳）奚女（如）？獸（守）鄴（邊）𡐨（城）奚女（如）？"（上博四_曹沫_12、13）

（40）爲咊（和）於邦女（如）之可（何）？（上博四_曹沫_20）

（41）𢦚（莊）公曰："爲咊（和）於豫（舍）①女（如）可（何）？"（上博四_曹沫_22）

（42）爲和於𢧜（陳）女（如）可（何）？（上博四_曹沫_24上）

（43）𢦚（莊）公曰："勿兵目（以）克奚女（如）？"（上博四_曹沫_38）

（44）𢦚（莊）公或（又）聐（問）曰："善攻者奚女（如）？"（上博四_曹沫_55、56）

（45）𢦚（莊）公曰："善獸（守）者奚女（如）？"（上博四_曹沫_57）

（46）爲𩂣（親）女（如）可（何）？（上博四_曹沫_33、34）

（47）𢦚（莊）公或（又）聐（問）："爲咊（和）女（如）可（何）？"（上博四_曹沫_35）

（48）𢦚（莊）公或（又）聐（問）："爲義女（如）可（何）？"（上博四_曹沫_36）

（49）爲此殜（世）也從事，可（何）目（以）女（如）是亓（其）疾與（歟）才（哉）？（上博五_姑成_6）

（50）唯（雖）旻（得）字（免）而出，目（以）不能事君，天下爲君者，隹（誰）②欲畜女（汝）者才（哉）？（上博五_姑成_4）

---

① "豫（舍）"字從陳劍讀，見陳劍：《上博竹書〈曹沫之陳〉新編釋文》，簡帛研究網，2005年2月12日。

② "隹（誰）"字從季旭昇讀，見季旭昇：《上博五芻議（下）》，簡帛網，2006年2月18日。

-183-

(51) 虗（吾）子可（何）亓（其）膡（瘠）也？（上博五_君子_3）

(52) 敄（敢）昏（問）可（何）胃（謂）也？（上博五_君子_4）

(53) 可（何）胃（謂）息（仁）之㠯（以）惪（德）？（上博五_季庚子_2）

(54) 古（故）子㠯（以）此言爲奚女（如）？（上博五_季庚子_13）

(55) 天才（哉）人才（哉），朋（憑）可（何）新（親）才（哉），旻（没）亓（其）身才（哉）。（上博五_三德_17）

(56) 日既，公昏（問）二夫=（大夫）："日之飤（食）也，害（曷）爲？"（上博五_競建_1）

(57) 昔高宗祭（祭），又（有）雊（雉）夃（雛）於彝（彝）𠂆（前）。詔（召）①祖己而昏（問）安（焉），曰："是可（何）也？"（上博五_競建_2）

(58) 公曰："肰（然）則奚女（如）？"（上博五_鮑叔牙_6、7）

(59) 虗（吾）既果𢦏（成）無鐸〈鐸（射）〉②，㠯（以）共（供）萅（春）稺（秋）之嘗（嘗），㠯（以）旹（待）③四𨒰（鄰）之賓，□遂（後）之人，幾可（何）④保之？（上博六_莊王_1、2）

(60) 裯（禍）敗（敗）因（因）童（重）⑤於楚邦，懼視（鬼）神㠯（以）爲怨，囟（使）先王亡（無）所遝（饋）⑥，虗（吾）可（何）⑦改而可？（上博六_鄭壽_1、2）

(61) 𠂆（前）各（冬）言曰邦必芒（亡）我，及含（今）可（何）若？（上博六_鄭壽_5）

(62) 王芙（笑）："女（如）我得挽（免），遂（後）之人可（何）

---

① "詔（召）"字從陳劍讀，見陳劍：《談談〈上博（五）〉的竹簡分篇、拼合與編聯問題》，簡帛網，2006年2月19日。
② "鐸〈鐸（射））"字從陳偉讀，見陳偉：《讀〈上博六〉條記》，簡帛網，2007年7月9日。
③ "旹（待）"字從蘇建洲讀，見蘇建洲：《初讀〈上博六〉》，簡帛網，2007年7月19日。
④ "可（何）"字從陳偉讀，見陳偉：《讀〈上博六〉條記》，簡帛網，2007年7月9日。
⑤ "童（重）"字從陳偉讀，見陳偉：《讀〈上博六〉條記》，簡帛網，2007年7月9日。
⑥ 白於藍《戰國秦漢簡帛古書通假字匯纂》按，"遝"即"歸"字，在此似當讀作"饋"或"餽"，訓祭。
⑦ "可（何）"字從陳偉讀，見陳偉：《讀〈上博六〉條記》，簡帛網，2007年7月9日。

若?"（上博六＿鄭壽＿6）

(63) 王子睧（問）壓（成）公："此可（何）?"（上博六＿王子木＿5）

(64) 王子曰："償（疇）① 可（何）目（以）爲?"（上博六＿王子木＿5）

(65) 王子曰："可（何）目（以）棘（麻）爲?"（上博六＿王子木＿2）

(66) 銟（捻）② 勿（物）流型（形），系（奚）旻（得）而城（成）?（上博七＿凡物＿1）

(67) 流型（形）城（成）豊（體），系（奚）旻（得）而不死?（上博七＿凡物＿1）

(68) 既城（成）既生，系（奚）寡而鳴?（上博七＿凡物＿1）

(69) 既東（本）既槿（根），系（奚）逡（後）之系（奚）先?（上博七＿凡物＿1、2）

(70) 佥（陰）易（陽）之屍〈尻（處）〉，系（奚）旻（得）而固?（上博七＿凡物＿2）

(71) 水火之味（和），系（奚）旻（得）而不碰（差）③?（上博七＿凡物＿2）

(72) 民人流型（形），系（奚）旻（得）而生?（上博七＿凡物＿2）

(73) 流型（形）城（成）豊（體），系（奚）遊（失）而死?（上博七＿凡物＿3）

(74) 天墜（降）五厇（度），虚（吾）系（奚）臭（衡）系（奚）從（縱）?（上博七＿凡物＿3、4）

(75) 五既（氣）竝至，虚（吾）系（奚）异系（奚）同?（上博七＿凡物＿4）

(76) 五言才（在）人，箮（孰）爲之公?九囚（域）出誨（畝），

---

① "償（疇）"字從凡國棟讀，見凡國棟：《〈上博六〉楚平王逸篇初讀》，簡帛網，2007年7月9日。
② "銟（捻）"字從郭静雲讀，見郭静雲：《再論〈償物流形〉的"償"字與篇名之意》，簡帛研究網，2010年3月24日。
③ "碰（差）"字從宋華強《〈上博（七）·凡物流形〉劄記四則》，簡帛網，2009年1月3日。

箮（孰）爲之佳（封）①？虐（吾）既長而或（又）老，箮（孰）爲䇝（薦）②奉？（上博七_凡物_4、5）

（77）䰠（鬼）生於人，籨（奚）古（故）神硎（明）？（上博七_凡物_5）

（78）骨=（骨肉）之既楙（靡），亓（其）智愈暲，亓夬（訣）③籨（奚）堂（適），箮（孰）智（知）其疆？（上博七_凡物_5、6）

（79）䰠（鬼）生於人，虐（吾）籨（奚）古（故）事之？（上博七_凡物_6）

（80）骨=（骨肉）之既楙（靡），身豊（體）不見，虐（吾）籨（奚）自飤（食）之？（上博七_凡物_6）

（81）亓（其）來（來）無氒（託），虐（吾）籨（奚）甾（志）④之？（上博七_凡物_6、7）

（82）窒祭員籨（奚）逐，虐（吾）女（如）之可（何）思（使）餮（飽）？（上博七_凡物_7）

（83）川（順）天之道，虐（吾）籨（奚）目（以）爲頁（首）？（上博七_凡物_7）

（84）虐（吾）欲旻（得）百（百）眚（姓）之咊（和），虐（吾）籨（奚）事之？敬天之㮾（明）籨（奚）旻（得）？䰠（鬼）之神籨（奚）飤（食）？先王之智一籨（奚）備？（上博七_凡物_8）

（85）日之有耳（珥），牃（將）可（何）聖（聽）？月之又（有）軍（輪）⑤，牃（將）可（何）正（征）？水之東流，牃（將）可（何）涅（盈）？（上博七_凡物_9、10）

---

① "佳（封）"字從凡國棟《上博七〈凡物流形〉簡4"九囿出牧"試說》（簡帛網，2009年1月3日）、范常喜《上博七·凡物流形》短劄一則（簡帛網，2009年1月3日）。
② "䇝"原文作"儺"。復旦大學出土文獻與古文字研究中心研究生讀書會釋爲"箭"，讀爲"薦"。見讀書會：《〈上博（七）·凡物流形〉重編釋文》，復旦大學出土文獻與古文字研究中心網，2008年12月31日。
③ "夬（訣）"字從張崇禮讀。見張崇禮：《釋〈凡物流形〉的"其夬奚適，孰知其疆"》，復旦大學出土文獻與古文字研究中心網，2009年3月19日。
④ 白於藍《戰國秦漢簡帛古書通假字匯纂》按，"甾（志）"似當讀作"志"或"識"，第28頁。
⑤ "軍（輪）"字從宋華強讀，見宋華強：《〈上博（七）·凡物流形〉劄記四則》，簡帛網，2009年1月3日。

附　錄

（86）日之兮（始）出，可（何）古（故）大而不㲽（炎）①？（上博七_凡物_10）

（87）亓（其）人宀（中），烝（奚）古（故）少（小）䧹皷（燭）②？（上博七_凡物_10、11）

（88）天簹（孰）高㫃（與）？陸（地）簹（孰）遠与（與）？（上博七_凡物_11）

（89）簹（孰）爲天？簹（孰）爲陸（地）？簹（孰）爲雷神（電）？簹（孰）爲啇（霆）③？（上博七_凡物_11、12）

（90）土烝（奚）㝵（得）而坪（平）？水烝（奚）㝵（得）而清？卉木烝（奚）㝵（得）而生？含（禽）獸烝（奚）㝵（得）而鳴？（上博七_凡物_12、13）

（91）夫雨之至，簹（孰）搰𣳚之？夫凡（風）之至，簹（孰）刎（歅）④飄（歈）⑤而逆之？（上博七_凡物_14）

（92）烝（奚）胃（謂）少（小）皼（徹）？人白（泊）爲戠（察）⑥。（上博七_凡物_18）

（93）烝（奚）目（以）智（知）亓（其）白（泊）？冬（終）身自若。（上博七_凡物_18）

（94）女（如）上帝禠（鬼）神目（以）爲薏（怒），虐（吾）㫃（將）可（何）目（以）畣（答）？（上博七_鄭子（甲）_2、3）

（95）簹（孰）爲帀（師）徒，䟆（踐）履陳陸（地），以陳邦非它也，先王姑姊⑦大巸（姬）之邑◎。（上博七_吳命_8）

---

① "㲽（炎）"字從復旦大學出土文獻與古文字研究中心研究生讀書會讀，見《〈上博（七）·凡物流形〉重編釋文》，復旦大學出土文獻與古文字研究中心網，2008年12月31日。
② 白於藍在《戰國秦漢簡帛古書通假字彙纂》中認爲，"皷"似當讀作"燭"，訓爲"明"。
③ 整理者認爲即"啇"字，讀爲"電"。復旦大學出土文獻與古文字研究中心研究生讀書會讀爲"霆"。見讀書會：《〈上博（七）·凡物流形〉重編釋文》，復旦大學出土文獻與古文字研究中心，2008年12月13日。
④ 白於藍《戰國秦漢簡帛古書通假字彙纂》按，"刎"似當讀作"歅"，第418頁。
⑤ 白於藍《戰國秦漢簡帛古書通假字彙纂》按，"飄"似當讀作"歈"，第278頁。
⑥ "仅（察）"字從何有祖讀，見何有祖：《〈凡物流形〉劄記》，簡帛網，2008年12月31日。
⑦ 整理者釋爲"每"，讀爲"繁"。宋華強認爲應釋爲"姊"，見宋華强：《〈上博（七）·吳命〉"姑姊大姬"小考》，武漢大學簡帛研究中心，2009年1月1日。

二、選擇問

(1) 名與身簹（孰）①新（親）？身與貨簹（孰）②多？賹（得）③與𠅢（亡）④簹（孰）⑤疠（病）⑥？（郭＿老子甲＿35、36）

(2) 尭（堯）之旻（得）㪯（舜）也，㪯（舜）之惪（德）則城（誠）善𣪘（歟）？伊（抑）⑦尭（堯）之惪（德）則甚盥（明）⑧𣪘（歟）？（上博二＿子羔＿6、2）

(3) 厽（參）王者之乍（作）也，虜（皆）人子也，而丌（其）父戔（賤）而不足爯（偁）也與（歟）？殹（抑）⑨亦𡉈（誠）天子也與（歟）？（上博二＿子羔＿9）

(4) 亓（其）力能至安（焉）而弗爲唇（乎）？虐（吾）弗智（知）也。童（抑）⑩亓（其）力古（固）不能至安（焉）唇（乎）？虐（吾）或（又）弗智（知）也。（上博五＿鬼神＿4）

(5) 中（仲）尼（尼）與虐（吾）＝（子子）産簹（孰）臤（賢）？（上博五＿君子＿11）

(6) 與雩（禹）簹（孰）臤（賢）？（上博五＿君子＿15）

(7) 與㪯（舜）簹（孰）臤（賢）？（上博五＿君子＿14、12）

(8) 材（載）之堚（轉）⑪車目（以）赱（上）庤（乎）？殹（抑）⑫

---

① 白於藍在《戰國秦漢簡帛古書通假字匯纂》中提及，今本和帛書甲本"潄"作"孰"，第208頁。
② 白於藍在《戰國秦漢簡帛古書通假字匯纂》中提及，今本和帛書甲本"潄"作"孰"，第208頁。
③ 白於藍在《戰國秦漢簡帛古書通假字匯纂》中提及，今本和帛書甲本"潛"作"得"，第31頁。
④ 白於藍在《戰國秦漢簡帛古書通假字匯纂》中提及，今本和帛書甲本"渝"作"亡"，第313頁。
⑤ 白於藍在《戰國秦漢簡帛古書通假字匯纂》中提及，今本和帛書甲本"潄"作"孰"，第208頁。
⑥ 白於藍在《戰國秦漢簡帛古書通假字匯纂》中提及，今本和帛書甲本"𤶅"作"病"，第307頁。
⑦ "盥（明）"字依從陳劍，見陳劍：《上博簡〈子羔〉、〈從政〉篇的竹簡拼合與編連問題小議》，簡帛研究網，2003年1月8日。
⑧ "伊（抑）"字依從陳劍，見陳劍：《上博簡〈子羔〉、〈從政〉篇的竹簡拼合與編連問題小議》，簡帛研究網，2003年1月8日。
⑨ "濉（抑）"字依從陳劍，見陳劍：《上博簡〈子羔〉、〈從政〉篇的竹簡拼合與編連問題小議》，簡帛研究網，2003年1月8日。
⑩ "殹（抑）"字從陳偉讀，見陳偉：《上博五〈鬼神之明〉篇初讀》，簡帛網，2006年2月18日。
⑪ 白於藍《戰國秦漢簡帛古書通假字匯纂》按，"堚"似當讀作"轉"，第366頁。
⑫ "殹（抑）"字從凡國棟讀，見凡國棟：《讀〈上博楚竹書六〉記》，簡帛網，2007年7月9日。

四艛（艖）①目（以）逾（輸）虖（乎）？（上博六_莊王_3、4）

（9）不智（知）黃帝、耑（顓）琂（頊）、堯、쭕（舜）之道在［存］虐（乎）？意（意）幾（豈）②喪不可旻（得）而訨（睹）虖（乎）？（上博七_武王_1）

三、是非問

（1）宋客盛公鶇胄（聘）於楚之散（歲）習（荆）屍之月乙未之日，鹽吉目（以）保豪（家）爲左尹𨳿卣（貞），自習（荆）屍之月目（以）豪（就）習（荆）屍之月，出内（人）事王，聿（盡）采（卒）散（歲），躬身悁（尚）毋又（有）咎。（包197）

（2）宋客盛公鶇胄（聘）於楚之散（歲）習（荆）屍之月乙未之日，石被裳目（以）訓黿爲左尹𨳿卣（貞），自習（荆）屍之月目（以）豪（就）習（荆）豪（就）習（荆）屍之月，聿（盡）采（卒）散（歲），躬身悁（尚）毋又（有）咎。（包199）

（3）宋客盛（公）鶇胄（聘）於楚之散（歲）習（荆）屍之月乙未之日，酈（應）會目（以）央箸爲子左尹𨳿卣（貞）；自習（荆）屍之月目（以）础（就）習（荆）屍之月，出内（人）事王，聿（盡）采（卒）散（歲），躬身尚毋又（有）咎。（包201）

（4）東周之客瞽（許）經逯（歸）复（胙）於蔵郢之散（歲）遠桌之月癸卯之日，苛光目（以）長惻爲右（〈左〉）尹𨳿頵卣（貞）：疠（病）腹疾，目（以）少愁（氣），尚毋又（有）咎。（包207）

（5）東周之客瞽（許）經至（致）祚（胙）於蔵郢之散（歲）頤（夏）屍之月乙丑之日，五生目（以）丞惠爲左尹𨳿卣（貞）：出内（人）時（侍）王，自頤（夏）屍之月目（以）豪（就）棄（集）散（歲）之頤（夏）屍之月，聿（盡）棄（集）散（歲），齊（躬）身尚母

---

① "艛（艖）"字從宋華强《釋〈上博六・莊王既成〉的"船"》（簡帛網，2011年1月6日）釋，從宋文所引李家浩説讀。
② 整理者認爲與下一字合讀爲"微喪"，指衰亡。復旦大學出土文獻與古文字研究中心研究生讀書會將之釋爲"幾"，讀作"豈"，見《〈上博七・武王踐阼〉校讀》，復旦大學出土文獻與古文字研究中心網，2008年12月30日。

（毋）又（有）咎。（包209）

　　（6）東周之客響（許）䞈逿（歸）作（胙）於㦲郢之歲（歲）頤（夏）尿之月乙丑之日，鹽吉㠯（以）保（保）豪（家）爲左尹𧊒貞（貞），出內（入）時（侍）王，自頤（夏）尿之月㠯（以）䨲（就）集（集）歲（歲）之頤（夏）尿之月，盡（盡）集（集）歲（歲），<u>躳身尚毋又（有）咎</u>。（包212）

　　（7）東周之客響（許）䞈逿（歸）作（胙）於㦲郢之歲（歲）頤（夏）尿之月乙丑之日，苛嘉㠯（以）長則爲左尹𧊒貞（貞）：出內（入）時（侍）王，自頤（夏）尿之月㠯（以）䨲（就）集（集）歲（歲）之頤（夏）尿之月，盡（盡）㷼（集）歲（歲），<u>躳身尚母（毋）又（有）咎</u>。（包216）

　　（8）東周之客響（許）䞈逿（歸）作（胙）於㦲郢之歲臱（爨）月己酉（西）之日，郚朕㠯（以）少寶爲左尹卲𧊒貞（貞），既（既）又（有）疠（病），疠（病）心疾，少慼（氣），不內飤（食），臱（爨）月㠯（幾）中（中）<u>尚母又（有）恙（恙）</u>。（包221）

　　（9）屈宜習之，㠯（以）彤答爲左尹卲𧊒貞（貞）：既（既）又（有）疠（病），疠（病）心疾，少㷼（氣），不內飤（食），<u>尚毋又（有）恙（恙）</u>。（包223）

　　（10）大司馬悼滑（愲）迖楚邦之帀（師）徒㠯（以）救（救）郙之歲䎵（荆）尿之月己卯之＝（之日），鹽吉㠯（以）琛豪（家）爲左尹𧊒貞（貞）：出內（入）寺（侍）王，自䎵（荆）尿之月㠯（以）䨲（就）集歲（歲）之䎵（荆）尿之月，盡（盡）集歲（歲），<u>躳（躬）身尚毋又（有）咎</u>。（包226）

　　（11）大司馬悼滑（愲）迖（將）楚邦之帀（師）徒㠯（以）救（救）郙之歲（歲）䎵（荆）尿之月己卯之日，陸（陳）乙㠯（以）共命爲左尹𧊒貞（貞），出內（入）岦（侍）王，自䎵（荆）尿之月㠯（以）䨲（就）集歲（歲）之䎵（荆）尿之月，盡（盡）集歲（歲），<u>寡（躬）身尚毋又（有）咎</u>。（包228）

　　（12）大司馬悼滑（愲）迖（將）楚邦之帀（師）徒㠯（以）救（救）郙之歲歲（歲）䎵（荆）尿之月己卯之日，觀綳㠯（以）長靄（靈）爲左尹𧊒貞（貞）：出內（入）走（侍）王，自䎵（荆）尿之月

目（以）臺（就）集歲（歲）之䚃（荊）屄之月，肂（盡）集歲（歲），穻（躬）身尚毋又（有）咎。（包230）

（13）大司馬悼（悼）䤾（愲）迖（將）楚邦之帀（師）徒目（以）栽（救）郙之歲䚃（荊）屄之月己卯之日，五生目（以）丞憙爲左尹沱貞（貞）：出内（入）㞢（侍）王，自䚃（荊）屄之月目（以）臺（就）集歲（歲）之䚃（荊）屄之月，肂（盡）集歲（歲），穻（躬）身尚毋又（有）咎。（包232）

（14）大司馬悼（悼）䤾（愲）迖（將）楚邦之帀（師）徒目（以）栽（救）郙歲（歲）䚃（荊）屄之月己卯之日，䜴（許）吉目（以）駁霝（靈）爲左尹沱貞（貞），出内（入）寺（侍）王自䚃（荊）屄之月目（以）臺（就）集歲（歲）之䚃（荊）屄之月，肂（盡）集歲（歲），兹身尚毋又（有）咎。（包234）

（15）大司馬悼（悼）䤾（愲）迖（將）楚邦之帀（師）徒目（以）栽（救）郙之歲䚃（荊）屄之月己卯之日，鹽吉目（以）琜豪（家）爲左尹沱貞（貞）：既腹心疾，目（以）㞢（上）惡（氣），不甘飤（食），舊（久）不瘥（瘥），尚遬（速）瘥（瘥），毋又（有）柰。（包236）

（16）大司馬悼（悼）䤾（愲）迖（將）楚邦之帀（師）徒目（以）栽（救）郙之歲䚃（荊）屄之月己卯之日，陞（陳）乙目（以）共命爲左尹沱（貞）；既腹心疾，目（以）上惡〔氣〕，不甘飤（食），尚遬（速）瘥（瘥），母又（有）柰。（包239）

（17）大司馬悼（悼）䤾（愲）迖（將）楚邦之帀（師）徒目（以）栽（救）郙之歲䚃（荊）屄之月己卯之日，觀繃目（以）長霝（靈）爲左尹沱（貞）：既腹心疾，目（以）㞢（上）惡（氣），不甘飤（食），舊（久）不瘥（瘥），尚遬（速）瘥（瘥），毋又（有）柰。（包242）

（18）大司馬悼（悼）䤾（愲）迖（將）楚邦之帀（師）徒目（以）栽（救）郙之歲䚃（荊）屄之月己卯之日，五生目（以）丞憙目（以）爲左尹沱（貞）：既腹心疾，目（以）上惡（氣），不甘飤（食），尚遬（速）瘥（瘥），毋又（有）柰。（包245）

（19）大司馬悼（悼）䤾（愲）迖（將）楚邦之帀（師）徒目（以）栽（救）郙之歲䚃（荊）屄之月己卯之日，䜴（許）吉目（以）駁靈爲

-191-

左尹蛇貞（貞）：既腹心疾，目（以）上惡（氣），不甘飤（食），舊（久）不瘥（瘥），尚遄（速）瘥（瘥），毋又（有）柰。（包247）

（20）大司馬悼（悼）愲栽（救）郙之散（歲）顕（夏）层之月己亥之日，觀義曰（以）保豪（家）爲左尹邵蛇貞（貞）：目（以）亓（其）又（有）瘇（重）①肪（病），走（上）燹（氣），尚毋死。（包249）

（21）文王佳（雖）谷（欲）已，旻（得）虗（乎）？（上博一_詩論_7）

（22）◎可旻（得）而寤（聞）與（歟）？（上博二_民之_10）

（23）又（有）古（故）虗（乎）？ 态（願）睧（聞）之。（上博四_柬大王_21）

（24）爲人臣者亦又（有）聏（諍）②虗（乎）？（上博四_柬大王_23）

（25）君必不已，勛（則）繇（由）亓（其）杲（末）虗（乎）？（上博四_曹沫_20）

（26）既成峑（教）矣，出帀（師）又（有）幾（機）③虗（乎）？（上博四_曹沫_40）

（27）三軍果又（有）幾（機）④虗（乎）？（上博四_曹沫_42）

（28）戩（戰）又（有）幾（機）⑤虗（乎）？（上博四_曹沫_43）

（29）既戩（戰）又（有）幾（機）⑥虗（乎）？（上博四_曹沫_44）

（30）遠（復）敗（敗）戩（戰）又（有）道虗（乎）？（上博四_曹沫_46）

（31）遠（復）盤戩（戰）又（有）道虗（乎）？（上博四_曹沫_

---

① "瘇（重）"字從劉信芳讀，見劉信芳：《包山楚簡解詁》，藝文印書館，2003年版，第249頁。
② "聏（諍）"字從劉樂賢讀，見劉樂賢：《讀上博（四）劄記》，簡帛研究網，2005年2月15日。
③ "幾（機）"字從陳劍讀，見陳劍：《上博竹書〈曹沫之陳〉新編釋文（稿）》，簡帛研究網，2005年2月12日。
④ "幾（機）"字從陳劍讀，見陳劍：《上博竹書〈曹沫之陳〉新編釋文（稿）》，簡帛研究網，2005年2月12日。
⑤ "幾（機）"字從陳劍讀，見陳劍：《上博竹書〈曹沫之陳〉新編釋文（稿）》，簡帛研究網，2005年2月12日。
⑥ "幾（機）"字從陳劍讀，見陳劍：《上博竹書〈曹沫之陳〉新編釋文（稿）》，簡帛研究網，2005年2月12日。

50)

(32) 返（復）甘戰（戰）又（有）道虖（乎）？（上博四_曹沫_53)

(33) 返（復）敗戰（戰）又（有）道虖（乎）？（上博四_曹沫_54)

(34) 臧（莊）公曰："此三者足㠯（以）戰（戰）虖（乎）？"（上博四_曹沫_49)

(35) 虖（吾）又（有）所睧（聞）之：一出言三軍皆懽（勸）①，一出言三軍皆迲（往）。又（有）之虖（乎）？（上博四_曹沫_59、60)

(36) 脡（延）陸（陵）季=（季子），亓（其）天民也虖（乎）？（上博五_弟子問_1/2)

(37) 虖（吾）睧（聞）父母之喪，飤（食）肉女（如）飯土，酓（飲）酉（酒）女（如）淫〈歠水〉，訐（信）虖（乎）？（上博五_弟子問_7、8)

(38) 余（予），女（汝）能訢（慎）㠯（始）與終，鼾（斯）善歟（矣），爲君子虖（乎）？（上博五_弟子問_11)

(39) ◎從，䢦（吾）子皆能又（有）時（待）虖（乎）？（上博五_弟子問_14)

(40) 曹之喪，兀（其）必此瀧（乎）？（上博五_弟子問_4)

(41) 又（有）陲（施）之胃（謂）也虖（乎）？（上博五_弟子問_4)

(42) 公曰："肰（然）勛（則）可敓（說）异（歟）②？"（上博五_競建_5)

(43) 緟（申）公，忘夫杒述（隧）③之下（下）虖（乎）？（上博六_申公_5、6)

(44) 女（如）夫悬（仁）人之未訾（察）④，亓（其）行居（處）⑤

---

① "懽（勸）"字從陳劍讀，見陳劍：《上博竹書〈曹沫之陳〉新編釋文（稿）》，簡帛研究網，2005年2月12日。
② "异（歟）"字從陳劍讀，見陳劍：《談談〈上博（五）〉的竹簡分篇、拼合與編聯問題》，簡帛網，2006年2月19日。
③ "述（隧）"字從何有祖讀，見何有祖：《讀〈上博六〉劄記》，簡帛網，2007年7月9日。
④ "訾（察）"字從陳偉：《讀〈上博六〉條記之二》，簡帛網，2007年7月10日。
⑤ "居（處）"字從李銳讀，見李銳：《〈孔子見季桓子〉新編（稿）》，簡帛網，2007年7月11日。

可名而智（知）牙（歟）？（上博六_季桓子_6、10）

（45）趄（桓）子曰："二道（道）者可旻（得）睧（聞）與（歟）？"（上博六_季桓子_2）

（46）亦又（有）不涅（盈）於十言而百（百）殜（世）不遊（失）之道，又（有）之虐（乎）？（上博七_武王_11）

（47）亓（其）道可旻（得）目（以）睧（聞）虐（乎）？（上博七_武王_11、12）

四、反詰問

（1）訐（信）不足，安（焉）又（有）①不訐（信）？（郭_老子丙_1、2）

（2）璺（禹）立三年，百眚（姓）目（以）息（仁）道，剴（豈）必羣（盡）息（仁）。（郭_緇衣_12、13）

（3）句（苟）又（有）亓（其）殜（世），可（何）懂（艱）②之又（有）才（哉）？（郭_窮達_2）

（4）反此道也，民必因此至（重）也目（以）返（覆）之，可不斳（慎）虐（乎）？（郭_成之_18、19）

（5）從允悞（釋）怸（過），則先者余（余），坙（來）者訐（信），民管（孰）③弗從？（郭_成之_36、24）

（6）型（形）於审（中），癹（發）於色，亓（其）錫也固悉（矣），民管（孰）④弗訐（信）？（郭_成之_24）

（7）龯（察）⑤亓（其）見者，青（情）安遊（失）才（哉）？（郭_性自_38）

（8）唯君子能好廿（其）駜（匹），少（小）人剴（豈）能好亓（其）駜（匹）。（郭_緇衣_42）

---

① 白於藍在《戰國秦漢簡帛古書通假字匯纂》中提及，今本和帛書本"又"作"有"，第38頁。
② 白於藍在《戰國秦漢簡帛古書通假字匯纂》中提及，"懂"似當讀作"艱"，第407頁。
③ "管（孰）"字從裘錫圭讀，見《郭店楚墓竹簡·成之聞之》篇注〔二三〕。
④ "管（孰）"字從裘錫圭讀，見《郭店楚墓竹簡·成之聞之》篇注〔二三〕。
⑤ "龯（察）"字從裘錫圭讀，見《郭店楚墓竹簡·性自命出》篇注〔四〇〕。

(9) 隹（唯）翏=（君子）能肝（好）丌（其）䮾（匹），少（小）人敳（豈）能肝（好）丌（其）䮾（匹）。(上博一_緇衣_21)

(10) ◎好，反內（納）於豊（禮），不亦能攺（改）虖（乎）？(上博一_詩論_12)

(11) ◎可叟（得），不攴（攻）不可能，不亦智（知）亙（極）① 虖（乎）？(上博一_詩論_13)

(12)《鵲（鵲）樔（巢）》出目（以）百（百）兩（輛），不亦又（有）迲虖（乎）？(上博一_詩論_13)

(13) 子不爲我圖（圖）之？(上博二_魯邦_1)

(14) 夫山，石目（以）爲膚，木目（以）爲民，女（如）天不雨，石牂（將）焦（焦），木牂（將）死，丌（其）欲雨，或甚於我，或必寺（待）虖（乎）名（榮）② 虖（乎）？(上博二_魯邦_4)

(15) 夫川，水目（以）爲膚，魚目（以）爲民，女（如）天不雨，水牂（將）沽（涸），魚牂（將）死，丌（其）欲雨，或甚於我，或必寺（待）牂（乎）名（榮）③ 牂（乎）？(上博二_魯邦_4、5)

(16) 公剴（豈）不飤（飯）礽（粱）飤（食）肉才（哉）？(上博二_魯邦_6)

(17) 唯（雖）君亡（無）道，臣敢勿事虖（乎）？唯（雖）父亡（無）道，子敢勿事虖（乎）？(上博二_容成氏_46)

(18) 又（有）孚才（在）道，巳（以）明，可（何）咎。(上博三_周易_17)

(19) 悬（悔）亡（無），隥宗噬（噬）肤（膚），牧（往）可（何）咎？(上博三_周易_33)

(20) 舉（舉）而（爾）所智（知），而（爾）所不智（知），人丌（其）豫（舍）之者？(上博三_仲弓_10)

(21) 百=（一日）目（以）善立，所學（學）皆終；百=（一日）目（以）不善立，所學（學）皆塱（崩），可不斳（慎）虖（乎）？(上

---

① "亙（極）"字從周鳳五讀，見周鳳五：《〈孔子詩論〉新釋文及注解》，《上博館藏戰國楚竹書研究》，上海書店出版社，2002年版，第160~161頁。
② "名（榮）"字從陳劍，陳劍於2003年1月9日在清華大學思想文化研究所討論會上的發言。
③ "名（榮）"字從陳劍，陳劍於2003年1月9日在清華大學思想文化研究所討論會上的發言。

博三_仲弓_24、25)

(22) 夫子唯(雖)又(有)與(舉)，女(汝)蜀(獨)正之，幾(豈)不又(有)狂(匡)①也？(上博三_仲弓_附簡)

(23) 嬰(舉)天之事，自复(作)爲，事甬(庸)曰(以)不可賡也？(上博三_亙先_7)

(24) 嬰(舉)天下之复(作)，弪(強)者果天下之大复(作)，亓(其)寈蚝(尨)不自若=复=(若作，若作)，甬(庸)又(有)果與不果？(上博三_亙先_10、11)

(25) 嬰(舉)天下之复(作)也，無不昱(得)亓(其)亟(極)②而果述(遂)，甬(庸)或昱(得)之？甬(庸)或遴(失)之？(上博三_亙先_12、13)

(26) 嬰(舉)天下之名，③無又(有)瀘(廢)者與(歟)④？(上博三_亙先_13)

(27) 天下之明王、明君、明士，甬(庸)又(有)求而不息(患)？(上博三_亙先_13)

(28) 三迲(去)亓(其)二，幾(豈)若已？(上博三_彭祖_2)

(29) 君子相好，曰(以)自爲展(長)，豑(豈)⑤絞是好？佳心是□。(上博四_交交_1)

(30) 豑(豈)⑥絞是好？佳(唯)⑦心是萛。(上博四_交交_3)

(31) 豑(豈)⑧絞是好？佳(唯)⑨心是萬(勵)。(上博四_交

---

① "狂(匡)"字從季旭昇，見季旭昇主編：《上海博物館藏戰國楚竹書(三)》讀本，萬卷樓圖書股份有限公司，2005年版，第196頁。
② "亟(極)"字從李銳，見李銳：《〈恒先〉淺釋》，簡帛研究網，2004年4月23日。
③ 斷句依從丁四新，見丁四新：《楚簡〈恒先〉章句釋義》，簡帛研究網，2004年7月25日。
④ "與(歟)"字從丁四新，見丁四新：《楚簡〈恒先〉章句釋義》，簡帛研究網，2004年7月25日。
⑤ "豑(豈)"字從孟蓬生讀，見孟蓬生《上博竹書(四)閒詁(續)》(簡帛研究網，2005年3月6日)、魏宜輝《讀上博楚簡(四)劄記》(簡帛研究網，2005年3月10日)。
⑥ "豑(豈)"字從孟蓬生讀，見孟蓬生《上博竹書(四)閒詁(續)》(簡帛研究網，2005年3月6日)、魏宜輝《讀上博楚簡(四)劄記》(簡帛研究網，2005年3月10日)。
⑦ "佳(唯)"字從廖名春，見廖名春：《楚簡〈逸詩·交交鳴鳥〉補釋》，簡帛研究網，2005年2月12日。
⑧ "豑(豈)"字從孟蓬生讀，見孟蓬生《上博竹書(四)閒詁(續)》(簡帛研究網，2005年3月6日)、魏宜輝《讀上博楚簡(四)劄記》(簡帛研究網，2005年3月10日)。
⑨ "佳(唯)"字從廖名春，見廖名春：《楚簡〈逸詩·交交鳴鳥〉補釋》，簡帛研究網，2005年2月12日。

附錄

(32) 楚邦又（有）叜（常）古（故）①，安敢殺祭？（上博四_柬大王_5、7）

(33) 孝子，父母（母）又（有）疾，晃（冠）不免（縮），行不頌（容）②，不卒立，不庶語。皆（時）昧砫（攻）、縈（禜），行祝於五祀，剴（豈）③必又（有）㝹（益），君子𠂤（以）壐（成）亓（其）考（孝）④。（上博四_內豊_8）

(34) 虗（吾）見於君，不昏（問）又（有）邦之道，而昏（問）㮙（相）邦之道，不亦墊虗（乎）？（上博四_相邦_4）

(35) 昔耛（堯）之卿（饗）𡵀（舜）也，飯於土𠤎（塯），欲〈歠〉⑤於土型（鉶），而攺（撫）又（有）天下。此不貧於斅（美）而福（富）於惪（德）與（歟）？（上博四_曹沫_2、3）

(36) 莫新（親）虗（乎）父母，死不覭（顧）生，可（何）言虗（乎）丌（其）訐（信）也？（上博五_弟子問_8）

(37) 虗（吾）敔（敢）欲褱（顀）袁（頷）⑥𠂤（以）事潬（世）才（哉）？（上博五_姑成_7）

(38) 虗（吾）植（直）⑧立經（徑）行，遠僙（慮）恚（圖）𨒪（後），唯（雖）不當（當）殜（世），句（苟）義毋舊（久）立，死可（何）戕（傷）才（哉）？（上博五_姑成_7）

(39) 目（以）虗（吾）族參（三）圢（邵）與□□□於君，狀（幸）⑨朸（則）晉（晉）邦之坏（社）衵（稷）可尋（得）而事也，

---

① 原考釋"古（故）"屬下讀，依從陳劍和劉樂賢改上讀。見陳劍：《上博竹書〈昭王與龔之脽〉和〈柬大王泊旱〉讀後記》，簡帛研究網，2005年2月15日；劉樂賢：《讀上博（四）劄記》，簡帛研究網，2005年2月15日。
② "頌（容）"字從廖名春，見廖名春：《讀楚竹書〈內豊〉篇劄記（一）》，簡帛研究網，2005年2月20日。
③ "剴（豈）"字從孟蓬生《上博竹書（四）閒詁》，簡帛研究網，2005年2月15日。
④ "考（孝）"字從陳斯鵬《初讀上博竹書（四）文字小記》（簡帛研究網，2005年3月6日）、孟蓬生《上博竹書（四）閒詁（續）》（簡帛研究網，2005年3月6日）。
⑤ 整理者認為"欲"乃"歠"之誤。
⑥ "褱（顀）"字從季旭昇讀，見季旭昇：《上博五芻議（下）》，簡帛網，2006年2月18日。
⑦ "袁（頷）"字從季旭昇讀，見季旭昇：《上博五芻議（下）》，簡帛網，2006年2月18日。
⑧ "植（直）"字從何有祖讀，見何有祖：《〈季康子問於孔子〉與〈姑成家父〉試讀》，簡帛網，2006年2月19日。
⑨ 整理者認為該字待考，季旭昇釋為"幸"，見《上博五芻議（下）》，簡帛網，2006年2月18日。

不犾（幸）勛（則）取①字（免）而出，者（諸）矦（侯）畜我，隹（誰）不目（以）章（厚）②？（上博五_姑成_2、3）

（40）虗（吾）毋又（有）它，正公事，唯（雖）③死，安（焉）逃之？（上博五_姑成_5）

（41）虞（且）夫畞含（今）之先＝（先人），䒸（世）④三代之連（傳）貞（史），幾（豈）敢（敢）不目（以）亓（其）先＝（先人）之連（傳）等（志）⑤告？（上博五_季庚子_14）

（42）爲齊？（上博五_競建_1）

（43）公身爲亡道，不遬（遷）⑥於善而敚（說）之，可虗（乎）才（哉）？（上博五_競建_5、6）

（44）㝫（寡）人之不繰（肖）⑦也，幾（豈）不二子之惪（憂）也才（哉）？（上博五_競建_9）

（45）尚（倘）肰（然），是虗（吾）所覍（望）於女（汝）也。盍敓（誅）之？（上博六_競公瘧_2）

（46）身爲新（親）⑧，或（又）可悉（愛）安（焉），是訐（信）虗（吾）亡（無）良祝、貞（史），公盍敓（誅）之？（上博六_競公瘧_3）

（47）臣爲君王臣，君王覓（免）之死，不目（以）唇〈辱〉釵

---

① 何有祖讀爲"取"，見《〈季康子問於孔子〉與〈姑成家父〉試讀》，簡帛網，2006年2月19日。
② 整理者讀爲"苦"，陳劍讀爲"厚"，見沈培文《上博簡〈姑成家父〉一個編聯組位置的調整》注釋16，簡帛網，2006年2月2日。
③ "唯（雖）"字從沈培《上博簡〈姑成家父〉一個編聯組成位置的調整》，簡帛網，2006年2月22日。
④ "䒸（世）"字從陳劍讀，見陳劍：《談談〈上博（五）〉的竹簡分篇、拼合與編聯問題》，簡帛網，2006年2月19日。
⑤ "等（志）"字從陳劍讀，見陳劍：《談談〈上博（五）〉的竹簡分篇、拼合與編聯問題》，簡帛網，2006年2月19日。
⑥ "遬（遷）"字從陳劍讀，見陳劍：《談談〈上博（五）〉的竹簡分篇、拼合與編聯問題》，簡帛網，2006年2月19日。
⑦ "繰（肖）"字從陳劍讀，見陳劍：《談談〈上博（五）〉的竹簡分篇、拼合與編聯問題》，簡帛網，2006年2月19日。
⑧ "新（親）"字從陳偉讀，見陳偉：《讀〈上博六〉條記》，簡帛網，2007年7月9日。

（斧）①寲（鑕）②，可（何）敢（敢）心之又（有）。（上博六＿申公＿8、9）

（48）則屖（斯）③不足，勻〈剴（豈）〉④敢（敢）訨（望）⑤之？（上博六＿季桓子＿4、20）

（49）上不皋〈睪（親）〉⑥息（仁），而粲（敷）⑦〖專〗聝（聞）亓（其）訋（辭）⑧於逰（逸）⑨人虖（乎）⑩？（上博六＿季桓子＿3）

（50）臮（擇）⑪尻（處）⑫甾杍，剴（豈）⑬不難虖（乎）？（上博六＿季桓子＿14）

（51）虗（吾）子迷〈悉〉⑭言之，猷（猶）志（恐）弗智（知），皇（況）⑮亓（其）女（如）岂（微）言之虖（乎）？（上博六＿季桓子＿22、19）

（52）才（在）丹箸（書），王女（如）谷（欲）雚〈雚（觀）〉之，盍盉（齋）⑯虖（乎）？（上博七＿武王＿2）

---

① "釱（斧）"字從陳偉《讀〈上博六〉條記》（簡帛網，2007年7月9日）、何有祖《讀〈上博六〉劄記》（簡帛網，2007年7月9日）釋讀。
② "寲（鑕）"此字改釋從陳偉、何有祖所釋讀（見陳偉《讀〈上博六〉條記》，簡帛網，2007年7月9日；何有祖《讀〈上博六〉劄記》，簡帛網，2007年7月9日）。
③ "屖（斯）"字從陳劍讀，見陳劍：《〈上博（六）·孔子見季桓子〉重編新釋》，復旦大學出土文獻與古文字研究中心，2008年3月22日。
④ "勻〈剴（豈）〉"字從陳劍讀，見陳劍：《〈上博（六）·孔子見季桓子〉重編新釋》，復旦大學出土文獻與古文字研究中心，2008年3月22日。
⑤ "訨（望）"字從陳劍讀，見陳劍：《〈上博（六）·孔子見季桓子〉重編新釋》，復旦大學出土文獻與古文字研究中心，2008年3月22日。
⑥ 整理者隸定作从自从辛，並釋作"罪"。陳偉改爲"親"。見陳偉：《讀〈上博六〉條記》，簡帛網，2007年7月9日。
⑦ "粲（敷）"字從陳劍讀，見陳劍：《〈上博（六）·孔子見季桓子〉重編新釋》，復旦大學出土文獻與古文字研究中心，2008年3月22日。
⑧ 見陳劍：《〈上博（六）·孔子見季桓子〉重編新釋》，復旦大學出土文獻與古文字研究中心，2008年3月22日。
⑨ 見凡國棟、何有祖：《〈孔子見季桓子〉劄記一則》，簡帛網，2007年7月15日。
⑩ 見李銳《〈孔子見季桓子〉新編，簡帛網，2007年7月11日。
⑪ "臮（擇）"字從何有祖讀，見何有祖：《上博六劄記（三）》，簡帛網，2007年7月13日。
⑫ "尻（處）"字從陳劍讀，見陳劍：《〈上博（六）·孔子見季桓子〉重編新釋》，復旦大學出土文獻與古文字研究中心，2008年3月22日。
⑬ "剴（豈）"字從何有祖讀，見何有祖：《上博六劄記（四）》，簡帛網，2007年7月14日。
⑭ 見陳劍：《〈上博（六）·孔子見季桓子〉重編新釋》，復旦大學出土文獻與古文字研究中心，2008年3月22日。
⑮ "皇（況）"字從李銳讀，見李銳：《〈孔子見季桓子〉新編（稿）》，簡帛網，2007年7月11日。
⑯ "盉（齋）"字從侯乃峰讀，見侯乃峰：《〈上博七·武王踐阼〉小劄三則》，復旦大學出土文獻與古文字研究中心，2009年1月3日。

（53）虗（吾）軷（焉）① 又（有）白玉三回（圍）② 而不戋（箋）③ 才（哉）？（上博七＿君人者（甲）＿2）

（54）不員虘（乎）？（長台關＿1＿11）

（55）行此者丌（其）又（有）不王虘（乎）？（上博一＿詩論＿1）

（56）絶原（源）溰（流）淲（瀘），丌（其）由（猶）④ 能不沽（涸）？（上博六＿用曰＿6）

五、測度問句

（1）天陞（地）之列（間），丌（其）猷（猶）囩（橐）⑤ 蘁〈籥〉與？虛而不屈，逢（動）而愈出。（郭＿老子甲＿23）

（2）邦大旱，母（毋）乃遊（失）者（諸）型（刑）與惪（德）虘（乎）？（上博二＿魯邦＿1）

（3）九邦者丌（其）可迷（來）虘（乎）？（上博二＿容成氏＿47）

（4）賜，而（尔）昏（聞）𢓜（巷）逢（路）之言，母（毋）乃胃（謂）丘之含（答）非與（歟）？（上博二＿魯邦＿3）

（5）毋乃肥之昏也，是左虘（乎）？古（故）女（如）虗（吾）子之疋（疏）⑥ 肥也。（上博五＿季庚子＿11）

---

① 整理者認爲"軷"讀爲"罕"。復旦大學出土文獻與古文字研究中心研究生讀書會認爲當讀爲"焉"，疑問代詞。見讀書會：《〈上博七·君人者何必安哉〉校讀》，復旦大學出土文獻與古文字研究中心網，2008年12月31日。

② "回（圍）"字從單育辰讀，見單育辰：《佔畢隨錄之七》，復旦大學出土文獻與古文字研究中心網，2009年1月1日。田河認爲"白玉三圍"之"圍"屬長度單位，主張將"白玉三圍"之"圍"理解爲表直徑之"圍"。見田河：《〈君人者何必安哉〉補議》，復旦大學出土文獻與古文字研究中心，2009年2月7日。

③ "戋（箋）"字從田河讀，見田河：《〈君人者何必安哉〉補議》，復旦大學出土文獻與古文字研究中心，2009年2月7日。董珊讀爲"察"。

④ "由（猶）"字從楊澤生讀，見楊澤生《讀〈上博六〉小劄》，簡帛網，2007年7月21日。

⑤ 白於藍《戰國秦漢簡帛古書通假字匯纂》按，今本和帛書本"囩"作"橐"，第224頁。

⑥ "疋（疏）"字從陳劍讀，見陳劍：《談談〈上博（五）〉的竹簡分篇、拼合與編聯問題》，簡帛網，2006年2月19日。

附錄六　有字句文例

一、X+有+Y

(1) 三言目（以）爲使不足，或命（令）之或虐（所）豆（屬）。（郭＿老子甲＿1、2）

(2) 訇（始）折（制）又（有）①名。（郭＿老子甲＿19）

(3) 囩（國）②中又（有）③四大安（焉），王尻（居）一安（焉）④。（郭＿老子甲＿22）

(4) 虐（吾）所目（以）又（有）⑤大患者，爲虐（吾）又（有）⑥身。（郭＿老子乙＿7）

(5) 是目（以）畫（建）言又（有）⑦之：明道女（如）⑧孛（昧）⑨，廷（夷）⑩道女（如）⑪敼（纇）⑫，□道若退。（郭＿老子乙＿10、殘20）

(6) 攸（修）⑬之豪（家），兀（其）息（德）又（有）⑭舍（餘）⑮。（郭＿老子乙＿16）

---

① 白於藍在《戰國秦漢簡帛古書通假字匯纂》中提及，今本和帛書甲本"又"作"有"，第38頁。
② "囩（國）"字從李天虹《郭店楚簡文字雜釋》，《郭店楚簡國際學術研討會論文集》，湖北人民出版社，2000年版。
③ 白於藍在《戰國秦漢簡帛古書通假字匯纂》中提及，今本和帛書甲本"又"作"有"，第38頁。
④ 白於藍在《戰國秦漢簡帛古書通假字匯纂》中提及，王弼、河上和帛書本"安"作"焉"，第378頁。
⑤ 白於藍在《戰國秦漢簡帛古書通假字匯纂》中提及，今本和帛書甲本"又"作"有"，第38頁。
⑥ 白於藍在《戰國秦漢簡帛古書通假字匯纂》中提及，今本和帛書甲本"又"作"有"，第38頁。
⑦ 白於藍在《戰國秦漢簡帛古書通假字匯纂》中提及，今本和帛書甲本"又"作"有"，第38頁。
⑧ 白於藍在《戰國秦漢簡帛古書通假字匯纂》中提及，帛書乙本"女"作"如"，第102頁。
⑨ 白於藍在《戰國秦漢簡帛古書通假字匯纂》中提及，今本"孛"作"昧"，第262頁。
⑩ 白於藍在《戰國秦漢簡帛古書通假字匯纂》中提及，今本和帛書乙本"廷"作"夷"，第174頁。
⑪ 白於藍在《戰國秦漢簡帛古書通假字匯纂》中提及，帛書乙本"女"作"如"，第102頁。
⑫ "敼（纇）"字從李家浩《讀〈郭店楚墓竹簡〉瑣議》，《郭店楚簡研究》，《中國哲學》第二十輯，遼寧教育出版社，1999年版。
⑬ 白於藍在《戰國秦漢簡帛古書通假字匯纂》中提及，今本和帛書甲本"攸"作"修"，第57頁。
⑭ 白於藍在《戰國秦漢簡帛古書通假字匯纂》中提及，河上本及帛書乙本"又"作"有"，第38頁。
⑮ 白於藍在《戰國秦漢簡帛古書通假字匯纂》中提及，今本和帛書本"舍"作"餘"，第98頁。

(7) □□□□者，又（有）余（餘）於下；不足於下者，又（有）余（餘）於上。（郭＿太一＿14）

(8)《郘坓（刑）》員（云）："一人又（有）慶，蒀（萬）民購（賴）之。"（郭＿緇衣＿13、14）

(9)《郘坓（刑）》員（云）："一人又（有）慶，蒀（萬）民亮（賴）之。(上博一＿緇衣＿8)

(10) 上好此勿（物）也，下必又（有）甚安（焉）者矣。（郭＿緇衣＿14、15）

(11) 子曰：倀（長）民者，衣備（服）不攺（改），鑹（從）頌（容）又（有）堂（常），勛（則）民惪（德）弌（一）。（郭＿緇衣＿16、17；上博一＿緇衣＿9）

(12)《寺（詩）》員（云）："亓（其）頌（容）不攺（改），出言又（有）丨（章），利（黎）民所𠂆（望）。"（郭＿緇衣＿17）

(13) 倀（長）民者㪔（教）之目（以）惪（德），齊之目（以）豊（禮），則民又（有）懽（勸）心。（郭＿緇衣＿23、24；上博一＿緇衣＿13）

(14) 㪔（教）之目（以）正（政），齊之目（以）坓（刑），則民又（有）挽（謾）心。（郭＿緇衣＿24；上博一＿緇衣＿13）

(15) 古（故）挈（慈）目（以）悉（愛）之，勛（則）民又（有）新（親）；訐（信）目（以）結之，勛（則）民怀＝（不背）；共（恭）目（以）立（涖）之，則民又（有）慭（遜）心。（郭＿緇衣＿25、26）

(16) 古（故）挈（慈）目（以）悉（愛）之，勛（則）民又（有）新（親）；訐（信）目（以）結之，勛（則）民怀＝（不背）；龍（恭）目（以）立（涖）之，則民又（有）慭（遜）心。（上博一＿緇衣＿13）

(17) 君子言又（有）勿（物），行又（有）连（格），此目（以）生不可敓（奪）志，死不可敓（奪）名。（郭＿緇衣＿37；上博一＿緇衣＿19）

(18) 人句（苟）又（有）言，必睯（聞）亓（其）聖（聲）；句（苟）又（有）行，必見甘（其）城（成）。（郭＿緇衣＿40、40背）

(19) 古（故）君子之㪔（友）也又（有）向（鄉），亓（其）亞（惡）又（有）方，此目（以）邇（邇）者不賊（惑），而遠者不惌

（疑）。（郭_緇衣_42、43；上博一_緇衣_22）

（20）宋人又（有）言曰："人而亡亙（恆），不可爲卜筮（筮）也。"（郭_緇衣_45）

（21）宋人又（有）言曰："人而亡亙（恆），不可爲卜筮（筮）也。"（上博一_緇衣_23）

（22）又（有）天又（有）人，天人又（有）分。（郭_窮達_1）

（23）士又（有）志於君子道，胃（謂）之峙（志）士。（郭_五行_7）

（24）君子之爲善也，又（有）與訂（始），又（有）與冬（終）也；君子之爲惪〔德〕也，又與始，亡與冬（終）也。（郭_五行_18、19）

（25）大而晏（罕）①者，能又（有）取安（焉）。（郭_五行_42、43）

（26）少（小）而軫者，能又（有）取安（焉）。（郭_五行_43）

（27）古者堯（堯）生於天子而又（有）天下，聖目（以）堣（遇）命，息（仁）目（以）逢岂（時），未嘗◎。（郭_唐虞_14）

（28）方才（在）下立（位），不目（以）匹夫爲巠（輕）；及丌（其）又（有）天下也，不目（以）天下爲重。（郭_唐虞_18、19）

（29）上直（德）則天下又（有）君而世明，受（授）臤（賢）則民興效（教）而蝎（化）虖（乎）道。（郭_唐虞_20、21）

（30）古者聖（聖）人廿而冒（冠），卅而又（有）家，卒（五十）而紣（治）天下，七十而至（致）正（政）。（郭_唐虞_25、26）

（31）昔者君子有言曰："戰與型（刑），人君子之述惪（德）也。"（郭_成之_6）

（32）是古（故）走（上）句（苟）身備（服）之，則民必有甚安（焉）者。（郭_成之_6、7）

（33）此目（以）民皆又（有）眚（性）而聖人不可莫也。（郭_成

---

① 白於藍在《戰國秦漢簡帛古書通假字匯纂》中認爲，馬王堆漢墓帛書本《五行·經》篇"晏"作"罕"，第380頁。

之_28)

（34）昔者君子有言曰："聖人天悳（德）"，害（蓋）言斳（慎）求之於吕（己），而可目（以）至川（順）天棠（常）矣（矣）。（郭_成之_37、38）

（35）上好是勿（物）也，下必又（有）甚安（焉）者。（郭_尊德義_36、37）

（36）傑（桀）不胃（謂）亓（其）民必噩（亂），而民又（有）爲噩（亂）矣。（郭_尊德義_22、23）

（37）民心又（有）恆（極）①，求亓（其）羕（養）②，童（重）義棗（集）蚩（理），言此章也。（郭_尊德義_39）

（38）凡人唯（雖）又（有）眚（性），心亡奠志。（郭_性自_1；上博一_性情論_1）

（39）凡心又（有）志也，亡牙不◎（郭_性自_6）

（40）求亓（其）心又（有）爲（僞）也，弗复（得）之壴（矣）。（郭_性自_37；上博一_性情論_31、32）

（41）孠=（君子）埶（執）志必又（有）夫往=（往往）之心。（郭_性自_65；上博一_性情論_28）

（42）出言必又（有）夫柬=（柬柬）之訐（信）。（郭_性自_65、66；上博一_性情論_28）

（43）頵（賓）客之豊（禮）必又（有）夫齊=（齊齊）之頌（容）。（郭_性自_66；上博一_性情論_29）

（44）祭祀之豊（禮）必又（有）夫齊=（齊齊）之敬。（郭_性自_66；上博一_性情論_29）

（45）乍（作）豊（禮）樂，折（制）㾫（刑）瀘，㚔（教）此民尔（而）③叀（使）之又（有）向也，非聖智者莫之能也。（郭_六德_2、3）

（46）居㷭（喪）必又（有）夫繺（戀）繺（戀）之忢（哀）。（郭_性自_67；上博一_性情論_29）

---

① "恆（極）"字從陳偉《郭店竹書別釋》，湖北教育出版社，2002年版，第168頁。
② "羕（養）"字從陳偉《郭店竹書別釋》，湖北教育出版社，2002年版，第169頁。
③ 白於藍在《戰國秦漢簡帛古書通假字匯纂》中認爲，"尔"似當讀作"而"，第175頁。

(47) 是古（故）夫死又（有）宔（主），丹（終）身不繺（變）①，胃（謂）之婦，目（以）訐（信）從人多也。（郭＿六德＿19、20）

(48) 人又（有）六惪（德），厽（三）新（親）不刱。（郭＿六德＿30）

(49) 生民斯（斯）必又（有）夫婦、父子、君臣，孛＝（君子）明虖（乎）此六者，肰（然）句（後）可目（以）剚（斷）②岙（獨）。（郭＿六德＿42、43）

(50) 言而狗（苟），壃（牆）又（有）耳。（郭＿語叢四＿1、2）

(51) 既旻（得）丌（其）級（急）③，言必又（有）及。（郭＿語叢四＿5）

(52) 君又（有）愚（謀）臣，則毁（壞）陸（地）不鈔（削）④；士又（有）愚（謀）友，則言談不勺（弱）⑤。（郭＿語叢四＿22、23、24）

(53) 邦又（有）巨馱（雄），必先與之目（以）爲堋（朋）。（郭＿語叢四＿14）

(54) 亼（幾）宙（中）又（有）憙。（包198）

(55) 占之：亙（恆）自（貞）吉，少又（有）悤（慼）於窮（躬）身與宮室，虞（且）外又（有）不訓（順）。（包210）

(56) 亼（幾）宙（中）又（有）憙。（包215）

(57) 占之：亙（恆）自（貞）吉，少又（有）悤（慼）於躬身，虞（且）外又（有）不慰（順）。（包217）

(58) 一橫枳，又（有）絵（錦）繆，縞䆫。（包259）

(59) 一丩（收）牀，又（有）簀。一羿（瑟），又（有）柰。（包260）

(60) 一瘺筲（席），二俾筲（席），一危（跪）筲（席），二芙（莞）筲（席），皆又（有）秀（韜）。（包263）

---

① "繺（變）"字從裘錫圭讀，見《郭店楚墓竹簡・六德》篇注［一三］。
② "剚（斷）"字從裘錫圭讀，見《郭店楚墓竹簡・六德》篇注［二五］。
③ "級（急）"字從裘錫圭讀，見《郭店楚墓竹簡・語叢四》篇注［五］。
④ "鈔（削）"字從劉釗讀，見劉釗：《讀郭店楚簡字詞劄記》，《郭店楚簡國際學術研討會論文集》，湖北人民出版社，2000年版。
⑤ "勺（弱）"字從裘錫圭讀，見《郭店楚墓竹簡・語叢四》篇注［二二］。

(61) ……①阩門又（有）敗（敗）。（包19～63；包65～79）

(62) 一組繡，一革，皆又（有）鉤。（長台關_1_2）

(63) 一新智（鞊）縷（屨），一㠯（舊）智（鞊）縷（屨），皆又（有）蓸（苴）疋（疏）縷（屨）。（仰天湖25號_34②）

(64) 一樌柜，又（有）綘（錦）綉（韜）。（仰天湖25號_35③）

(65) 鍕（棗）筴一十二筴，皆又（有）綘（錦）緟（巾）。（仰天湖25號_32④）

(66) 一鑒，又（有）繰縞◎（仰天湖25號_31⑤）

(67) ◎繪（袷），大纂之□，緅純，又（有）紅組之綏（緌），又（有）骨夬。（仰天湖25號_6⑥）

(68) 黃邺之矢八，又（有）檜。（仰天湖25號_20⑦）

(69) 二郝（蔡）瓬，皆又（有）盍（蓋）。（仰天湖25號_23⑧）

(70) 一羸□，又（有）曼（文）竺（竹）鈁（柄），骨交□于中。（仰天湖25號_3⑨）

(71) 一坂韋之韏，緂綷（縫），又（有）二鐶（環），紅組之綏（緌）。（仰天湖25號_15⑩）

(72) 【革】繡（帶），又（有）玉鐶（環），紅【縷】（組）（仰天湖

---

① "……"表示省略。
② 在陳偉主編的《楚地出土戰國簡冊（十四種）》中相應的簡號爲15，經濟科學出版社，2009年版，第470頁。
③ 在陳偉主編的《楚地出土戰國簡冊（十四種）》中相應的簡號爲18，經濟科學出版社，2009年版，第470頁。
④ 在陳偉主編的《楚地出土戰國簡冊（十四種）》中相應的簡號爲13，經濟科學出版社，2009年版，第470頁。
⑤ 在陳偉主編的《楚地出土戰國簡冊（十四種）》中相應的簡號爲33，經濟科學出版社，2009年版，第470頁。
⑥ 在陳偉主編的《楚地出土戰國簡冊（十四種）》中相應的簡號爲7，經濟科學出版社，2009年版，第470頁。
⑦ 在陳偉主編的《楚地出土戰國簡冊（十四種）》中相應的簡號爲27，經濟科學出版社，2009年版，第470頁。
⑧ 在陳偉主編的《楚地出土戰國簡冊（十四種）》中相應的簡號爲30，經濟科學出版社，2009年版，第470頁。
⑨ 在陳偉主編的《楚地出土戰國簡冊（十四種）》中相應的簡號爲35，經濟科學出版社，2009年版，第470頁。
⑩ 在陳偉主編的《楚地出土戰國簡冊（十四種）》中相應的簡號爲16，經濟科學出版社，2009年版，第470頁。

25 號_14①）

(73) ◎金器：六顥=（貴鼎）②，又（有）盍（蓋）。四登（盤），又（有）盍（蓋）。二卵缶，又（有）盍（蓋）。（望山二號_33③）

(74) 行此者丌（其）又（有）不王虖（乎）？（上博一_詩論_1）

(75)《秏④（祈）父》之責（刺）⑤亦又（有）目（以）也。（上博一_詩論_9）

(76) 丌（其）陞（隱）志必又（有）目（以）俞（喻）也，丌（其）言又（有）所載而句（後）內（納），屿（或）耑（前）之而句（後）交，人不可隼（捍）⑥也。（上博一_詩論_20）

(77)《木苽（瓜）》又（有）寙（藏）忐（願）而未旻（得）達也。（上博一_詩論_19）

(78)《東方未明》又（有）秈（利）訇（詞）。（上博一_詩論_17）

(79)《大田》之丞（卒）章，智（知）言而又（有）豊（禮）。（上博一_詩論_25）

(80)《翏（蓼）莪》又（有）孝志。（上博一_詩論_26）

(81) 四方又（有）敗（敗），必先智（知）之，亓（其）之胃（謂）民之父母矣。（上博二_民之_2、3）

(82) 命亡（無）時（時），事必又（有）䋊（期），則惻（賊）。（上博二_從政（甲）_15）

(83) 從正（政）又（有）七幾（機）。（上博二_從政（甲）_8）

(84) 旡（堯）又（有）子九人，不目（以）亓（其）子為佥

---

① 在陳偉主編的《楚地出土戰國簡冊（十四種）》中相應的簡號爲17，經濟科學出版社，2009年版，第470頁。
② 整理者"貴鼎"二字合文，《楚地出土戰國簡冊（十四種）》疑即"饋鼎"，見陳偉主編：《楚地出土戰國簡冊（十四種）》，經濟科學出版社，2009年版，第297頁。
③ 在陳偉主編的《楚地出土戰國簡冊（十四種）》中相應的簡號爲46，經濟科學出版社，2009年版，第289頁。
④ 今從劉樂賢從言從衣，見劉樂賢：《讀上博簡劄記》，簡帛研究網，2002年1月1日。
⑤ 今從李零讀爲"刺"，見李零：《上博楚簡校讀記（之一）——〈子羔〉篇"孔子詩論"部分》，簡帛研究網，2001年12月30日。
⑥ 今從李零隸定作"隼"，讀爲"捍"，見李零：《上博楚簡三篇校讀記》，萬卷樓圖書有限公司，2002年版，第24頁。

（後），見螜（舜）之叚（賢）也，而欲㠯（以）爲逡（後）。（上博二＿容成氏＿12）

（85）民又（有）<u>余（餘）飤（食）</u>，無求不昙（得），民乃賽，喬（驕）能（態）訋（始）复（作），乃立咎（皋）垍（陶）㠯（以）爲孝（李）。（上博二＿容成氏＿29）

（86）螜（舜）又（有）<u>子七人</u>，不㠯（以）亓（其）子爲逡（後），見盠（禹）之叚（賢）也，而欲㠯（以）爲逡（後）。（上博二＿容成氏＿17）

（87）盠（禹）又（有）<u>子五人</u>，不㠯（以）亓（其）子爲逡（後），見咎（皋）垍（陶）之叚（賢）也，而欲㠯（以）爲逡（後）。（上博二＿容成氏＿33、34）

（88）六五：畋（田）又（有）<u>含（禽）</u>，利報（執）言，亡（无）咎。（上博三＿周易＿8）

（89）上六：大君子又（有）<u>命</u>，啟邦丞（承）豪（家），尖=（小人）勿用。（上博三＿周易＿8）

（90）卿（亨），君子又（有）<u>鐘（終）</u>。（上博三＿周易＿12）

（91）可（盱）余（豫）慇（悔）；㠯（遲）又（有）慇（悔）。（上博三＿周易＿14）

（92）官又（有）<u>愈（渝）</u>，貞吉。（上博三＿周易＿16）

（93）出門交又（有）<u>工（功）</u>。（上博三＿周易＿16）

（94）餘（隨）求又（有）<u>昙（得）</u>，利凥（居）卣（貞）。（上博三＿周易＿16）

（95）九四：餘（隨）又（有）<u>腰（獲）</u>，卣（貞）工（功）。（上博三＿周易＿16、17）

（96）亓（其）非（匪）遠（復）又（有）<u>禠（眚）</u>，不利又（有）专（攸）轿（往）。（上博三＿周易＿20）

（97）亡（无）忘（妄），行又（有）<u>禠（眚）</u>，亡（无）由（攸）利。（上博三＿周易＿21）

（98）艮亓（其）頌（輔），言又（有）<u>舒（序）</u>，慇（悔）亡。（上博三＿周易＿49）

（99）需（繻）又（有）<u>衣絮（袽）</u>，冬（終）日戒。（上博三＿周

易_57)

(100) 山又（有）聖（崩），川又（有）渫（竭），胃＝（日月）星唇（辰）猷（猶）差，民亡（無）不又（有）忢（過）。（上博三_仲弓_19）

(101) 昔三弋（代）之明王又（有）四海（海）之內，猷（猶）來◎。（上博三_仲弓_18）

(102) 夫子唯（雖）又（有）與（舉），女（汝）蜀（獨）正之，幾（豈）不又（有）狂（匡）①也？（上博三_仲弓_附簡）

(103) 先者又（有）善，又（有）綢（治）無譈（亂）。（上博三_亙先_8）

(104) 恙（祥）宜（義）、利丂（巧）②、采（綵）勿（物）出於复＝（作。作）安（焉）又（有）事，不复（作）無事。（上博三_亙先_7）

(105) 凡言名，先者又（有）悆（疑），慌言之；遂（後）者孝（效）比安（焉）。（上博三_亙先_7、10）

(106) 楚邦又（有）祟（常）古（故）③，安敢殺祭？（上博四_柬大王_5、7）

(107) 爲人臣者亦又（有）埩（諍）④虖（乎）？（上博四_柬大王_22、23）

(108) 厽（三）日，王又（有）埜（野）色，逗者又（有）抏人。（上博四_柬大王_16）

(109) 孝子，父毋（母）又（有）疾，冕（冠）不免（縮），行不頌（容）⑤，不卒立，不庶語。（上博四_內豊_8）

---

① "狂（匡）"字從季旭昇，見季旭昇主編：《上海博物館藏戰國楚竹書（三）》讀本，萬卷樓圖書股份有限公司，2005年版，第196頁。
② "丂（巧）"字從董珊，見董珊《楚簡〈恒先〉"翔宜利巧"解釋》，簡帛研究網，2004年11月9日。
③ 原考釋"古（故）"屬下讀，依從陳劍和劉樂賢改上讀。見陳劍：《上博竹書〈昭王與龔之脽〉和〈柬大王泊旱〉讀後記》，簡帛研究網，2005年2月15日；劉樂賢《讀上博（四）劄記》，簡帛研究網，2005年2月15日。
④ "埩（諍）"字從劉樂賢讀，見劉樂賢：《讀上博（四）劄記》，簡帛研究網，2005年2月15日。
⑤ "頌（容）"字從廖名春，見廖名春：《讀楚竹書〈內豊〉篇劄記（一）》，簡帛研究網，2005年2月20日。

(110) 母（毋）忘姑婷（姊）妹而遠敬之，勖（則）民又（有）豊（禮），肰（然）句（後）奉之目（以）中章（庸）①。（上博四_內豊_附簡）

(111)《詩》於又（有）之曰："幾（豈）犀（弟）②君子，民之父母。"（上博四_曹沫_21、22）

(112) 進必又（有）二牆（將）軍，母（每）③牆（將）軍必又（有）瞿（數）辟（嬖）④夫=（大夫），母（每）⑤俾（嬖）⑥夫=（大夫）必又（有）瞿（數）大官之帀（師）、公孫公子，凡又（有）司衛（率）倀（長）◎。（上博四_曹沫之陳_24下、25⑦）

(113) ◎五（伍）之閱（間）必又（有）公孫公子，是胃（謂）軍紀。（上博四_曹沫_26）

(114) 五人目（以）敓（伍），人=（一人）有多⑧，四人皆賞，所目（以）爲剸（斷）。（上博四_曹沫_26、62⑨）

(115) 毁（戰）又（有）㬎（顯）道，勿兵目（以）克。（上博四_曹沫_38）

(116) 既成㪍（教）矣，出帀（師）又（有）幾（機）⑩虖（乎）？（上博四_曹沫_40）

(117) 三軍果又（有）幾（機）⑪虖（乎）？（上博四_曹沫_42）

---

① "章（庸）"字從許無咎讀，見許無咎：《〈內禮〉劄記一則》，簡帛研究網，2005年3月1日。

② "犀（弟）"字從陳劍讀，見陳劍：《上博竹書〈曹沫之陳〉新編釋文》，簡帛研究網，2005年2月12日。

③ "母（每）"從邴尚白讀，見邴尚白：《上博楚竹書〈曹沫之陳〉注釋》，《中國文學研究》，2006年第21期。

④ "辟（嬖）"字從陳劍讀，見陳劍：《上博竹書〈曹沫之陳〉新編釋文（稿）》，簡帛研究網，2005年2月12日。

⑤ "母（每）"從邴尚白讀，見邴尚白：《上博楚竹書〈曹沫之陳〉注釋》，《中國文學研究》，2006年第21期。

⑥ 見陳劍：《上博竹書〈曹沫之陳〉新編釋文（稿）》，簡帛研究網，2005年2月12日。

⑦ 編聯從白於藍，見白於藍：《上博簡〈曹沫之陳〉釋文新編》，簡帛研究網，2005年4月10日。

⑧ 見陳劍：《上博竹書〈曹沫之陳〉新編釋文（稿）》，簡帛研究網，2005年2月12日。

⑨ 編聯從白於藍，見白於藍：《上博簡〈曹沫之陳〉釋文新編》，簡帛研究網，2005年4月10日。

⑩ "幾（機）"字從陳劍讀，見陳劍：《上博竹書〈曹沫之陳〉新編釋文（稿）》，簡帛研究網，2005年2月12日。

⑪ "幾（機）"字從陳劍讀，見陳劍：《上博竹書〈曹沫之陳〉新編釋文（稿）》，簡帛研究網，2005年2月12日。

(118) 戰（戰）又（有）幾（機）①虖（乎）？（上博四_曹沫_43）

(119) 既戰（戰）又（有）幾（機）②虖（乎）？（上博四_曹沫_44）

(120) 返（復）敗戰（戰）又（有）道虖（乎）？（上博四_曹沫_46）

(121) 牂（將）返（復）戰（戰），則彔（祿）篃（爵）又（有）棠（常），幾莫之堂（當）。（上博四_曹沫_51下、50③）

(122) 返（復）盤戰（戰）又（有）道虖（乎）？（上博四_曹沫_50）

(123) 返（復）甘戰（戰）又（有）道虖（乎）？（上博四_曹沫_53）

(124) 返（復）故戰（戰）又（有）道虖（乎）？（上博四_曹沫_54）

(125) 民又（有）寶（保）：曰墮（城），曰固，曰虐（阻）。（上博四_曹沫_56）

(126) 采（卒）又（有）倀（長），三軍又（有）衛（帥），邦又（有）君，此三者所㠯（以）戰（戰）。（上博四_曹沫_28）

(127) 虐（吾）又（有）所睧（聞）之：一出言三軍皆懽（勸）④，一出言三軍皆逭（往）。（上博四_曹沫_59、60）

(128) 肤（然）而古亦又（有）大道安（焉），必共（恭）僉（儉）㠯（以）旻（得）之，而喬（驕）大（泰）㠯（以）遊（失）之。（上博四_曹沫_7下、8上⑤）

(129) ◎從，虐（吾）子皆能又（有）眭（待）虐（乎）？（上博五_弟子問_14）

(130) 今夫䰩（鬼）神又（有）所明，又（有）所不明，勑（則）

---

① "幾（機）"字從陳劍讀，見陳劍：《上博竹書〈曹沫之陳〉新編釋文（稿）》，簡帛研究網，2005年2月12日。
② "幾（機）"字從陳劍讀，見陳劍：《上博竹書〈曹沫之陳〉新編釋文（稿）》，簡帛研究網，2005年2月12日。
③ 此處編聯從白於藍《上博簡〈曹沫之陳〉釋文新編》，簡帛研究網，2005年4月10日。
④ "懽（勸）"字從陳劍讀，見陳劍：《上博竹書〈曹沫之陳〉新編釋文（稿）》，簡帛研究網，2005年2月12日。
⑤ 此處編聯從白於藍《上博簡〈曹沫之陳〉釋文新編》，簡帛研究網，2005年4月10日。

目（以）亓（其）賞善罰暴也。（上博五_鬼神_1）

（131）此目（以）貞（貴）爲天子，賜（富）又（有）天下（下），長秊（年）又（有）塦（譽）①，銜（後）殜（世）遂（述）之。（上博五_鬼神_1、2）

（132）於言又（有）之：褱（顧）②袁（頷）③目（以）至於含（今）才（哉）！（上博五_姑成_6）

（133）虞（且）笑（管）中（仲）又（有）言曰：孚=（君子）龏（恭）則述（遂），喬（驕）則泮（斎），书言多難◎。（上博五_季庚子_4）

（134）复（作）而輇（乘）之，勛（則）邦又（有）穫。（上博五_季庚子_12）

（135）亓（其）戄（勸）而弜（強）之，則邦又（有）榦童，百（百）眚（姓）送之目（以）◎。（上博五_季庚子_5）

（136）丘昏（聞）之狀（臧）叟（文）中（仲）又（有）言曰。（上博五_季庚子_9）

（137）齊=（齊齊）節=（節節），外内又（有）豉（辨），男女又（有）節，是胃（謂）天豊（禮）。（上博五_三德_3）

（138）齊=（齊齊）節=（節節），外内又（有）豉（辨），男女又（有）節，是胃（謂）天豊（禮）。（上博五_三德_3）

（139）身虞（且）有瘧（病），亞（惡）盍（羹）與飤（食）。（上博五_三德_13）

（140）母（毋）曰槇=（冥冥），上天又（有）下（下）政，畫□◎。（上博五_三德_19）

（141）是散（歲）也，晉人戔（伐）齊，欧（既）至齊陞（地），晉邦又（有）亂（亂），帀（師）乃逯（歸）。（上博五_鮑叔牙_8）

---

① "塦（譽）"字從廖名春讀，見廖名春：《讀〈上博五·鬼神之明〉篇劄記》，簡帛研究網，2006年2月20日。
② "褱（顧）"字從季旭昇讀，見季旭昇：《上博五芻議（下）》，簡帛網，2006年2月18日。
③ "袁（頷）"字從季旭昇讀，見季旭昇：《上博五芻議（下）》，簡帛網，2006年2月18日。

附　錄

(142) 今内寵又（有）割（會）牂（讒）②，外=（外亦）③又（有）與槩（梁）④丘塋（據）⑤。（上博六_競公瘧_9）

(143) 古（故）龜又（有）五异（忌）。（博六_天子（甲）_11/天子（乙）_11）

(144) 柬=（簡簡）疋=（疏疏）⑥，事非與又（有）方。（上博六_用曰_2）

(145) 征（貞）⑦虫飛鳥，受勿（物）于天，民之乍（作）勿（物），隹（唯）言之又（有）訐（信）。（上博六_用曰_5）

(146) 君子又（有）道，生民之賜◎（上博六_季桓子_23）

(147) 丹箸（書）之言又（有）之曰。（上博七_武王_13）

(148) 丹箸（書）之言又（有）之。（上博七_武王_15）

(149) 日之有耳（珥），牁（將）可（何）聖（聽）？月之又（有）軍（輪）⑧，牁（將）可（何）正（征）？水之東流，牁（將）可（何）浧（盈）？（上博七_凡物_9、10）

(150) 鼠-（一）言而禾〈終〉⑨不歉（窮）⑩，鼠-（一）言而又（有）眾〖衆〗，鼠-（一）言而萬民之利，鼠-（一）言而爲天陛（地）旨。（上博七_凡物_20、29）

(151) 君王又（有）白玉三回（圍）而不戔（籛）⑪，命爲君王戔

---

① "割（會）"字從何有祖讀，見何有祖：《〈上博六〉劄記》，簡帛網，2007年7月9日。
② "牂（讒）"字從何有祖讀，見何有祖：《〈上博六〉劄記》，簡帛網，2007年7月9日。
③ 整理者認爲是"外"的重文；何有祖釋爲"外夕（亦）"合書，且認爲"外"屬下讀。見何有祖：《〈上博六〉劄記》，簡帛網，2007年7月9日。
④ "槩（梁）"字從何有祖讀，見何有祖：《〈上博六〉劄記》，簡帛網，2007年7月9日。
⑤ "塋（據）"字從徐在國讀，見徐在國：《上博（六）文字考釋二則》，簡帛網，2007年7月23日。
⑥ "疋（疏）"字從何有祖讀，見何有祖：《〈上博六〉劄記》，簡帛網，2007年7月9日。
⑦ "征（貞）"字從陳偉讀，見陳偉：《〈用曰〉校讀》，簡帛網，2008年7月15日。
⑧ "軍（輪）"字從宋華强讀，見宋華强：《〈上博（七）·凡物流形〉劄記四則》，簡帛網，2009年1月3日。
⑨ 整理者釋爲"禾"，讀爲"和"。復旦大學出土文獻與古文字研究中心研究生讀書會疑爲"冬"之訛字，讀爲"終"。見《〈上博（七）·凡物流形〉重編釋文》，復旦大學出土文獻與古文字研究中心網，2008年12月13日。
⑩ "欿（窮）"從復旦大學出土文獻與古文字研究中心研究生讀書會讀，見讀書會：《〈上博（七）·凡物流形〉重編釋文》，復旦大學出土文獻與古文字研究中心網，2008年12月13日。
⑪ "戔（籛）"字從田河讀，見田河：《〈君人者何必安哉〉補議》，復旦大學出土文獻與古文字研究中心網，2009年2月7日。

-213-

（箋）①之，敌（敢）告於見日。（上博七_君人者（甲）_1）

（152）虐（吾）訧（焉）②又（有）白玉三回（圍）③而不戋（箋）④才（哉）？（上博七_君人者（甲）_2）

（153）楚邦之中又（有）飤（食）田五貞（畛）⑤，竽麗（篪）⑥臭（衡）⑦於涛（前）。（上博七_君人者（甲）_2）

（154）君王有楚，不聖（聽）鼓鐘之聲，此亓（其）一回（圍）也。（上博七_君人者（甲）_3）

（155）君王又（有）楚，矦（侯）子三人，一＝（一人）土（杜）門而不出，此其二回（圍）也。（上博七_君人者（甲）_4）

（156）民又（有）不能也，祝（鬼）亡（無）不能也。（上博七_君人者（甲）_7、8）

（157）先＝（先人）又（有）言曰。（上博七_吳命_1）

二、有＋Y

（1）又（有）⑧牆（狀）蟲〈蟲（混）〉城（成），先天陞（地）生。（郭_老子甲_21）

（2）亡不克則莫智（知）亓（其）亙（極）⑨，莫智（知）亓

---

① "戋（箋）"字從田河讀，見田河：《〈君人者何必安哉〉補議》，復旦大學出土文獻與古文字研究中心網，2009年2月7日。
② 整理者認爲"訧"讀爲"罕"。復旦大學出土文獻與古文字研究中心研究生讀書會認爲當讀爲"焉"，疑問代詞。見讀書會：《〈上博七·君人者何必安哉〉校讀》，復旦大學出土文獻與古文字研究中心網，2008年12月31日。）
③ "回（圍）"字從單育辰讀，單育辰認爲此簡的"回"應讀爲"圍"，是一種表示周長的單位，見單育辰：《佔畢隨錄之七》，復旦大學出土文獻與古文字研究中心網，2009年1月1日。田河認爲"白玉三圍"之"圍"屬長度單位，主張將"白玉三圍"之"圍"理解爲表直徑之"圍"，見田河：《〈君人者何必安哉〉補議》，復旦大學出土文獻與古文字研究中心，2009年2月7日。
④ "戋（箋）"字從田河讀，見田河：《〈君人者何必安哉〉補議》，復旦大學出土文獻與古文字研究中心，2009年2月7日。董珊讀爲"察"。
⑤ "貞（畛）"從張崇禮讀，見張崇禮：《釋〈君人者何必安哉〉的"貞"》，復旦大學出土文獻與古文字研究中心網，2009年1月11日。
⑥ 白於藍在《戰國秦漢簡帛古書通假字彙纂》中釋讀爲"管"，不確，第153頁。
⑦ "臭（衡）"字從復旦大學出土文獻與古文字研究中心研究生讀書會讀，見《〈上博七·君人者何必安哉〉校讀》，復旦大學出土文獻與古文字研究中心網，2008年12月31日。
⑧ 白於藍在《戰國秦漢簡帛古書通假字彙纂》中提及，今本和帛書甲本"又"作"有"，第38頁。
⑨ 白於藍在《戰國秦漢簡帛古書通假字彙纂》中提及，今本"亙"作"極"，第288頁。

（其）亙（極）①可目（以）又（有）②郱（國）。（郭＿老子乙＿2）

（3）訏（信）不足，安（焉）又（有）③不訏（信）？（郭＿老子丙＿1、2）

（4）古（故）大道癹（廢）安（焉），又（有）④㤸（仁）⑤義；六新（親）不和安（焉），又（有）⑥孝孳（慈）⑦；邦豪（家）緍（昏）⑧□安（焉），又（有）⑨正臣。（郭＿老子丙＿3）

（5）《寺（詩）》員（云）："又（有）匊（梏）⑩悳（德）行，四方忎（順）之。"（郭＿緇衣＿12）

（6）句（苟）又（有）車，必見甘（其）䡅（禦）⑪。（郭＿緇衣＿40、40背）

（7）句（苟）又（有）車，必見甘（其）肈（禦）。（上博一＿緇衣＿20）

（8）句（苟）又（有）衣，必見亓（其）㡀（敝）。（郭＿緇衣＿40、40背；上博一＿緇衣＿20）

（9）句（苟）又（有）行，必見甘（其）城（成）。（郭＿緇衣＿40、40背）

（10）句（苟）又（有）亓（其）殜（世），可（何）懂（艱）⑫之又（有）才（哉）？（郭＿窮達＿2）

（11）和則䜌＝（樂，樂）則又＝悳＝（有德，有德）則邦豪（家）嬰（興）。（郭＿五行＿29）

（12）又（有）大辠（罪）而大皷（誅）之，行也。（郭＿五行＿35）

---

① 白於藍在《戰國秦漢簡帛古書通假字匯纂》中提及，今本"亙"作"極"，第288頁。
② 白於藍在《戰國秦漢簡帛古書通假字匯纂》中提及，今本和帛書本"又"作"有"，第38頁。
③ 白於藍在《戰國秦漢簡帛古書通假字匯纂》中提及，今本和帛書本"又"作"有"，第38頁。
④ 白於藍在《戰國秦漢簡帛古書通假字匯纂》中提有，今本"又"作"有"，第38頁。
⑤ 白於藍在《戰國秦漢簡帛古書通假字匯纂》中提及，今本和帛書本"㤸"作"仁"，第394頁。
⑥ 白於藍在《戰國秦漢簡帛古書通假字匯纂》中提及，今本"又"作"有"，第38頁。
⑦ 白於藍在《戰國秦漢簡帛古書通假字匯纂》中提及，帛書本"孳"作"慈"，第15頁。
⑧ 白於藍在《戰國秦漢簡帛古書通假字匯纂》中提及，王弼本"緍"作"昏"，第411頁。
⑨ 白於藍在《戰國秦漢簡帛古書通假字匯纂》中提及，今本"又"作"有"，第38頁。
⑩ "匊（梏）"字從張福海《郭店楚簡〈緇衣〉研究》，北京大學碩士學位論文，2002年，第12頁。
⑪ "䡅（禦）"字從白於藍《釋"偵"》，《古文字研究》第二十四輯，中華書局，2002年版。
⑫ 白於藍在《戰國秦漢簡帛古書通假字匯纂》中提及，"懂"似當讀作"艱"，第407頁。

(13) 又（有）大辠（罪）而大豉（誅）之，柬（簡）也；又（有）少（小）辠（罪）而亦（赦）之，匿也。又（有）大辠（罪）而弗大豉（誅）也，不行也；又（有）少（小）辠（罪）而弗亦（赦）也，不辨於道也。(郭_五行_38、39)

(14) 唯（雖）又（有）丌（其）亙（恆）而可，能丹（終）之爲難。(郭_成之_29、30)

(15) 疾之。行之不疾，未又（有）能深之者也。(郭_成之_22、23)

(16) 賞與坓（刑），祡（禍）福之羿（基）也，或（有）耑（前）之者矣。(郭_尊德義_2)

(17) 又（有）是攼（施）少（小）又（有）利，迡（遭）而大又（有）憲（害）者，又（有）之。(郭_尊德義_37、38)

(18) 又（有）是攼（施）少又（有）憲（害），迡（遭）而大又（有）利者，又（有）之。(郭_尊德義_38)

(19) ◎唯（雖）又（有）眚（性），心弗取不出。(郭_性自_6)

(20) 又（有）丌（其）爲人之快女（如）也，弗牧不可；又（有）丌（其）爲人之蒮女（如）也，弗杸（輔）①不足。(郭_性自_47、48；上博一_性情論_38、39)

(21) 又（有）怣（過）則咎。(郭_性自_49；上博一_性情論_39)

(22) 人不斳（慎）畀（斯），又（有）怣（過），訐（信）壴（矣）。(郭_性自_49；上博一_性情論_40)

(23) 句（苟）又（有）丌（其）青（情），唯（雖）未之爲，畀（斯）人訐（信）之壴（矣）。(郭_性自_51)

(24) 樂谷（欲）睪（釋）而又（有）志。(郭_性自_64)

(25) □谷（欲）□而又（有）豊（禮）。(上博一_性情論_28)

(26) 又（有）衛（率）人者，又（有）從人者；又（有）叀（使）人者，又（有）事人者；有教者，又（有）㝵（學）者。此六哉

---

① "杸（輔）"字從李零《郭店楚簡校讀記》(增訂本)，北京大學出版社，2002年版，第107頁。

-216-

（職）也。（郭_六德_8、9）

(27) 既又（有）夫六立（位）也,目（以）責（任）此 六職也 。（郭_六德_9、10）

(28) 又（有）行而〈而〉不邎（由）,又（有）邎（由）而不行。（郭_語叢二_53、54）

(29) 女（如）牂（將）又（有）散（敗）,馱（雄）是爲割（害）。（郭_語叢四_16）

(30) 郲偯未至剬（斷）,有疾,死於匃。（包123）

(31) 占之：死（恆）貞（貞）吉,少又（有）悤（憼）於躬身,虘（且）志事少遲（遲）晨（得）。（包198）

(32) 占之,死（恆）貞（貞）吉,少又（有）悤（憼）於躬身,虘（且）雀（爵）立（位）遲（遲）瘥（踐）。（包202）

(33) 占之：死（恆）貞（貞）吉,少又（有）悤（憼）於窮（躬）身與宮室,虘（且）外又（有）不訓（順）。（包210）

(34) 占之,死（恆）貞（貞）吉,少又（有）亞（惡）於王事,虘（且）又（有）悤（憼）於窮（躬）身。（包213）

(35) 占之,死（恆）貞（貞）吉,少又（有）亞（惡）於王事,虘（且）又（有）悤（憼）於窮（躬）身。（包213）

(36) 占之：死（恆）貞（貞）吉,少又（有）悤（憼）於窮（躬）身,虘（且）外又（有）不訓（順）。（包217）

(37) 郲脫占之：氒（恆）貞（貞）吉,又（有）縈（祟）見新（親）王父、殤（殤）。（包222）

(38) 屈宜習之,目（以）彤筈爲左尹卲亱貞（貞）：既（既）又（有）疠（病）,疠（病）心疾,少氣（氣）,不内飤（食）,尚毋又（有）羕（恙）。（包223）

(39) 占之：死（恆）貞（貞）吉,又（有）縈（祟）見。（包223）

(40) 占之：死（恆）貞（貞）吉,少又（有）悤（憼）窮（躬）身。（包227）

(41) 占之：氒（恆）貞（貞）吉,少又（有）悤（憼）於宮室。

(包 229)

（42）占之：乞（恆）貞（貞）吉，少又（有）惡（慼）也。（包 231）

（43）占之：晉（恆）貞（貞）吉，少又（有）惡（慼）於宮室縷。（包 233）

（44）占之：乞（恆）貞（貞）吉，疾貞（弁），又（有）瘥，遞瘥（瘥）。（包 240）

（45）占之：丕（恆）貞（貞）吉，疠（病）又（有）瘳。（包 248）

（46）義占之：丕（恆）貞（貞），不死，又（有）祟（祟）見於幽（絕）無後（後）者與漸木立，目（以）亓（其）古（故）敚（說）之。（包 250）

（47）青縉（錦）之纕（囊）四，皆又（有）糇。（包 256）

（48）"又（有）龠（命）自天，龠（命）此文王"，盛（誠）命之也，訐（信）矣。（上博一_詩論_7）

（49）《少（小）宛（宛）》："丌（其）言不亞（惡），少（小）又（有）愆（佞）①安（焉）"。（上博一_詩論_8）

（50）〇※②（溺）③志，歐（既）曰天也，猷（猶）又（有）悬（怨）言。（上博一_詩論_19）

（51）《腕④宛）丘》曰"訽（洵）又（有）情"，"而亡（無）望"，虐（吾）善之。（上博一_詩論_22）

（52）《尹誥（誥）》員（云）："隹（惟）尹（伊）允及康（湯），咸（咸）又（有）一惪（德）。"（上博一_緇衣_3）

（53）《各（詩）》員（云）："又（有）菊（梏）⑤惪（德）行，三（四）或（國）川（順）之。"（上博一_緇衣_7）

---

① 原考釋從心從年，李零疑讀爲"佞"，見李零：《上博楚簡三篇校讀記》，萬卷樓圖書有限公司，2002年版，第36頁；李零《上海楚簡校讀記（之一）——〈子羔〉篇"孔子詩論"部分》，簡帛研究網，2002年1月4日。
② 原釋文沒有作隸定。
③ 李零釋"溺"，見李零：《上博楚簡三篇校讀記》，萬卷樓圖書有限公司，2002年版，第22～23頁。
④ "腕"字從馮勝君，見馮勝君：《釋戰國文字中的"怨"》，《古文字研究》第二十五輯，中華書局，2004年版。
⑤ "菊（梏）"字從張福海《郭店楚簡〈緇衣〉研究》，北京大學碩士學位論文，2002年，第12頁。

(54) 遊於央（瑤）壴（臺）之上，又（有）鸎（燕）監（銜）卵而階（錯）者（諸）丌（其）前，取而畼（吞）之。（上博二＿子羔＿11）

(55) 又（有）所又（有）佘（餘）而不敢（敢）聿（盡）之，又（有）所不足而不敢（敢）弗◎。（上博二＿從政（甲）＿14）

(56) 民乃宜肓（怨），虐（虐）疾䚄（始）生，於是虐（乎）又（有）諳（喑）、聾、皮（跛）、瞑①、瘦（瘦）、秃、婁（僂）䚄（始）迌（起）。（上博二＿容成氏＿36、37）

(57) 又（有）孚，光卿（亨），自（貞）吉，利涉大川。（上博三＿周易＿2）

(58) 挈（需）② 于埲（沙）。少（小）又（有）言，冬（終）吉。（上博三＿周易＿2）

(59) 又（有）孚愭（窒），愳（惕），中吉，冬（終）凶。（上博三＿周易＿4）

(60) 初六：不出御（所）事，少（小）又（有）言，冬（終）吉。（上博三＿周易＿4）

(61) 又（有）孚比之，亡（無）咎。又（有）孚淦（盈）③ 缶，冬（終）逨（來），又（有）它吉。（上博三＿周易＿9）

(62) 九四：猷（由）余（豫），大又（有）旻（得）。（上博三＿周易＿14）

---

① 整理者認爲"▲"可能是寫壞的字，見馬承源：《上海博物館藏戰國楚竹書（二）》，上海古籍出版社，2002年版，第279頁；何琳儀釋爲"玄"，疑爲"幻"之變體，通作"眩"，見何琳儀，《滬簡二冊選釋》，《學術界》，2003年1期；劉釗認爲此字本像"目"，一邊明亮一邊暗昧形，是個會意字，即"眇"字的本字，"眇"則爲後起的形聲字，見劉釗《容成氏釋讀一則（二）》，簡帛研究網，2003年4月6日。徐在國結合《上博三·周易》中的"楨"字認爲此字當釋"冥"，見徐在國《上博竹書（三）〈周易〉釋文補正》，簡帛研究網，2004年4月24日。劉信芳指出："（此字）其右半並未完全塗黑，而是在黑的這一半的中間有一豎筆，明顯是'月'形。"並據此認爲該字當釋爲"冒"，讀作"張"，見劉信芳《楚簡〈容成氏〉官廢疾者文字叢考》，《古文字研究》第二十五輯，中華書局，2004年。黃德寬結合《上博三·周易》認爲此字可能是"杳"字的省文，讀作"眇"。見黃德寬《楚簡〈周易〉"濆"字說》，《中國文字學報》，2005年1期。范常喜認爲應釋"瞑"，見范常喜《試說〈上博五·三德〉簡1中的"瞑"》，簡帛網，2006年3年9日。
② "挈（需）"字從徐在國，見徐在國：《上博竹書（三）〈周易〉釋文補正》，簡帛研究網，2004年4月24日。
③ "淦（盈）"字從何琳儀、程燕，見何琳儀、程燕：《滬簡〈周易〉選釋》，簡帛研究網，2004年5月16日。

(63) 又(有)孚才(在)道,巳(以)明,可(何)咎。(上博三_周易_17)

(64) 榦(幹)父之蛊(蠱),又(有)子,攷(考)亡(无)咎,礪(厲)冬(終)吉。(上博三_周易_18)

(65) 亡(无)忘(妄)又(有)疾,勿藥又(有)菜(喜)。(上博三_周易_21)

(66) 又(有)礪(厲),利巳(祀)。(上博三_周易_22)

(67) 係脵(遯),又(有)疾礪(厲),畜臣妾,吉。(上博三_周易_30)

(68) 又(有)卣(攸)迬(往),宿(夙)吉。(上博三_周易_37)

(69) 雷(惕)唐(號),莫譽(夜)又(有)戎,勿卹(恤)。(上博三_周易_38)

(70) 藏(壯)于頯(頄),又(有)凶。(上博三_周易_38)

(71) 又(有)卣(攸)迬(往),見凶。(上博三_周易_40)

(72) 九五:曰(以)芑(杞)橐(包)苽(瓜)。欽(含)章,又(有)惥(隕)自天。(上博三_周易_41)

(73) 初六:又(有)孚不冬(終),乃翽(亂)酉(乃)啐(萃),若唐(號),一斛(握)于芺(笑),勿卹(恤),迬(往)亡(无)咎。(上博三_周易_42)

(74) 迖(動)思(悔),又(有)思(悔),征吉。(上博三_周易_43)

(75) 上六:䘵(井)杦(收)勿寞(幕),又(有)孚,元吉。(上博三_周易_45、46)

(76) 九厽(三):征凶,革言厽(三)敹(就),又(有)孚。(上博三_周易_47)

(77) 鳿(鴻)屡(漸)于瀾(干),少(小)子礪(厲),又(有)言,不冬(終)。(上博三_周易_50)

(78) 莱(來)章,又(有)慶悥(譽),吉。(上博三_周易_51)

(79) 唯(雖)又(有)臤(賢)才,弗智(知)舉(舉)也。(上博三_仲弓_9)

(80) 唯（雖）又（有）孝㿲（孝）①悳（德），丌（其）◎。（上博三_仲弓_13）

(81) 亙（極）②氕（氣）之生，不蜀（獨），又（有）與也。（上博三_亙先_2、3正）

(82) 礜（舉）天下之复（作），弝（强）者果天下之大复（作），丌（其）蘕蛞（龍）不自若=复=（若作，若作），甬（庸）又（有）果與不果？（上博三_亙先_10、11）

(83) 天下之明王、明君、明士，甬（庸）又（有）求而不悬（患）？（上博三_亙先_13）

(84) 又（有）一君子妀（喪）備（服）曼廷牺（將）迼（躇）閨。（上博四_昭王_1）

(85) 孝子，父毋（母）又（有）疾，晁（冠）不免（縮），行不頌（容）③，不卒立，不庶語。旨（時）昧砬（攻）、繁（禜），行祝於五祀，刲（豈）④必又（有）昇（益），君子曰（以）埜（成）丌（其）考（孝）⑤。（上博四_内豊_8）

(86) ◎競（境）必勑（勝），可曰（以）又（有）忬（治）邦，周等（志）⑥是鳶（存）。（上博四_曹沫_41）

(87) 不肰（然），君子曰（以）叚（賢）禹（稱），害（曷）又（有）弗旲（得）？曰（以）亡道禹（稱），害（曷）又（有）弗遊（失）？（上博四_曹沫_9、10）

(88) 埜（城）章（郭）必攸（修），緃（繕）⑦虡（甲）秎（利）

---

① 白於藍《戰國秦漢簡帛古書通假字匯纂》按，"孝㿲（孝）"原形作"㿲"，整理者隸定作"㿲"，第69頁。
② "亙（極）"字從裘錫圭，見裘錫圭：《是"恆先"還是"極先"？》，復旦大學出土文獻與古文字研究中心網，2009年6月2日。
③ "頌（容）"字從廖名春，見廖名春：《讀楚竹書〈内豊〉篇劄記（一）》，簡帛研究網，2005年2月20日。
④ "刲（豈）"字從孟蓬生《上博竹書（四）閒詁》，簡帛研究網，2005年2月15日。
⑤ "考（孝）"字從陳斯鵬《初讀上博竹書（四）文字小記》，簡帛研究網，2005年3月6日；孟蓬生《上博竹書（四）閒詁（續）》，簡帛研究網，2005年3月6日。
⑥ "等（志）"字從陳劍讀，見陳劍：《談談〈上博（五）〉的竹簡分篇、拼合與編聯問題》，簡帛網，2006年2月19日。
⑦ 白於藍《戰國秦漢簡帛古書通假字匯纂》按，"緃"字原形作"㮰"，右旁所從與"㞼""㞼"應是一字，第261頁。

兵，必又（有）戰（戰）心目（以）獸（守），所目（以）爲倀（長）也。（上博四_曹沫_18）

（89）進必又（有）二牉（將）軍，母（每）①牉（將）軍必又（有）嚮（數）辟（嬖）②夫＝（大夫），母（每）③俾（嬖）④夫＝（大夫）必又（有）嚮（數）大官之帀（師）、公孫公子，凡又（有）司衛（率）倀（長）◎。（上博四_曹沫_24下、25⑤）

（90）又（有）。（上博四_曹沫_40／42／43／45／46／50／53／54／60；上博七_武王_11）

（91）亓（其）賞讖（淺）虞（且）不中，亓（其）諲（誅）故（重）⑥虞（且）不諗（察），死者弗收，戕（傷）者弗睧（問），欧（既）戰（戰）而又（有）怜＝（殆心），此欧（既）戰（戰）之幾（機）⑦。（上博四_曹沫_45）

（92）又（有）智（知）不足，亡所不中，則民新（親）之。（上博四_曹沫_34、35）

（93）虞（吾）又（有）所睧（聞）之：一出言三軍皆懽（勸）⑧，一出言三軍皆迣（往）。又（有）之虖（乎）？（上博四_曹沫_59、60）

（94）◎也，求爲之言；又（有）夫言也，求爲之行。言行相怨（宜）⑨，肰（然）句（後）君子。（上博五_弟子問_12）

---

① "母（每）"從邴尚白讀，見邴尚白：《上博楚竹書〈曹沫之陣〉注釋》，《中國文學研究》第二十一期，2006年版。
② "辟（嬖）"字從陳劍讀，見陳劍：《上博竹書〈曹沫之陳〉新編釋文（稿）》，簡帛研究網，2005年2月12日。
③ "母（每）"從邴尚白讀，見邴尚白：《上博楚竹書〈曹沫之陣〉注釋》，《中國文學研究》第二十一期，2006年版。
④ 見陳劍：《上博竹書〈曹沫之陳〉新編釋文（稿）》，簡帛研究網，2005年2月12日。
⑤ 編聯從白於藍，見白於藍：《上博簡〈曹沫之陳〉釋文新編》，簡帛研究網，2005年4月10日。
⑥ 整理者讀爲"厚"。李守奎認爲字應從石、主聲，讀作"重"，見李守奎：《〈曹沫之陣〉之隸定與古文字隸定方法初探》，中國文字學會主編：《漢字研究》第一輯，學院出版社，2005年版，第494頁。高佑仁贊同李守奎說。
⑦ "幾（機）"字從陳劍讀，見陳劍：《上博竹書〈曹沫之陳〉新編釋文（稿）》，簡帛研究網，2005年2月12日。
⑧ "懽（勸）"字從陳劍讀，見陳劍：《上博竹書〈曹沫之陳〉新編釋文（稿）》，簡帛研究網，2005年2月12日。
⑨ 白於藍在《戰國秦漢簡帛古書通假字匯纂》中認爲，"洇"似當讀作"宜"，第409頁。

（95）至老丘，又（有）戎（農）①植（持）②丌（其）楊（耦）而訶（歌）安（焉）。（上博五＿弟子問＿20）

（96）虐（吾）因加視（鬼）神不明，勛（則）必又（有）古（故）。（上博五＿鬼神＿4）

（97）釐（融）帀（師）又（有）成，氏（是）③㡭（狀）若生（猩）④，又（有）耳不睧（聞），又（有）口不鳴，又（有）目不見，又（有）足不遬（趨）。（上博五＿融師＿5）

（98）莀帀（師）見智，毀斱（折）鹿戔（踐），隹（惟）孳（茲）俊（作）章（彰），蓞皮（彼）獸（獸）鼠，又（有）足而◎。（上博五＿融師＿6、7）

（99）虐（吾）睧（聞）爲臣者必思（使）君昙（得）志於吕（己）而又（有）篗（後）青（請）。（上博五＿姑成＿5）

（100）氏（是）古（故）臤（賢）人大於邦，而又（有）譽心，能爲視（鬼）◎。（上博五＿季庚子＿18）

（101）害牉（將）來（來），牉（將）又（有）兵，又（有）惪（憂）於公身。（上博五＿競建＿5）

（102）昔高宗祭（祭），又（有）鼟（雉）㚋（雛）於傻（彝）耑（前）。詔（召）⑤祖己而昏（問）安（焉），曰："是可（何）也？"（上博五＿競建＿2）

（103）階心懷惟，各又（有）亓（其）异悋（圖）⑥。（上博五＿用曰＿6）

（104）自亓（其）又（有）保（寶）貨，宀（寧）⑦又（有）保（寶）悳（德）。（上博六＿用曰＿8）

---

① "戎（農）"字從陳劍讀，見陳劍：《談談〈上博（五）〉的竹簡分篇、拼合與編聯問題》，簡帛網，2006年2月19日。
② 白於藍在《戰國秦漢簡帛古書通假字匯纂》中認爲，"植"似當讀作"持"，第199頁。
③ "氏（是）"字從單育辰《上博五短劄（三則）》，簡帛網，2006年4月30日。
④ "生（猩）"字從廖名春《讀〈上博五·融師有成氏〉篇劄記四則》，簡帛研究網，2006年2月20日。
⑤ "詔（召）"字從陳劍讀，見陳劍：《談談〈上博（五）〉的竹簡分篇、拼合與編聯問題》，簡帛網，2006年2月19日。
⑥ "悋（圖）"字從陳偉讀，見陳偉：《讀〈上博六〉條記》，簡帛網，2008年7月9日。
⑦ "宀（寧）"字從凡國棟讀，見凡國棟：《〈用曰〉篇中的"寧"字》，簡帛網，2007年7月12日。

(105) 又（有）牘才（在）心，嘉惪（德）吉猷。（上博六_用曰_13）

(106) 又（有）但（祖）①之深，而又（有）弔溁（淺）。又（有）竷=（坎坎）之給，而又（有）纆=（莫莫）之渜。（上博六_用曰_20）

(107) 亦又（有）不涅（盈）於十言而百（百）殜（世）不遊（失）之道，又（有）之唐（乎）？（上博七_武王_11）

(108) 亦又（有）不涅（盈）於十言而疼（百）殜（世）不淤（失）之道，又（有）之唐（乎）？（上博七_武王_11）

(109) 是古（故）又（有）鼠（一），天下亡（無）不又（有）；無鼠（一），天下亦亡（無）鼠（一）又（有）。（上博七_凡物_21）

三、位移式有字句（X+有）

(1) 㔁（絶）攷（巧）弃利，覴（盜）惻（賊）②亡又（有）③。（郭_老子甲_1）

(2) 訋（始）折（制）④又（有）名，名亦既又（有）⑤，夫亦牂（將）智（知）岦（止），智（知）岦（止）所曰（以）不訋（殆）。（郭_老子甲_19、20）

(3) 人多智（知），天〈而〉哦（奇）勿（物）慈（滋）⑥迉（起）。瀘勿（物）慈（滋）⑦章（彰），覴（盜）惻（賊）⑧多又（有）⑨。（郭_老子甲_30、31）

(4) 亙（嫗）⑩禹（稱）亓（其）君之亞（惡）者未之又（有）也。

---

① "但（祖）"字從何有祖讀，見何有祖：《讀〈上博六〉劄記》，簡帛網，2008年7月9日。
② 白於藍在《戰國秦漢簡帛古書通假字匯纂》中提及，今本和帛書本"惻"作"賊"，第199頁。
③ 白於藍在《戰國秦漢簡帛古書通假字匯纂》中提及，今本和帛書本"又"作"有"，第38頁。
④ 白於藍在《戰國秦漢簡帛古書通假字匯纂》中提及，今本和帛書甲本"折"作"制"，第245頁。
⑤ 白於藍在《戰國秦漢簡帛古書通假字匯纂》中提及，今本和帛書甲本"又"作"有"，第38頁。
⑥ 白於藍在《戰國秦漢簡帛古書通假字匯纂》中提及，今本"慈"作"滋"，第15頁。
⑦ 白於藍在《戰國秦漢簡帛古書通假字匯纂》中提及，今本"慈"作"滋"，第15頁。
⑧ 白於藍在《戰國秦漢簡帛古書通假字匯纂》中提及，今本和帛書本"惻"作"賊"，第199頁。
⑨ 白於藍在《戰國秦漢簡帛古書通假字匯纂》中提及，今本"又"作"有"，第38頁。
⑩ "亙（嫗）"字從陳偉讀，見陳偉：《郭店竹書別釋》，湖北教育出版社，2002年版，第45頁。

(郭_魯穆公_5、6)

(5) 不徍（禪）而能蠟（化）民者，自生民未之又（有）也。(郭_唐虞_21)

(6) 忠𠈁（信）硤（積）而民弗晕（親）𠈁（信）者，未之又（有）也。(郭_忠信_1、2)

(7) 民不從上之命，不訐（信）丌（其）言，而能念（念）惪（德）者，未之又〔有〕也。(郭_成之_2、3)

(8) 大尹之言脽（脽）①，可（何）訦又（有）安（焉）？(上博四_昭王_9)

(9) 臣爲君王臣，君王挽（免）之死，不目（以）脣〈辱〉鈙（斧）② 疐（鑕）③，可（何）敢（敢）心之又（有）。(上博六_申公_8、9)

(10) 孤也可（何）裝（勞）力之又（有）安（焉）！(上博七_吳命_8)

四、"有"字的否定形式

(1) 爲之於亓（其）亡又（有）④也，綢（治）之於亓（其）未鳦⑤（亂）。(郭_老子甲_25、26)

(2) 句（苟）不從丌（其）繇（由），不反丌（其）杳（本），未有可旻（得）也者。(郭_成之_12)

(3) 《君奭》曰："嗀（襄）⑥我二人，毋又（有）⑦合（合）才

---

① "脽（脽）"字從陳劍讀，見陳劍：《上博竹書〈昭王與龔之脽〉和〈柬大王泊旱〉讀後記》，簡帛研究網，2005年2月15日。
② "鈙（斧）"字從陳偉《讀〈上博六〉條記》（簡帛網，2007年7月9日）、何有祖《讀〈上博六〉劄記》（簡帛網，2007年7月9日）釋讀。
③ "疐（鑕）"改釋從陳偉、何有祖釋讀。見陳偉《讀〈上博六〉條記》（簡帛網，2007年7月9日）、何有祖《讀〈上博六〉劄記》（簡帛網，2007年7月9日）。
④ 白於藍在《戰國秦漢簡帛古書通假字匯纂》中提及，今本"又"作"有"，第38頁。
⑤ "鳦（亂）"字從劉釗讀，見劉釗《郭店楚簡校釋》，福建人民出版社，2005年版，第20頁。
⑥ 白於藍在《戰國秦漢簡帛古書通假字匯纂》中提及，今本《尚書·君奭》"嗀"作"襄"，第323頁。
⑦ 白於藍在《戰國秦漢簡帛古書通假字匯纂》中提及，今本《尚書·君奭》"又"作"有"，第40頁。

(在)音(言)①。"(郭_成之_29)

(4) 聖人之告(性)與中人之告(性)，亓(其)生而未又(有)非之，節於而(能)②也，則猷(猶)是也。(郭_成之_26、27)

(5) 唯(雖)亓(其)於善道也，亦非又(有)譯婁㠯(以)多也。(郭_成之_27、28)

(6) 莫不又(有)道安(焉)，人道爲近。(郭_尊德義_7、8)

(7) 人之敁(巧)言利䛐(詞)者，不又(有)夫詘=(詘詘)之心則流。(郭_性自_45、46；上博一_性情論_38)

(8) 人之说狀(然)可牙(與)和安者，不又(有)夫愇③(奮)㑅(作)之青(情)則悉(齋)。(郭_性自_46、47；上博一_性情論_38)

(9) 亡又(有)自杢(來)也。(郭_語叢一_99)

(10) 未又(有)善事人而不返者，未又(有)嘩(華)而忠者。(郭_語叢二_45、46)

(11) 父孝子慇(愛)，非又(有)爲也。(郭_語叢三_8)

(12) 未又(有)亓(其)至，則悬(仁)銅(治)者至亡閒(間)，則城(成)名。(郭_語叢三_28、29)

(13) 舒𦣞䩱(執)，未又(有)剚(斷)，违荷而逃。(包137)

(14) 宋客盛公䳒甹(聘)於楚之散(歲)䎽(荊)尿之月乙未之日，盬吉㠯(以)保豙(家)爲左尹䖒𢆶(貞)，自䎽(荊)尿之月㠯(以)憙(就)䎽(荊)尿之月，出内(入)事王，聿(盡)來(卒)散(歲)，躬身惝(尚)毋又(有)咎。(包197)

(15) 宋客盛公䳒甹(聘)於楚之散(歲)䎽(荊)尿之月乙未之日，石被裳㠯(以)訓玏爲左尹䖒𢆶(貞)，自䎽(荊)尿之月㠯(以)憙(就)䎽(荊)〖憙(就)䎽(荊)〗尿之月，聿(盡)來(卒)散(歲)，躬身惝(尚)毋又(有)咎。(包199)

(16) 宋客盛(公)䳒甹(聘)於楚之散(歲)䎽(荊)尿之月乙

---

① 白於藍在《戰國秦漢簡帛古書通假字匯纂》中提及，今本《尚書·君奭》"言"作"音"，第425頁。
② "而(能)"字從陳偉讀，見陳偉：《郭店楚簡别釋》，湖北教育出版社，2002年版，第142頁。
③ "愇(奮)"字從裘錫圭釋讀，見《郭店楚墓竹簡·性自命出》篇注〔二八〕。

未之日，郦（應）會曰（以）央蓍爲子左尹𧊒贞（貞）；自䎽（荆）层之月曰（以）臺（就）䎽（荆）层之月，出内（入）事王，聿（盡）䘴（卒）敓（歲），躬身尚毋又（有）咎。（包201）

（17）東周之客䚣（許）䋌遑（歸）复（胙）於蔵郢之敓（歲）遠𣎵之月癸卯之日，苟光曰（以）長惻爲右（〈左〉）尹卲颎贞（貞）：疠（病）腹疾，曰（以）少懸（氣），尚毋又（有）咎。（包207）

（18）東周之客䚣（許）䋌至（致）祚（胙）於蔵郢之敓（歲）顕（夏）层之月乙丑之日，五生曰（以）丞惪爲左尹𧊒贞（貞）：出内（入）侍王，自顕（夏）层之月曰（以）臺（就）東（集）敓（歲）之顕（夏）层之月，聿（盡）東（集）敓（歲），窮（躬）身尚毋（毋）又（有）咎。（包209）

（19）東周之客䚣（許）䋌遑（歸）作（胙）於蔵郢之敓（歲）顕（夏）层之月乙丑之日，盬吉曰（以）葆（保）豪（家）爲左尹𧊒贞（貞），出内（入）侍王，自顕（夏）层之月曰（以）臺（就）東（集）敓（歲）之顕（夏）层之月，聿（盡）東（集）敓（歲），窮（躬）身尚毋又（有）咎。（包212）

（20）東周之客䚣（許）䋌遑（歸）作（胙）於蔵郢之敓（歲）顕（夏）层之月乙丑之日，苟嘉曰（以）長則爲左尹𧊒贞（貞）：出内（入）侍王，自顕（夏）层之月曰（以）臺（就）東（集）敓（歲）之顕（夏）层之月，聿（盡）東（集）敓（歲），窮身尚毋（毋）又（有）咎。（包216）

（21）東周之客䚣（許）䋌遑（歸）作（胙）於蔵郢之歲䖒（爨）月己酉（酉）之日，䢜脁曰（以）少寶爲左尹卲𧊒贞（貞），旣（旣）又（有）疠（病），疠（病）心疾，少懸（氣），不内飤（食），䖒（爨）月𠯑（幾）审（中）尚毋又（有）羕（恙）。（包221）

（22）屈宜習之，曰（以）肜答爲左尹卲𧊒贞（貞）：旣（旣）又（有）疠（病），疠（病）心疾，少懸（氣），不内飤（食），尚毋又（有）羕（恙）。（包223）

（23）大司馬悼髃（愲）逶（將）楚邦之帀（師）徒曰（以）救（救）郙之歲䎽（荆）层之月己卯之日，盬吉曰（以）琭豪（家）爲左尹𧊒贞（貞）：出内（入）寺（侍）王，自䎽（荆）层之月曰（以）

-227-

䇯（就）集散（歲）之䚸（荆）尿之月，目（盡）集散（歲），躳（躬）身尚毋又（有）咎。（包226）

(24) 大司馬悼髃（慴）遷（將）楚邦之帀（師）徒目（以）救（救）郙之散（歲）䚸（荆）尿之月己卯之日，陸（陳）乙目（以）共命爲左尹施䣄（貞），出内（入）哈（侍）王，自䚸（荆）尿之月目（以）䇯（就）集散（歲）之䚸（荆）尿之月，肀（盡）集散（歲），穿（躬）身尚毋又（有）咎。（包228）

(25) 八月己巳之日，鄰少司敗（敗）凍（臧）未受占（幾），九月癸丑之日不遷（將）鄰大司敗（敗）目（以）㮰（盟）鄰之櫰里之担無又（有）李𧃒由（思），阶門又（有）敗（敗）。（包23）

(26) 大司馬悼髃（慴）遷（將）楚邦之帀（師）徒目（以）救（救）郙之散（歲）䚸（荆）尿之月己卯之日，觀綳目（以）長霝（靈）爲左尹施卣（貞）：出内（入）圭（侍）王，自䚸（荆）尿之月目（以）䇯（就）集散（歲）之䚸（荆）尿之月，肀（盡）集散（歲），穿（躬）身尚毋又（有）咎。（包230）

(27) 大司馬悼髃（慴）遥（將）楚邦之帀（師）徒目（以）救（救）郙之歲䚸（荆）尿之月己卯之日，五生目（以）丞惠爲左尹施卣（貞）：出内（入）圭（侍）王，自䚸（荆）尿之月目（以）䇯（就）集散（歲）之䚸（荆）尿之月，肀（盡）集散（歲），穿（躬）身尚毋又（有）咎。（包232）

(28) 大司馬悼髃（慴）遥（將）楚邦之帀（師）徒目（以）救（救）郙散（歲）䚸（荆）尿之月己卯之日，譽（許）吉目（以）駁霝（靈）爲左尹施卣（貞），出内（入）寺（侍）王自䚸（荆）尿之月目（以）䇯（就）集散（歲）之䚸（荆）尿之月，肀（盡）集散（歲），茲身尚毋又（有）咎。（包234）

(29) 大司馬悼髃（慴）徑（將）楚邦之帀（師）徒目（以）救（救）郙之歲䚸（荆）尿之月己卯之日，鹽吉目（以）琤豪（家）爲左尹施卣（貞）：既腹心疾，目（以）走（上）懯（氣），不甘猷（食），舊（久）不瘥（瘥），尚遴（速）瘥（瘥），毋又（有）柰。（包236）

(30) 大司馬悼髃（慴）遷（將）楚邦之帀（師）徒目（以）救（救）郙之散（歲）䚸（荆）尿之月己卯之日，陸（陳）乙目（以）

共命爲左尹詑燬（貞）；既腹心疾，昌（以）上惡（氣），不甘飤（食），尚遬（速）瘳（瘥），毋又（有）奈。（包239）

（31）大司馬悼愲（滑）送（將）楚邦之帀（師）徒昌（以）栽（救）郙之歲習（荆）屎之月己卯之日，觀綳昌（以）長靁（靈）爲左尹詑貞（貞）：既腹心疾，昌（以）走（上）惡（氣），不甘飤（食），舊（久）不瘳（瘥），尚遬（速）瘳（瘥），毋又（有）奈。（包242）

（32）大司馬悼愲（滑）送（將）楚邦之帀（師）徒昌（以）栽（救）郙之歲習（荆）屎之月己卯之日，五生昌（以）丞悳昌（以）爲左尹詑貞（貞）：既腹心疾，昌（以）上惡（氣），不甘飤（食），尚遬（速）瘳（瘥），毋又（有）奈。（包245）

（33）大司馬悼愲（滑）送（將）楚邦之帀（師）徒昌（以）栽（救）郙之歲習（荆）屎之月己卯之日，舊（許）吉昌（以）駁靈爲左尹詑貞（貞）：既腹心疾，昌（以）上惡（氣），不甘飤（食），舊（久）不瘳（瘥），尚遬（速）瘳（瘥），毋又（有）奈。（包247）

（34）八月己巳之日，鄰少司敗凍（臧）未受旮（幾），九月癸丑之日不遲（將）鄰大司敗昌（以）累（盟）鄰之椸里之担無又（有）李甬由（思），阩門又（有）敗（敗）。（包90）

（35）六晶（三）：勿用取女；見金夫，不又（有）躬，亡（无）卣（攸）利。（上博三_周易_1）

（36）山又（有）聖（崩），川又（有）潔（竭），冐=（日月）星唇（辰）獣（猶）差，民亡（無）不又（有）慫（過）。（上博三_仲弓_19）

（37）未又（有）陞（地），未又（有）乍（作）行、出生，虛青（靜）爲弌（一），若滋=夢=（寂寂夢夢），青（靜）同而未或明（萌）①，未或茲（滋）生。（上博三_互先_1、2）

（38）塁（舉）天下之名，② 無又（有）瀘（廢）者與（歟）③？（上博三_互先_13）

---

① "明（萌）"字從董珊，見董珊：《楚簡〈恒先〉初探》，簡帛研究網，2004年5月12日。
② 斷句依從丁四新，見丁四新：《楚簡〈恒先〉章句釋義》，簡帛研究網，2004年7月25日。
③ "與（歟）"字從丁四新，見丁四新：《楚簡〈恒先〉章句釋義》，簡帛研究網，2004年7月25日。

(39) 虗（吾）未又（有）目（以）惌（憂）。（上博四＿昭王＿10）

(40) 虗（吾）所叟（得）陸（地）於膚（莒）①中者，無又（有）名山名溪。（上博四＿柬大王＿8、3②）

(41) 目（以）君王之身殺祭（祭），未尚（賞）又（有）。（上博四＿柬大王＿7）

(42) 昔周室之邦（封）③魯，東西七百（百），南北五百（百），非山非澤，亡又（有）不民。（上博四＿曹沫＿1、2）

(43) 乃命毀鐘型而聖（聽）邦政，不畫寢，不酓＝（飲酒），不聖（聽）樂，居（裾）④不褻（疊）⑤曼（文）⑥，飤（食）不苯（貳）鑑（羹）⑦，兼怸（愛）蠆（萬）民，而亡又（有）厶（私）也。（上博四＿曹沫＿10、11、12）

(44) 虗（吾）毋又（有）它，正公事，唯（雖）⑧死，安（焉）逃之？（上博五＿姑成＿5）

(45) 毋又（有）柔孝（教），毋又（有）百（首）猷，桌（植）◎（上博五＿弟子問＿4）

(46) 凡若是者，不有大禍（禍）必大恥。（上博五＿三德＿13）

(47) 古（故）甬（用）吏（使）丌（其）三臣，毋敢又（有）遲（遲）⑨速之羿（期），敢告仦日。（上博七＿吳命＿7）

---

① "膚（莒）"字從陳斯鵬讀，見陳斯鵬：《〈柬大王泊旱〉編連補議》，簡帛研究網，2005年3月10日。
② 編聯依從《〈柬大王泊旱〉編連補議》，簡帛研究網，2005年3月10日。
③ "邦（封）"字從陳劍讀，見陳劍：《上博竹書〈曹沫之陳〉新編釋文（稿）》，簡帛研究網，2005年2月12日。
④ "居（裾）"字從白於藍《〈簡牘帛書通假字字典〉部分按語的補充說明》，《新果集——慶祝林沄先生七十歲論文集》，科學出版社，2008年版。
⑤ 白於藍在《戰國秦漢簡帛古書通假字匯纂》中認為，"褻（疊）"似當讀作"疊"，訓為"重"，第252頁。
⑥ 見陳劍：《上博竹書〈曹沫之陳〉新編釋文（稿）》，簡帛研究網，2005年2月12日。
⑦ 見禤健聰：《上博楚簡釋字三則》，《中山人文學術論叢》第8輯，文津出版社，2007年版。
⑧ "唯（雖）"字從沈培《上博簡〈姑成家父〉一個編聯組位置的調整》，簡帛網，2006年2月22日。
⑨ "遲（遲）"字從復旦大學出土文獻與古文字研究中心研究生讀書會，見讀書會：《〈上博七·吳命〉校讀》，復旦大學出土文獻古文字研究中心網，2008年12月30日。

五、“有”“無”對舉

（1）又（有）亓（其）人，亡亓（其）殜（世），唯（雖）臤（賢）弗行矣。（郭_窮達_1、2）

（2）又（有）智（知）㠯（己）而不智（知）命者，亡智（知）命而不智（知）㠯（己）者；又（有）智（知）豊（禮）而不智（知）樂者，亡智（知）樂而不智（知）豊（禮）者。（郭_尊德義_10、11）

（3）又（有）亓（其）爲人之𨓏＝（節節）女（如）也，不又（有）夫柬＝（簡簡）之心則采（慄）①。（郭_性自_44、45）

（4）又（有）亓（其）爲人之𨓏＝（節節）女（如）也，不又（有）夫柬＝（簡簡）之心則慄（采）②。（上博一_性情論_37）

（5）又（有）亓（其）爲人之柬＝（簡簡）女（如）也，不又（有）夫亙（恆）怡之志則縵（慢）。（郭_性自_45）

（6）又（有）亓（其）爲人之柬＝（簡簡）女（如）也，不又（有）夫亙（恆）怡之志則曼（慢）。（上博一_性情論_37）

（7）又（有）憏（察）③膳（善），亡爲膳（善）。（郭_語叢一_84）

（8）既皆至（致）典，儹（僕）又（有）典，卲行無典。（包17）

（9）三戢（歲）無咎，𤖽（將）又（有）大憙（喜），邦智（知）之。（包211）

（10）上六：榠（冥）④余（豫）成，又（有）愈（渝），亡（无）咎。（上博三_周易_15）

（11）君子夬＝（夬夬），蜀（獨）行遇雨，女（如）霥又（有）礪（厲），亡（无）咎。（上博三_周易_38）

（12）忘（无）唇（號），中（終）又（有）凶。（上博三_周易_39）

---

① “慄（凜）”字從陳偉讀，見陳偉：《郭店楚簡〈六德〉諸篇零釋》，《武漢大學學報》，1999年第5期。
② “慄（凜）”字從陳偉讀，見陳偉：《郭店楚簡〈六德〉諸篇零釋》，《武漢大學學報》，1999年第5期。
③ “憏（察）”字從裘錫圭讀，見《郭店楚墓竹簡·語叢一》篇注［一七］。
④ “榠（冥）”字從李零，見李零：《長台關楚簡〈申徒狄〉研究》，簡帛研究網，2000年8月8日。

(13) 橐（包）又（有）魚，亡（无）咎，不利穷（賓）。（上博三_周易_40）

(14) 先者又（有）善，又（有）綳（治）無喿（亂）。（上博三_亙先_8）

(15) 又（有）固惎（謀）而亡固成（城），又（有）克正（政）而亡克戠（職）。（上博四_曹沫_13、14）

(16) 乳又（有）此佫（貌）①也，而亡（無）目（以）言（合）者（諸）此矣（矣）②。（上博六_季桓子_8）

六、"有以"固定格式

習也者，又（有）目（以）習亓（其）眚（性）也。（郭_性自_13、14；上博一_性情論_7）

七、"有……有……"結構的連用

(1) 又（有）天又（有）人，天人又（有）分。（郭_窮達_1）

(2) 又（有）天又（有）喻（命），又（有）勿（物）又（有）名。（郭_語叢一_2）

(3) 又（有）命又（有）曼（文）又（有）名，而句（後）又（有）綸（倫）。（郭_語叢一_4）

(4) 又（有）迱（地）又（有）型（形）又（有）聿（盡），而句（後）又（有）厚。（郭_語叢一_6、7）

(5) 又（有）生又（有）智（知），而句（後）好亞（惡）生。（郭_語叢一_8、9）

(6) 又（有）勿（物）又（有）繇（由）又（有）繰，而句（後）斈（教）生。（郭_語叢一_10、11）

(7) 又（有）天又（有）命，又（有）迱（地）又（有）型（形）。

---

① "佫（貌）"字從何有祖讀，見何有祖：《讀〈上博六〉劄記》，簡帛網，2007年7月9日。
② "矣（矣）"字從蘇建洲讀，見蘇建洲：《〈上博楚竹書〉文字及相關問題研究》，萬卷樓圖書股份有限公司，2008年版，第111~112頁。

(郭_語叢一_12)

（8）又（有）勿（物）又（有）容，又（有）爯（稱）又（有）名。(郭_語叢一_13)

（9）又（有）勿（物）又（有）容，又（有）妻（盡）又（有）厚，又（有）顝（美）又（有）膳（善）。(郭_語叢一_14、15)

（10）又（有）息（仁）又（有）智，又（有）義又（有）豊（禮），又（有）聖又（有）善。(郭_語叢一_16、17)

（11）凡又（有）血燅（氣）者，虘（皆）又（有）意（喜）又（有）忞（怒），又（有）㫃（慎）又（有）懋（莊）。(郭_語叢一_45、46)

（12）亓（其）豊（體）又（有）容，又（有）頤（色）又（有）聖（聲），又（有）臭（嗅）又（有）未（味），又（有）燅（氣）又（有）志。(郭_語叢一_46、47、48)

（13）凡勿（物）又（有）蠢（本）又（有）卯（流）①，又（有）緐（終）又（有）絅（始）。(郭_語叢一_48、49)

（14）又（有）睪（親）又（有）障（尊）。(郭_語叢一_78)

（15）又（有）眚（性）又（有）生虖（乎）◎。(郭_語叢三_58)

（16）又（有）天又（有）命又（有）◎。(郭_語叢三_68上)

（17）又（有）眚（性）又（有）生虖（乎）◎。(郭_語叢三_68下)

（18）又（有）眚（性）又（有）生虖（乎）生又（有）逍。(郭_語叢三_71下、58下②)

（19）又（有）或（域）安（焉）又＝燅＝（有氣，有氣）安（焉）又＝訂＝（有有，有有）安（焉）又＝截＝（有始，有始）安（焉）又（有）迬（往）者。(上博三_亙先_1)

（20）又（有）人安（焉）又（有）不善，噩（亂）出於人。先又（有）审（中），安（焉）又（有）外；先又（有）少（小），安（焉）

---

① "卯（流）"字從白於藍讀，見白於藍：《郭店楚墓竹簡釋讀劄記》，《古文字論集（二）》，考古文物叢刊第四號，2001年版。

② 編聯從白於藍，見白於藍：《戰國秦漢簡帛古書通假字匯纂》，第41～42頁。

又（有）大；先又（有）矛（柔），安（焉）又（有）剛；先又（有）囩（圓），安（焉）又（有）枋（方）；先又（有）晦（晦），安（焉）又（有）明；先又（有）耑（短），安（焉）又（有）長。（上博三_瓦先_8、9）

(21) ……又（有）宵又（有）朝，又（有）昼又（有）夕。（子弹库（乙）_7、8）

八、"V 有"結構

(1) 昔尧（堯）之卿（饗）圣（舜）也，飯於土輻（塯），欲〈歠〉①於土型（鉶），而攺（撫）又（有）天下。（上博四_曹沫_2、3）

(2) 此目（以）貞（貴）爲天子，稟（富）又（有）天下（下），長季（年）又（有）舉（譽）②，篾（後）殜（世）遂（述）之。（上博五_鬼神_1、2）

九、"有"後面爲肯定否定結構

舉（舉）天下之㤅（作），弞（強）者果天下之大㤅（作），亓（其）䕺蛬（龍）不自若＝㤅＝（若作，若作），甬（庸）又（有）果與不果？（上博三_瓦先_10、11）

---

① 整理者认为"欲"乃"歠"之误。
② "舉（譽）"字從廖名春讀，見廖名春：《讀〈上博五·鬼神之明〉篇劄記》，简帛研究網，2006年2月20日。

附錄七　同位語文例

一、名詞1＋名詞2

（1）臭（饗）月辛栖（酉）之日郤（絀）敓之秎邑人走仿登（鄧）城（成）訟走仿邔，曰（以）其敓溹汸與绘澤之古（故）。正義牢，坓坷。（包100）

（2）上新都人都（蔡）譶訟新都南陵（陵）大宰轡瘤、右司寇正陸（陳）昃（得）、正叓（史）赤，曰（以）其爲其𠁓（兄）都（蔡）癉剚（斷）不瀘。（包102）

（3）大司馬卲（昭）鄾（陽）敓（敗）晉帀（師）於叚（襄）陸（陵）之歲（歲）亯月，子司馬曰（以）王命＝（命命）兾陸（陵）公鼅、宜昜（陽）司馬垩（强）賁邲（越）异之黃金，曰（以）賁（貸）郜婖（鄅）曰（以）糶穜（種）。（包103）

（4）【鄧】莫囂䜌、左司馬殹、安陸（陵）莫囂䜌獻爲鄧賁（貸）邲（越）异之黃金七益（鎰）曰（以）糴（糶）穜（種）。（包105）

（5）鄘（邯）陸（陵）攻尹産、少攻尹䜌（惑）爲鄘（邯）陸（陵）賁（貸）邲（越）异之黃金七益（鎰）曰（以）糴（糶）穜（種）。（包106）

（6）羕陸（陵）攻尹息與喬尹黃𩠐爲羕陸（陵）賁（貸）邲（越）异之黃金卅＝（三十）益（鎰）二益（鎰）曰（以）糴（糶）穜（種）。（包107）

（7）朱昜（陽）莫囂邲壽君與喬差（佐）癉爲朱昜（陽）賁（貸）邲（越）异之黃金七益（鎰）曰（以）糴（糶）穜（種）。（包108）

（8）蓳（黃）昜（陽）司馬寅、黃辛、宋癉爲潢（黃）昜（陽）賁（貸）磑（越）异之黃金七益（鎰）曰（以）糴（糶）穜（種）。（包109）

（9）鄢連囂競愄（快）、攻尹賧、波尹宜爲鄢賁（貸）邲（越）异

之黃金七益（鎰）㠯（以）翟（糴）穜（種）。（包110）

（10）正昜（陽）莫囂達、正昜（陽）𨻻公旱（叀）、少攻尹㤅（哀）爲正昜（陽）貣（貸）邘（越）异之黃金十益（鎰）一益（鎰）三（四）兩㠯（以）翟（糴）穜（種）。（包111）

（11）昜（陽）陲（陵）連囂達、大辻尹足爲昜（陽）陲（陵）貣（貸）邘（越）异之黃金三（四）益（鎰）㠯（以）翟（糴）穜（種）。（包112）

（12）新者（都）莫囂勅（勝）、新都桑夜公達爲新都貣（貸）邘（越）异之黃金五益（鎰）㠯（以）翟（糴）穜（種）。（包113）

（13）州莫囂疨、州司馬庚爲州貣（貸）邘（越）异之黃金七益（鎰）㠯（以）翟（糴）穜（種）。（包114）

（14）大司馬卲（昭）鄢（陽）敓（敗）晉帀（師）於鄦陲（陵）之歲（歲）顕（夏）桼之月庚午之日，命（令）尹子土、大帀（師）子繍（𤣰）命冀陲（陵）公邡龕爲鄗䣙（鄗）貣（貸）邘（越）异之朋金一百益（鎰）二益（鎰）四兩。（包115）

（15）鄝莫囂卲（昭）𢉩、左司馬旅（魯）殹爲鄝貣（貸）邘（越）异之金七益（鎰）。䣓（鄗）陲（陵）攻尹霆（產）、主尹藇爲䣓（鄗）陲（陵）貣（貸）邘（越）异之金三益（鎰）鑒益（鎰）。（包116）

（16）䣓陲（陵）攻尹快、喬尹䪞爲䣓陲（陵）貣（貸）邘（越）异之金卅=（三十）益（鎰）二益（鎰）。株昜（陽）莫𪔂（囂）壽君、安陲（陵）公𢘼（優）爲株昜（陽）貣（貸）邘（越）异之金五益（鎰）。（包117）

（17）鄝（鄡）昜（陽）司馬寅、競叡爲鄝（鄡）昜（陽）貣（貸）邘（越）异之金七益（鎰）。鄎連囂競快、攻尹舒賧爲鄎貣（貸）邘（越）异之金六益（鎰）。（包118）

（18）䣓昜（陽）司馬達、芙公駒（騎）爲䣓（正）昜（陽）貣（貸）邘（越）异之金十益（鎰）一益（鎰）四兩。昜（陽）陲（陵）司馬達、右司馬志爲昜（陽）陲（陵）貣（貸）越异之金四益（鎰）。（包119）

（19）享月丁巳杳之日，下都（蔡）山昜（陽）里人邲倓言於昜（陽）成公掠罨、大敄尹屈揚、郫昜（陽）莫囂凍（臧）獻（？）、舍

（余）羣。佯言胃（謂）：尖＝（小人）不信臑（竊）馬。尖＝（小人）信卡下都（蔡）閈（關）里人雇女返、東邡里人場賈、蓙（黃）里人競不割（害）✦殺舍（余）羣於競不割（害）之官，而相控弃之於大逄（路）。（包 121）

（20）子敓（執）場賈，里公邡✦、士尹紬縝返子，言胃（謂）：場賈既走於痗，子弗及。子敓（執）雇女返，加公凍（臧）申、里公利臤返子，言胃（謂）：女返既走於痗，子弗砦（及）。子敓（執）競不割，里公✦拘，亞大夫鄗（宛）鑸（乘）返子，言胃（謂）：不割既走於痗，子弗返（及）。（包 122）

（21）子收邡佯之攸（孥），加公妃（范）戌、里公舍（余）□返子，言胃（謂）：邡佯之攸既走於痗，子弗返（及）。邡佯未至刜（斷），有疾，死於旬。（包 123）

（22）司豊之塞（夷）邑人桯甲受泣易（陽）之酷官黃齊、黃黽。（包 124）

（23）宋客盛謄萼（聘）楚之散（歲）屈柰之月戊寅之日，邡易（陽）公命鄡或（國）之客、葦跋尹癸✦（察）之。東敔公舒捭、敔司馬墜牛皆言曰：邡易（陽）之酷佰黃齊、黃黽皆目（以）甘匝之鲁＝（爨月）死於尖＝（小人）之敔卲戌之笑邑。（包 125）

（24）東周之客嚳（許）綎至（致）作（胙）於蒇郢之散（歲）頤（夏）层之月癸卯之日，子左尹命漾陸（陵）之宫大夫✦（察）州里人墜牟之與亓（其）父墜年同室與不同室。（包 126）

（25）大宫痎、大騸（駟）尹市（師）言胃（謂）：墜牟不與亓（其）父墜年同室。牟居郢，與亓（其）季父✦連嚻墜必同室。大宫痎内氏（是）篿（志）。（包 127）

（26）左尹與郯公賜、正婁忟、正敏（令）墾、王厶（私）司敗（敗）邊、少里喬與尹翠、郯逄（路）尹韏、發尹利之命胃（謂）：羕陸（陵）宫大夫司敗（敗）✦（察）羕陸（陵）之州里人墜牟之不與亓（其）父墜年同室。（包 128）

（27）頤（夏）层之月癸卯之日，敱言市目（以）至，既涉於喬與，喬差（佐）僕（僕）受之。亓（其）✦（察），敱言市既目（以）迡郢。（包 128 反）

(28) 東周客鄎（鄢）經逗（歸）祚（胙）於䉵郢之哉（歲）顕（夏）层之月，互（亟）思少司馬登癳言胃（謂）：甘匜之哉（歲），左司馬迪目（以）王命命互（亟）思舍枼（葉）䌛王之𩵋（饗）一青義（犠）之賽足金六匀（鈞）。（包 129）

(29) 漾陸（陵）大宮瘃、大駋（駟）尹帀（師）、鄡公丁、士帀（師）墨、士帀（師）鄢慶吉啓漾陸（陵）之厽（参）鈢而才（在）之某瘫才（在）漾滏（陵）之厽（参）鈢閇（間）迎（御）之典匯。（包 13）

(30) 是哉（歲）也，互（亟）思少司馬屈䇇目（以）足金六匀（鈞）聖（聽）命於枼（葉），枼（葉）邑大夫左司馬郯（越）虢弗受。鹹公鹇之哉（歲），互（亟）思少司馬䇇剩（勝）或（又）目（以）足金六匀（鈞）舍枼（葉），枼（葉）邑大夫集易（陽）公都（蔡）逯䇇受。（包 130）

(31) 東周之客䛑（許）珵逗（歸）作（胙）於䉵郢之哉（歲）顕（夏）夽之月癸丑之日，鄁（陰）司敗（敗）某旟（旱）告湯公競軍言曰：毂（執）事人誣（誣）鄁（陰）人恒（桓）糈、苛冒、舒遨、舒珵、舒慶之獄於鄁（陰）之正。（包 131）

(32) 䛑（許）經之膏＝（享月）甲午之日，喬尹傑駋（駟）從郢目（以）此等（志）垄（來）。（包 132 反）

(33) 儨（僕）目（以）誥告子＝鄎＝公＝（子鄎（宛）公，子鄎（宛）公）命䣙右司馬彭悍爲儨（僕）笑䇇（志），目（以）舎（陰）之勤客、舎（陰）郲（侯）之慶李、百宜君，命爲儨（僕）搏（捕）之。（包 133）

(34) 鄁（陰）人舒珵命諱（證）鄁（陰）人迎（御）君子陞（陳）旦、陞（陳）龍、陞（陳）無正、陞（陳）狱，與亓（其）勤客、百宜君、大叀（史）連中、左闍（關）尹黄惕、䣽（酢）差（佐）都（蔡）惑、坪琜（射）公都（蔡）冒、大䑞尹連虐（且）、大胆尹公夒必，與䓮卅＝（三十）。（包 138）

(35) 東周之客䛑（許）珵逗（歸）作（胙）於䉵郢之哉（歲）十月辛巳之日，畢（畢）䑞尹栖糖與𢦏君之司馬奉爲皆告城（成），言胃

（謂）：小人各政（征）於小人之陞（地），無静（争）。（包140）

（36）東周之客許（許）徍遑（歸）祚（胙）於䖒郢之戢（歲）舀（夏）月乙巳之日，秦夫大夫怡之州里公周𬨥言於左尹與䣄公賜、资（儥）尹𤉟、正婁忨、正敏（令）𡉎、王厶（私）司𣀇（敗）邊、少里喬與尹𡊥、郯迗（路）尹𨸏、發尹利。（包141）

（37）舀（夏）月乙巳之日，鄶窫（國）磁敀鄢君之泉邑人黄欽言於左尹與䣄公賜、儥尹𤉟、正婁忨、正敏（令）𡉎、王私司𣀇（敗）邊、少里喬舉（與）尹𡊥、郯迗（路）尹𨸏、發尹利。（包143）

（38）欽言曰：郯迗（路）尹憍轂（執）小人於君夫人之歧愴，甲晨（辰）之日，小人取愴之刀目（以）解小人之桎，小人逃至州遹（巷），州人牁（將）䃻（捕）小人，小人信目（以）刀自戕（傷），州人安（焉）目（以）小人告。（包144）

（39）成易（陽）𠃓尹成目（以）告子司馬。（包145）

（40）陞（陵）𠃓尹塙目（以）楊虎喇（斂）闇（關）金於邞斂，𤿑仿之新易（陽）一邑、霈地一邑、厲一邑、鄭一邑、房一邑、佶楮一邑、新佶一邑，與亓（其）㻌：女縣一賽、涅㻌一賽、狩㻌一賽、𢽜㻌一賽，不量亓（其）闇（關）金。陞（將）詳之於亓（其）尹敏（令）。陞（陵）𠃓尹之𡣫（相）𡑞余可内之。（包149）

（41）儓（僕）五市（師）宵馆之司𣀇（敗）若敢告𪖈（視）日：邵行之大夫盤阿夸（今）轂（執）儓（僕）之馆登虓、登昇（期）、登儓（僕）、登𡊄（感）而無古（故）。（包15）

（42）邞易（陽）之醃里人邵狁、郤𩁱、盤己，邞易（陽）之牢宙（中）獸（獸）竹邑人宋蠱，莢陞（陵）之賤里人石紳貣（貸）徒蒿（蘧）之王金不賽。徒蒿（蘧）之客苛盷内之。（包150）

（43）左敳（馭）番戌飤（食）田於邞窫（國）嚙邑城田，一索畔（半）畹。戌死，亓（其）子番靐迻（後）之。靐死無子，亓（其）弟番黠迻（後）之。黠死無子，左尹士命亓（其）從父之弟番歖迻（後）之。（包151）

（44）左敳（馭）遊辰（晨）骨賈之。又（有）五箭，王士之迻（後）郘賞閔（間）之，言冑（謂）番戌無迻（後）。右司馬适命左敏（令）黙定（正）之，言冑（謂）戌又（有）迻（後）。（包152）

(45) 鄡少司城觠頡爲喪，受足於僕（僕）。方鄡左司馬兢慶爲大司城喪客，虞（且）政五連之邑於艬（葬）王士，不目（以）告僕（僕）。（包155）

(46) 左尹晃（冠）目（以）亓（其）不昱（得）韔（執）之尻，弗能詣。（包156）

(47) 鄡宭命少剝（宰）尹鄡瑿出（察）餇（問）大梁（梁）之戠雒之客苛坦。苛坦言胃（謂）：鄡攻尹屈惕命解舟藂、舟戴、司舟、舟斯、車輣坌斯、牢审（中）之斯、古斯、珤竽駴（駟）倌、竽倌之衋賁解。（包157）

(48) 夐（爨）月己亥之日，鄡少宰尹鄡瑿目（以）此等（志）至（致）命。（包157反）

(49) 鄀公嘉之告言之攻尹。郹敵（令）瑨（荆）之告、陛（陳）興之告言之子司馬。（包159）

(50) 殿仿司馬婁臣、殿仿貞（史）婁佗諍事命，目（以）王命證（囑）之正。（包161）

(51) 東周之客響（許）經逕（歸）祚（胙）於蔵鄡之瑨（荆）屎之月，所證（囑）告於正婁忺；壬申，鄰（滕）少司馬觠栖（酉）、邸昜（陽）君之人陛（陳）賈；乙亥，周趺；戊寅，鄠賎尹艇。（包162）

(52) 頤（夏）屎甲寅，鄰（陰）人陛（陳）巠（强）；戊午，鹽虢、黃亞；壬戌，邾司敗（敗）陛（阰）、周惕之人曼（獲），邾邑人鄠仮、陸（隋）晨；酉（丙）寅，邸昜（陽）君之人陛（臧）塙、墰君之人斐（隋）惕，凍（臧）燭。（包163）

(53) 亯（享）月己巳，审（中）厥（厥）馱豫、邱（鄧）思公之州里公虝、鄚（梁）人馱慶、下都（蔡）人兢殷（履）；辛未，楚斯族伥動、郹毆連罟雗；壬申，李斂于；癸栖（酉），喜人之州加公黃監、鄠（鄂）君之人利吉、大厥（厥）登筥（僕）、荇君之加公宋𦔐、婁适；乙亥，集尐命（令）登嘉；戊寅，鄡邑人疋记（起）；辛巳，沰昜（陽）賺尹郜（宛）余，婁瓢（狐）、郹尹之人敂、丐（賓）鮍（撫）之州加公響（許）勅（勝）、登（鄧）人遠緦。（包164）

(54) 壬午，奠（鄭）它人、郹敵（令）之州加公苛暗；癸未，邲（越）异之人周散、佶陸（陵）君之人登（鄧）定；甲申，喜君之人奠

（鄭）雁；已丑，新都人奠（鄭）逃；壬晨（辰），郟（梁）人獸宜；酉（丙）申，䣙䣈人黃䱷。頤（夏）柰己亥，鄔君之人登（鄧）䲶；辛亥，囂鳩尹之州加【公】經䶅（貍），刟痈（寑）遺喜。（包165）

（55）䴡，葴陸（陵）之偏司敗（敗）邠敄，悢（威）王琓凍（臧）嘉，刟痈（寑）敓（令）之州【人】苛䱵（䲹）；辛栖（西），佶儑（儞）司敗（敗）䣮（越），晋倉（合）之人䣗昃（得），子西㞢尹之人辛；乙丑，䣙（耶）陸（陵）敓（令）腸歫，章余可；酉（丙）寅，䃞（陳）公之人奠（鄭）少士，佶辻䢍甬，鄴陸（陵）人李䣮（越）。（包166）

（56）惠夫人之人文䚰，葴陸（陵）人䣙鱡。八月戊晨（辰），大廄（厩）盤㝵（沙），鄢人桑覞，大辻苛羅，凍（臧）秦之人吳加；辛未，東郯人登（鄧）𢶊，東郯人登（鄧）𡎚（迢）；壬申，佶㞢邾䣓；戊寅，疋柬遝，苛燁，乙栖（西），㮰䣈隓（隋）䘢，邸昜（陽）君之人番覞；已丑，玙尹郢，宙（中）廄（厩）苛善，陸（陳）聖。（包167）

（57）九月戊戌，䣓（范）俊（作）；辛丑，舟䕅公承、舟斨公䍒、司舟公䑀（免）；壬寅，夜亞（基）之里人䆋隊（隧）；乙巳，刟㦰某郊；酉（丙）午，䚩（單）善之人苛㛚；戊申，佶㽙黃瘝之人䍐（廖）鏋（錙），鄾人秦赤；辛亥，妾婦監，貞（史）懌，鄾人秦赤；酉（丙）晨（辰），隓（隋）忱之人惑，黃和；癸亥，㮰䣈司𢛈（直）秀䣈，𤲆人䣓（范）賸。（包168）

（58）十月戊寅，㮰䣈司𢛈（直）䣈，苛䯄，湛母邑人屈虞（就），佶大辻舒肦，郟（梁）人獸慶；辛巳，鄴陸（陵）人邰快，武陸（陵）刟尹之人䍐足，䣈遝邑人周經，㮰䣈某子莤，鄂邑人吳劮（勝），佶龂獸妾之人登䲺，鹽䰧。（包169）

（59）己丑，喜沱人宋丹，㮰䣈人絑瑏（牆）豛（襄），至命連囂妾，黃鱡，都（蔡）敉，陸（隋）鐘連囂阿，大佶㦰黃敁。爰（爨）月己亥，鄾人黃戍，鄴（葉）人䣍（宛）趣。（包170）

（60）所諨（囑）於發尹利：䐃（荊）屒壬申，鄾人獸仫余，㾻（瘳）埜（野）。（包171）

（61）己丑，䣓君緜（繇）發；甲午，浧昜（陽）人陸（陳）團，悢（威）王之坑（坅）人凍（臧）昬。頤（夏）柰己亥，霝昜（陽）人鹽泉（溺）；甲晨（辰），登（鄧）孚（免）；乙巳，䣄郢攻尹之人登（鄧）臤（堅），大佸辻䜌迡，攻廥（府）苛忩；辛亥，郐快，鄭戝獣軛，䣄郢少司馬陞（陳）𥉅。（包172）

(62) 癸丑，新埜（野）君之州加公迻；㫗（丙）晨（辰），妾婦遂，登（鄧）軍之州人婁𩭗；己未，李璨（瑤）之人頎，黃俚，罼（畢）同，正昜（陽）腹尹﨑（踦），邔昜（陽）少司馬獣贈，鹽虢；辛栖（酉），凍（臧）暑，邙（越）异之人五慶。八月辛未，悁（威）王佸室翆（翏）癚，古辻湯昳。（包173）

(63) 壬申，周申之人應，訋人余爲；甲戌，鄏人獣嬡；戊寅，正昜（陽）辻畾（雷）秦，大獣之州人黃子嬽，萧王塙（坤）人翆（翏）亞夫；壬晨（辰），諍豫，𫄴（繇）戝黃𢦏，新佸辻黃僨，佸戝亢癚，隓城（成）莫囂之人利邖（越）；乙栖（酉），酈（鄜）邑人郧邖（越），吳晉。（包174）

(64) 己丑，审（中）廏（厩）敄（馭）都（蔡）臣，武城（成）人番嗌耳。九月戊戌，鄯君之右司馬；己亥，𭹣新官宋亡正，畾（雷）孚（免）；辛巳，佸戝邦遺；㫗（丙）午，李癚；戊申，邔昜君之人番睍；己栖（酉），酈邑人登（鄧）桷；辛亥，妾婦婡，𭹣賺尹賺；㫗（丙）晨（辰），遊宮坦倌黃贛。（包175）

(65) 戊午，鄏人番羕，子姬鹽蟄（蠻），魯客專臣，蒇泥君之人苛軶（轅），新大廏（厩）屈爲人；辛栖（酉），鄒异（己）之人𣌧，獣駆（襄），石蒼。十月己丑，鄏君之人酈（應）懌，宵官司敓（敗）若，鹽墒，苛狗子，卲嬡之人舒亡悁（畏），郐莫囂之人鹽癚。（包176）

(66) 癸巳，正昜（陽）正差翆（翏）蟄（蠻），喜君之人朁（潛）妾；甲午，鄍辻敏（令）絑；乙未，郣昜（陽）司敓（敗）鄒贈，羕陵（陵）公之人獣戁（慎），大室酓（酖）尹泉（溺）。亯（饗）月己亥，妾婦婡；癸丑，佸大辻䜌迡。（包177）

(67) 所詛（囑）於郊遂（路）尹虗：䚕（荆）层壬申，邨人陞（陳）弃，酓（熊）鹿耗，登澨之人陸（隋）訓；戊寅，邢（梁）人獣慶，門婁悲。頤（夏）层甲寅，陞（陵）尹之人黃紊（繁），鄭人登（鄧）蒼，疆馭（馭）婁列（間）；戊午，佸辻李詑；己未，邔昜（陽）辻周歧，聖夫人之鄬邑人嘼。（包179）

(68) 郜（蔡）遺受盥（鑄鐱）（劍）之官宋弜（強）。宋煥瀘（廢）亓（其）官事，命受正㠯（以）出之。中酴䜌（許）适內（納）之。（包18）

(69) 壬戌，贎笋舍（陰）巳（夷）安，舟室舒臣，需里子之州差（佐）䜌（許）時，競賈之州加公陞䟃，疆敓（敔）郖愈；酉（丙）寅，鄰君新州里公陞勑（勝），鄁君之人䜌（許）郜（蔡），秦戠連鬐脜，鹽虩。㝵（享）月己巳，郘戠黃請，緜（縣）動，宀（中）佫戠少童羅角，右敓（敔）郖還。（包180）

(70) 辛未，安郂（陸）人陞（陳）環，陛（陵）人番乙；壬申，卲上之州加公鄳（鄡），郬（應）族之州人孫之，㿱廈（府）曆；乙亥，郙昜（陽）人李踼，莫囂之州加公五鄈；戊寅，遊倉；癸未，少妾媡，奠（鄭）羊；甲申，泟昜（陽）人鹽𦎧。（包181）

(71) 酉（丙）戌，坪（平）夜（輿）君之州加公酓（熊）鹿，弡新，㝵（享）埜（野）邑人陞（陳）𣂈（堅），舒善，某溪（溪）邑人䣱（殷）䢅（獲）志，己丑，宵官司敗（敗）追；壬晨（辰），鄭株之仿周䢅；癸巳，郊人蠱㠯（㠯）；酉（丙）申，右司馬慢之州加公番㚇。頇（夏）柰己亥，歓快，辛丑，下郜（蔡）人罺（畢）會；甲晨（辰），李獻，大凍（臧）之加公黃申。（包182）

(72) 乙巳，鄭昜（陽）人陞（陳）楚，新埜（野）人少妾斯，郚寅；辛亥，郚（宛）人郬（應）酉（丙），郜（蔡）散，朹券之州人周庚，新大廄（廐）郜（蔡）己；癸丑，泟昜（陽）人邟曼（得）；酉（丙）晨（辰），郊人鱕𩼈，欥默（獸）鄜邑公夋；己未，虩公肱，陞鼀司敗（敗）鄡，悢（威）王堷（坻）人凍𩰶。（包183）

(73) 乙丑，鄭人舒郙，陞暑。八月辛未，舒經；壬申，坪陛（陵）敂（令）㥛；戊寅，郚㞷，郜雁；壬晨（辰），鄰人䣱（殷）㨲，王西州里公周䛎，泟昜（陽）人邟曼（得），鄰人秦赤，湯午；酉（丙）申，郜（蔡）秿；壬晨（辰），大廄（廐）黃𩈁，大戠登（鄧）余善，苟欲。（包184）

(74) 笑邑人苟佗，五子媍，㮛鄸人酓（熊）霝造；酉（丙）申，㮛鄸公之州加公婁𨓦，觀蠆。九月己亥，陞暑，陞悷，臨昜（陽）人宝（主）賈；壬寅，五市（師）士尹宜咎；甲晨（辰），君夫人之券阹周

迟；乙巳，苟鯠（謄）；酉（丙）午，邸昜（陽）君之某敓；己栖（酉），佶辻嚚甬，遽（魯）快。（包185）

(75) 酉（丙）晨（辰），郊䋣人靶（范）固，陣（陳）團；己未，邸昜（陽）君之人番覭，佶辻䣄（邾）和，正昜（陽）辻䢼（殷）憂（獲）志，新䎼尹之人勝，鹽昜（陽）敏（令）攝，佶䢼䣄䡧，奠（鄭）受；辛栖（酉），登（鄧）人涷（臧）燭，豢陸（陵）少匂尹燒。（包186）

(76) 所謐（囑）於正敏（令）塁：䎼（荊）屄乙亥，登（鄧）䣒（蔡），競駝；戊寅，佶䣐豜臣。顊（夏）屄甲寅，登（鄧）人苟捭；戊午，婁產；己未，妾婦壬女。顊（夏）柰乙丑，大尹之人黃斲（慎）。八月戊晨（辰），登（鄧）塙，酃昜（陽）莫囂之人疼，正秀暘，穆亥。（包187）

(77) 戊寅，邸䝲，羋夫人之人駐䋯；乙栖（酉），邸宮大夫黃䎃，邱昜（陽）人陸（陳）坡；己丑，鄢鞔（執）事人鄢奠，鄭丘邘邅（俎）之人果；壬晨（辰），上鄀邑人周喬儀，遊邥（越），瘟（瘳）亞夫。（包188）

(78) 戊申，昜（陽）廐（厩）尹之人黃欱，新大廐（厩）墬晉；辛亥，翠（瘳）亞夫，佶㕅（交）登（鄧）翠（輕）；酉（丙）晨（辰），鄴君之州加公石疸，株昜莫囂州加公張謹（歡），邗競之州加公邸秦，鄭敏（令）之州加公苟暗。（包189）

(79) 顊（夏）柰之月乙丑之日，鄢正婁䋯號受旮（幾），八月乙亥之日不遟（將）羋倉旨（以）廷，阩門又（有）敗（敗）。（包19）

(80) 戊午，登（鄧）裝（勞），鄀郢黃鯛，郥（越）异之人靶（范）賈，豪君之子連郢，笑州加公周蕫；己未，遊宮州加公矧；辛栖（酉），篁敏（令）州加公墬女，楚䜣邰。十月乙亥，酓（熊）鹿䖍，䉨快耳，東乇（宅）人登（鄧）環，屈賈，曼（文）繡（紳）。（包190）

(81) 戊寅，䣓邑人登（鄧）䣒，豐（壘）昜（陽）君之人宋午，王西州里公命䛃，廊（應）族州里公黃固；辛巳，宣王坉（坵）市客苟鼍，陸（陳）人羋敦；己丑，妾婦妿，邱昜（陽）仔公悃，新大廐（厩）䢼（殷）憜（親），䣄（蔡）酉（丙），邒辻尹之人舒余善，膚䣐連囂鏪，舒豫。（包191）

(82) 甲午，惧（威）王佶室楚劃（斷）陸（陳）吉，楊噩（亂）人邨（蔡）齊；乙未，陸（陳）人譻佂（僕）之人走（上），郯（弦）人武貴墨，坪陸（陵）君之州加公佢新。食（爨）月己亥，鄐（宛）人舒頤（夏）臣，鹽塙。（包192）

(83) 言月戊寅，頤（夏）敏（令）邨（蔡）諜。（包193）

(84) 辛巳，辻敏（令）卓（史）疾（瘓），葴尹毛之人，鄭戲尹龘之人。（包194）

(85) 所諠（囑）於少里喬舉（與）尹翌：巳。（包195）

(86) 所諠（囑）於王厶（私）司敓（敗）邊；言（享）月己巳，舍（熊）相虞（且）。（包196）

(87) 宋客盛公聘骬（聘）於楚之散（歲）習（荆）尿之月乙未之日，鹽吉曰（以）保豕（家）為左尹佗卣（貞），自習（荆）尿之月曰（以）橐（就）習（荆）尿之月，出内（人）事王，聿（盡）采（卒）散（歲），躬身尚（尚）毋又（有）咎。（包197）

(88) 宋客盛公聘骬（聘）於楚之散（歲）習（荆）尿之月乙未之日，石被裳曰（以）訓靇為左尹佗卣（貞），自習（荆）尿之月曰（以）橐（就）習（荆）橐（就）習（荆）尿之月，聿（盡）采（卒）散（歲），躬身尚（尚）毋又（有）咎。（包199）

(89) 魯易（陽）公曰（以）楚帀（師）迻（後）鼉（城）奠（鄭）之散（歲）昔（冬）柰之月，戱敏（令）彭圖命之於王大子而曰（以）阩（登）訒人所幼未阩（登）戱之玉寶（府）之典。（包2）

(90) 頤（夏）柰之月乙丑之日，鄐司敓（敗）李聃受合（幾），九月甲晨（辰）之日，不卣（貞）周悃之奴曰（以）至（致）命，阩門又（有）散（敗）。（包20）

(91) 罷禱文坪（平）夜（興）君、邨公子酱（春）、司馬子音、邨（蔡）公子豢（家），各戠（特）豢，酉（酒）飤（食）。（包200）

(92) 宋客盛（公）聘骬（聘）於楚之散（歲）習（荆）尿之月乙未之日，鄘（應）會曰（以）央著為子左尹佗卣（貞）；自習（荆）尿之月曰（以）橐（就）習（荆）尿之月，出内（人）事王，聿（盡）采（卒）散（歲），躬身尚毋又（有）咎。（包201）

(93) 罷禱於文坪（平）柰（興）君，邨公子苞（春）、司馬子音、

鄩（蔡）公子豪（家），各戠（特）埜（豢），酉（酒）飤（食）。（包203）

（94）東周之客響（許）䋭逞（歸）胙（胙）於葳郢之戠（歲）昔（冬）柰之月癸丑之日，罷禱於文坪（平）夜（輿）君、鄴（邵）公子䉵（春）、司馬子音、鄩（蔡）公子豪（家），各戠（特）豢，饋之。（包206）

（95）東周之客響（許）䋭逞（歸）胙（胙）於葳郢之戠（歲）遠柰之月癸卯之日，苛光㠯（以）長惻爲右（〈左〉）尹𧊒卣（貞）：疒（病）腹疾，㠯（以）少慜（氣），尚毋又（有）咎。（包207）

（96）東周之客響（許）䋭至（致）祚（胙）於葳郢之戠（歲）顕（夏）屎之月乙丑之日，五生㠯（以）丞悳爲左尹𧊒卣（貞）：出內（人）峕（侍）王，自顕（夏）屎之月㠯（以）臺（就）集（集）戠（歲）之顕（夏）屎之月，聿（盡）集（集）戠（歲），穹（躬）身尚母（毋）又（有）咎。（包209）

（97）八月己巳之日，司豐司敗（敗）鄒頤受㫊（幾），辛未之日不遲（將）集（集）獣（獸）黃辱、黃蟲（蚰）㠯（以）廷，阩門又（有）敗（敗）。正旦塙戠之。（包21）

（98）東周之客響（許）䋭逞（歸）作（胙）於葳郢之戠（歲）顕（夏）屎之月乙丑之日，鹽吉㠯（以）𢓷（保）豪（家）爲左尹𧊒卣（貞），出內（人）峕（侍）王，自顕（夏）屎之月㠯（以）臺（就）集（集）戠（歲）之顕（夏）屎之月，聿（盡）集（集）戠（歲），躬身尚毋又（有）咎。（包212）

（99）賽禱文坪（平）夜（輿）君、鄴公子䉵（春）、司馬子音、鄩（蔡）公子豪（家），各戠（特）豢，饋之。（包214）

（100）東周之客響（許）䋭逞（歸）作（胙）於葳郢之戠（歲）顕（夏）屎之月乙丑之日，苛嘉㠯（以）長則爲左尹𧊒卣（貞）：出內（人）峕（侍）王，自顕（夏）屎之月㠯（以）臺（就）集（集）戠（歲）之顕（夏）屎之月，聿（盡）集（集）戠（歲），躬身尚母（毋）又（有）咎。（包216）

（101）東周之客響（許）䋭逞（歸）作（胙）於葳郢戠＝（之戠（歲））炱（䵼）月己酉之日，響（許）吉㠯（以）保豪（家）爲左尹邵

佗卣（貞），曰（以）其下心而疾少獎（氣）。（包218）

(102) 八月己巳之日，邟司馬之州加公李瑞、里公隨（隨）戛（得）受占（幾），辛未之日不諜（察）陞（陳）宝䧹之劓（傷）之古（故）曰（以）告，阩門又（有）敓（敗）。（包22）

(103) 東周之客蠿（許）䋙逯（歸）作（胙）於葴郢之㱦（歲）夋（爨）月己栖（酉）之日，苛光曰（以）長惻為左尹卲佗卣（貞），曰（以）其下心而疾，少獎（氣）。亟（恆）卣（貞）吉，庚、辛又（有）列（間），疕（病）遬（速）瘳（瘥）。（包220）

(104) 東周之客䜌（許）䋙逯（歸）作（胙）於葴郢㱦＝（之歲）夋（爨）月己茜（酉）之日，郲朕曰（以）少寶為左尹卲佗卣（貞），㤅（既）又（有）疕（病），疕（病）心疾，少惡（氣），不內䬴（食），夋（爨）月兯（幾）审（中）尚毋又（有）羕（恙）。（包221）

(105) 屈宜習之，曰（以）彤𩂙為左尹卲佗卣（貞）：㤅（既）又（有）疕（病），疕（病）心疾，少惡（氣），不內䬴（食），尚毋又（有）羕（恙）。（包223）

(106) 東周客䜌（許）䋙逯（歸）脺於葴郢之㱦（歲）夋（爨）月𣄰（丙）晨（辰）之日，攻尹之硅轂（執）事人䀠塱（與）𡎸（衛）鵃為子左尹佗聖（與）禱於新（親）王父司馬子音，䝳（特）牛，饋之。（包224）

(107) 東周之客䜌（許）䋙逯（歸）复（胙）葴郢㱦＝（之歲）夋（爨）月𣄰（丙）晨（辰）之日，硅尹之硅轂（執）事人䀠塱（與）𡎸（衛）鵃為子左尹佗聖（與）禱於殤（殤）東陞（陵）連囂子發，肥豕，蒿祭之。（包225）

(108) 大司馬悆（悼）髖（愲）逆（將）楚邦之帀（師）徒曰（以）救（救）郙㱦＝（之歲）䣇（荊）屍脊＝（之月）己卯㫰＝（之日），鹽吉曰（以）瑧豢（家）為左尹佗卣（貞）：出內（入）寺（侍）王，自䣇（荊）屍脊＝（之月）曰（以）橐（就）集㱦（歲）之䣇（荊）屍脊＝（之月），肀（盡）集㱦（歲），䠷（躬）身尚毋又（有）咎。（包226）

(109) 大司馬悆（悼）髖（愲）逆（將）楚邦之帀（師）徒曰（以）救（救）郙之㱦（歲）䣇（荊）屍脊之月己卯之日，陞（陳）乙曰

（以）共命爲左尹舵甹（貞），出内（入）峀（侍）王，自賹（荊）尿之月目（以）臺（就）集歲（歲）之賹（荊）尿之月，聿（盡）集歲（歲），穿（躬）身尚毋又（有）咎。（包228）

（110）八月己巳之日，鄴少司散（敗）凍（臧）未受占（幾），九月癸丑之日不遝（將）鄴大司散（敗）目（以）累（盟）鄴之樅里之担無又（有）李多由（思），阩門又（有）散（敗）。（包23）

（111）大司馬悼（悼）愲（愲）遝（將）楚邦之帀（師）徒目（以）救（救）郙之歲（歲）賹（荊）尿之月己卯之日，觀綳目（以）長䨳（靈）爲左尹舵甹（貞）：出内（入）峀（侍）王，自賹（荊）尿之月目（以）臺（就）集歲（歲）之賹（荊）尿之月，聿（盡）集歲（歲），穿（躬）身尚毋又（有）咎。（包230）

（112）大司馬悼（悼）愲（愲）送楚邦之帀（師）徒目（以）救（救）郙之歲賹（荊）尿之月己卯之日，五生目（以）丞惠爲左尹舵甹（貞）：出内（入）峀（侍）王，自賹（荊）尿之月目（以）臺（就）集歲（歲）之賹（荊）尿之月，聿（盡）集歲（歲），穿（躬）身尚母又（有）咎。（包232）

（113）大司馬悼（悼）愲（愲）送邦之帀（師）徒目（以）救（救）郙之歲（歲）賹（荊）尿之月己卯之日，訐（許）吉目（以）駁䨳（靈）爲左尹舵甹（貞），出内（入）寺（侍）王自賹（荊）尿之月目（以）臺（就）集歲（歲）之賹（荊）尿之月，聿（盡）集歲（歲），茲身尚母又（有）咎。（包234）

（114）大司馬悼（悼）愲（愲）徍楚邦之帀（師）徒目（以）救（救）郙之歲賹（荊）尿之月己卯之日，鹽吉目（以）珥豪（家）爲左尹舵甹（貞）：既腹心疾，目（以）硐（走）悶（氣），不甘飲（食），舊（久）不瘱（瘥），尚遬（速）瘥（瘥），母又（有）柰。（包236）

（115）大司馬悼（悼）愲（愲）遝（將）楚邦之帀（師）徒目（以）救（救）郙之歲（歲）賹（荊）尿之月己卯之日，陸（陳）乙目（以）共命爲左尹舵甹（貞）；既腹心疾，目（以）上悶（氣），不甘飲（食），尚遬（速）瘥（瘥），母又（有）柰。（包239）

（116）八月辛未之日，邟司馬豫之州加公李逗、里公陸（隨）㺇（得）受占（幾），癸酉（酉）之日不䝨（察）陸（陳）雛之剔（傷），

阱門又（有）敗（敗）。正羅怈。（包24）

（117）舉（與）禱文坪（平）夏（輿）君子良、邸公子萅（春）、司馬子音、郜（蔡）公子豪（家），各戠豢，饋之。（包240、241）

（118）大司馬悼（悼）髃（愲）遱楚邦之帀（師）徒目（以）栽（救）郙之散（歲）習（荊）屍之月己卯之日，觀綳目（以）長靁（靈）爲左尹旆貞（貞）：既腹心疾，目（以）赱（上）懸（氣），不甘飤（食），舊（久）不瘼（瘥），尚遬（速）瘼（瘥），毋又（有）柰。（包242）

（119）大司馬悼（悼）髃（愲）遱楚邦之帀（師）徒目（以）栽（救）郙之歲習（荊）屍之月己卯之日，五生目（以）丞惪目（以）爲左尹旆貞（貞）：既腹心疾，目（以）上懸（氣），不甘飤（食），尚遬（速）瘼（瘥），毋又（有）柰。（包245）

（120）大司馬悼（悼）髃（愲）遱楚邦之帀（師）徒目（以）栽（救）郙之歲習（荊）屍之月己卯之日，譻（許）吉目（以）駮霝爲左尹旆貞（貞）：既腹心疾，目（以）上懸（氣），不甘飤（食），舊（久）不瘼（瘥），尚遬（速）瘼（瘥），毋又（有）柰。（包247）

（121）目（以）亓（其）古敓（說）之，舉（與）禱大水，一犧馬；舉（與）禱吾公子萅（春），司馬子音，郜（蔡）公子豪（家），各戠（特）豢，饋之；舉（與）禱社，一貓。（包248）

（122）大司馬悼（悼）愲栽（救）郙之散（歲）顕（夏）屍之月己亥之日，觀義目（以）保豪（家）爲左尹卲旆貞（貞）：目（以）亓（其）又（有）瘇瘍（病），赱（上）氣（氣），尚毋死。（包249）

（123）八月辛未之日，司敗（敗）黃貴龥受笘（幾），癸巳之日不遅（將）玉敂（令）霆、玉婁瘷目（以）廷，阱門又（有）渼（敗）。（包25）

（124）八月壬申之日，𦀚易（陽）大正登（鄧）生胅受笘（幾），八月癸巳之日不遅（將）鄹易（陽）宮大夫目（以）廷，阱門又（有）敗（敗）。正羅壽戠之。（包26）

（125）大司馬悼（悼）骴（滑）栽（救）郙之歲享月丁亥之日，左尹夒（葬）。（包267）

（126）八月癸栖（酉）之日，邸易（陽）君之州里公登（鄧）賸

(嬰)受岀（幾），乙亥之日不目（以）死於元（其）州者之諹（察）告，阩門又（有）敗（敗）。正邸塙。（包27）

（127）八月甲戌之日，蔵尹之司敗（敗）郇夻塞（夷）受岀（幾），辛巳之日不遅（將）蔵尹之鄒（邯）邑公遠忻、莫囂遠覘目（以）廷，阩門又（有）敗（敗）。（包28）

（128）八月甲戌之日，鄝莫囂之人周壬受岀（幾），癸未之日不廷，阩門又（有）敗（敗）。正坓旻（得）。（包29）

（129）八月戊寅之日，邔司馬之州加公李倩、里公隨旻（得）受岀（幾），辛巳之日不𢍰（察）陸（陳）醮之剔（傷）目（以）告，阩門又（有）敗（敗）。（包30）

（130）八月戊寅之日，鄥司敗（敗）都（蔡）否（丙）受岀（幾），己丑之日不遅（將）鄥之己里人青辛目（以）廷，阩門又（有）敗（敗）。正秀不孫。（包31）

（131）八月戊寅之日，邸易君之州里公登（鄧）綏（纓）受岀（幾），辛巳之日不目（以）所死於元（其）州者之居尻（處）名族至（致）命，阩門又（有）敗（敗）。（包32）

（132）八月辛巳之日，臨易（陽）之駃（御）司敗（敗）黃異受岀（幾），癸巳之日不遅（將）五皮目（以）廷，阩門又（有）敗（敗）。（包33）

（133）八月辛巳之日，俰䢴（與）之閒（關）戠公周童耳受岀（幾），己丑之日不遅（將）俰䢴（舉）之閒（關）人周敀、周瑑（瑤）目（以）廷，阩門又（有）敗（敗）。（包34）

（134）八月癸未之日，新遊宮中醶之州加公嬎（彌）麗受岀（幾），乙栖（酉）之日不遅（將）毓目（以）廷，阩門又（有）敗（敗）。（包35）

（135）八月己丑之日，福易（陽）剆（宰）尹之州里公婁毛受，壬晨（辰）之日不遅（將）苛唇（晨）目（以）廷，阩門又（有）敗（敗）。旦塙。（包37）

（136）八月己丑之日，弞（射）夻君之司敗（敗）凍（臧）軻受岀（幾），癸巳之日不遅（將）弞（射）夻君之司馬駕與弞（射）夻君之人南䢓、登（鄧）敢目（以）廷，阩門又（有）敗（敗）。（包38）

(137) 八月己丑之日，付舉（舉）之闇（關）敀公周童耳受呂（幾），九月戊申之日不遟（將）周斂、周瑑（瑤）目（以）廷，阩門又（有）敗（敗）。正廷忻戠之。(包39)

(138) 八月乙未之日，菁陸（陵）司敗（敗）墜非受呂（幾），九月己栖（酉）之日不遟（將）李羕目（以）廷，阩門又（有）敗（敗）。(包40)

(139) 八月乙未之日，鞎夫人之大夫番嬴受呂（幾），九月戊申之日不遟（將）駐𨕙目（以）廷，阩門又（有）敗（敗）。(包41)

(140) 八月否（丙）申之日，需里子之州加公文壬、里公苟𤉷（誠）受呂（幾），九月戊戌之日不𢓺（察）公孫虢之㳄之死，阩門又（有）敗（敗）。(包42)

(141) 九月己亥𨁂君之右司馬均凍（臧）受呂（幾），十月辛巳之日不逞（歸）板於登（鄧）人目（以）至（致）命於鄄，阩門又（有）敗（敗）。(包43)

(142) 九月己亥之日，鄏（畢）右仔尹李肱受呂（幾），十月辛巳之日不逞（歸）登（鄧）人之金，阩門又（有）敗（敗）。(包44)

(143) 九月辛丑之日，五帀（師）偖腰司敗（敗）周國受呂（幾），己栖（酉）之日不遟（將）登（鄧）厡目（以）廷，阩門又（有）敗（敗）。(包45)

(144) 九月甲晨（辰）之日，邶（越）异之司敗（敗）番覝受呂（幾），戊申之日不遟（將）邶（越）异之大帀（師）邶（越）價目（以）廷，阩門又（有）敗（敗）。(包46)

(145) 九月甲晨（辰）之日，頡司敗（敗）李乎受呂（幾），十月辛巳之日不哥（將）頡宮夫=（大夫）敢公遬（魯）异（期），𦖞易（陽）公穆痾與周悃之分𨒌廷，阩門又（有）敗（敗）。(包47)

(146) 九月戊申之日，鞎夫人之大夫番嬴受呂（幾），癸亥之日不遟（將）𨕙𨕙目（以）廷，阩門又（有）敗（敗）。(包48)

(147) 九月戊申之日，鄂喬差（佐）宋加受呂（幾），乙丑之日不遟（將）鄂左喬尹穆翼目（以）廷，阩門又（有）敗（敗）。(包49)

(148) 遬（魯）易（陽）公目（以）楚帀（師）遂（後）䢵（城）奠（鄭）之散（歲）屈柰之月丁巳之日，𰷷大敂（令）念目（以）爲初

敓（令）圍阩（登）刉人。（包5）

（149）九月戊申之日，鄗（尚）少司敗郜（蔡）酉（丙）受㫷（幾），乙丑之日不遅（將）鄗辛自（以）廷，阩門又（有）敚（敗）。（包50）

（150）九月己栖（酉）之日，鄒（陰）戻（侯）之正差（佐）经瘝（疸）受㫷（幾），乙丑之日不遅（將）鄒（陰）大辻尹宋费自（以）廷，阩門又（有）敚（敗）。（包51）

（151）九月己栖（酉）之日，邮（越）异司敗番豫受㫷（幾），癸丑之日不遅（將）邮（越）异之大帀（師）僨自（以）廷，阩門又（有）敚（敗）。（包52）

（152）九月辛亥之日，臨昜之宫司馬李牁受㫷（幾），戊午之日不量赓（廉）下之貧，阩門又（有）敚（敗）。（包53）

（153）九月辛亥之日，喜君司敗𧈭（史）善受㫷（幾），酉（丙）晨（辰）之日不𥎦（察）長陞（陵）邑之死，阩門又（有）敚（敗）。（包54）

（154）九月癸丑之日，邮（越）异之司敗番逗受，癸亥之日不遅（將）大帀（師）僨自（以）廷，阩門又（有）敚（敗）。（包55）

（155）九月癸丑之日，喜君之司敗遠緰受㫷（幾），己未之日不遅（將）邬逼、邾慶自（以）廷，阩門又（有）敚（敗）。（包56）

（156）九月癸丑之日，偌遬之司敗周惑受㫷（幾），辛栖（酉）之日不遅（將）登（鄧）扉自（以）廷，阩門又（有）敚（敗）。（包57）

（157）東周之客鄹（許）𦙾逾（歸）作（胙）於葳郢之戠（歲）九月戊午之日，宣王之埮（坉）州人苛𦥑、登公𪎊之州人苛瘝（疸）、苛拙自（以）受宣王之埮市之客苛适。（包58）

（158）九月戊午之日，長𦎫（沙）正鼙憚受㫷（幾），十月壬午之日不自（以）廷，阩門又（有）敚（敗）。（包59）

（159）元（其）厚（溺）典，新官帀（師）瑗、新官敓（令）邮（越）、新官娄殷（履）犬、新官連嚻鄙趙、犇（奔）𠂤（得）受之。（包6）

（160）九月戊午之日，张（射）咅君之司敗（敗）凍（臧）牁受㫷

（幾），十月辛未之日不遲（將）弦（射）昏君之司馬周駕目（以）廷，阩門又（有）敚（敗）。（包60）

（161）九月壬戌之日，鄝鄟司慧（直）郰鄎受眢（幾），十月辛巳之日不遲（將）安陸之下隨（隋）里人屈犬、少宮陲申目（以）廷，阩門又（有）敚（敗）。（包62）

（162）十月乙亥之日，郞（越）异之司敚（敗）番覮受眢（幾），戊寅之日不遲（將）郞（越）异之大帀（師）郞（越）償。（包64）

（163）十月戊寅之日，周賜之大夫陲義受眢（幾），己丑之日不遲（將）猷虘棗（夷）、猷夒（獲）目（以）廷，阩門又（有）敚（敗）。（包65）

（164）十月戊寅之日，鄀正婁郜（蔡）玄受眢（幾），壬晨（辰）之日不遲（將）登皎之子媃目（以）廷，阩門又（有）敚（敗）。（包66）

（165）十月戊寅之日，郲郜㷼大宮屈扡、大佐尹頣（夏）句浩受眢（幾），㝅（爨）月辛未之日不紀茲虘（且）逗（歸）亓（其）田目（以）至（致）命，阩門又（有）敚（敗）。（包67）

（166）十月辛巳之日，鄝君之耆州加公周徛受眢（幾），酉（丙）戌之日不遲（將）竸栖（西）之司敚（敗）郭愴目（以）廷，阩門又（有）敚（敗）。（包68）

（167）十月辛巳之日，大廐（廄）馭（馭）司敚（敗）雩虘（且）受眢（幾），己丑之日不遲（將）大廐（廄）馭（馭）陸（陳）异（㒨）目（以）廷，阩門又（有）敚（敗）。（包69）

（168）齊客陸（陳）豫訓（賀）王之砭（歲）肻＝（八月）乙栖（酉）之日，王廷於藍鄩之遊宮，安（焉）命大莫嚻屈昜（陽）爲命邦人内（納）亓（其）㡀（溺）典。（包7）

（169）十月己丑之日，敓（匡）敔公若雄受眢（幾），乙未之日不遲（將）繇（緜）發目（以）廷，阩門又（有）敚（敗）。（包70）

（170）十月己丑之日，帀（中）昜（陽）司敚（敗）黃戩（勇）受眢（幾），㝅（爨）月辛亥之日不遲（將）帀（中）昜（陽）之仔門人杞（范）慶目（以）廷，阩門又（有）敚（敗）。（包71）

（171）十月壬晨（辰）之日，仿敢（令）劈（堅）受眢（幾），㝅

（爨）月辛亥之日不量騏（馹）奉，阩門又（有）敔（敗）。（包73）

（172）十月癸巳之日，让大敓（令）珊之州加公周遷（畢）、里周黙受昏（幾），乙未之日不遲（將）让迎（御）率嘉目（以）廷，阩門又（有）敔（敗）。（包74）

（173）十月乙未之日，蒹陸（陵）正婁邵奇受昏（幾），臽（爨）月乙巳之日不遲（將）猷旆（旱）目（以）廷，阩門又（有）敔（敗）。（包75）

（174）十月乙未之日，噩君之司敗（敗）舒丹受昏（幾），臽（爨）月辛丑之日不遲（將）周緩目（以）廷，阩門又（有）敔（敗）。（包76）

（175）臽（爨）月辛未之日，让命（令）人周甬受正李畈耻目（以）敓田於章䇂（國）鄙邑。正義牢戠之。（包77）

（176）臽（爨）月己亥之日長廬（沙）之旦墜倚受昏（幾），甲晨（辰）之日不遲（將）長廬（沙）正差（佐）鄴思目（以）廷，阩門又（有）敔（敗）。（包78）

（177）之日，上臨邑公臨旎、下臨邑臨夏（得）受昏（幾），己未之日不廷，阩門又（有）敔（敗）。（包79）

（178）郯逢（路）公盡（盡）戠之，泟勇爲李。（包81）

（179）郯逢（路）公盡（盡）戠之，剴勁爲李。（包82）

（180）䀠（冬）柰之月壬戌之日，鄴（羅）之壜里人湘瘖訟羅之厭（廉）䇂（國）之夅者邑人邴女，胃（謂）殺昪（噬）昜（陽）公會剴（傷）之妾臽塦（與）。正泟舁（其）戠之，旦坪爲李。（包83）

（181）正義兇（强）戠之，秀昪（期）爲李。（包84）

（182）習（荊）屖之月辛巳之日，鍾缶公德訟宋㦷、宋庚、差敓（令）惥（愆）、䣚（沈）纙、黃鸝、黃旆（旱）、陸（陳）䓠、番班、黃行、登（鄧）塞（黃）、登（鄧）近、登（鄧）劈（堅）、登（鄧）諫、登（鄧）阩（阩）、登（鄧）翰（諤）、猷上、周敓、莫（鄭）牁、黃爲賓、舍（熊）相鼉、苟肼、䨓（雷）牢、墜唇（晨）、䣚（沈）敢，目（以）亓（其）受鍾缶人而逃。（包85）

（183）嬴逢（路）公角，宵阵爲李。（包86）

（184）八月辛巳之日，鄶昜（陽）大主尹宋歆訟杷（范）慶、屈駱

（貉）、陞疆、陞軍、陸（陳）杲，目（以）受鄦昜（陽）之櫪官陞遏＝（遏遏）逃之古（故）。（包 87）

（185）八月壬午之日，楚斨司敱（敗）攸須訟陞逄（路）斨邑 軍、 ，目（以）反亓（其）官。（包 88）

（186）九月甲晨（辰）之日，緐丘少司敱（敗）遠 謢竽，言胃（謂）：緐丘之南里信又（有）鄭栖（酉），栖（酉）目（以）甘匿之散（歲）爲偏於鄗，居□里。緐昜（陽）旦無又（有）鄭怽。正秀齊戠之，郘尚爲李。（包 90）

（187）九月己栖（酉）之日，苛夒（獲）訟聖蒙之大夫軋（范）豎目（以）賫田。邾逄（路）公壽，義㝵（得）爲李。（包 94）

（188）正疋异（期）戠之，但捭爲李。（包 96）

（189）十月辛丑之日，瞽驫目（以）訟邸昜君之人佖公番申目（以）責（債）。灒公朔，宵吴。（包 98）

（190）𧴪（爨）月辛栖（酉）之日，卬昜（陽）之佶筴筴公 、教敏（令）𡸿訟亓（其）官人番翾、番向、番异（期），目（以）亓（其）反官自豉於新大廠（廏）之古（故）。正義牢，㞷坷。（包 99）

（191）大司馬卓（悼）愲（滑）救（救）郙之散（歲）享月𠷎（丙）戌之日，豁（舒）寅受一軨正車。（包牘 1）

（192）古者吴（虞）𡕒（舜）管（篤）事宖（瞽）寞，乃弋（式）丌（其）孝；忠事帝埜（堯），乃弋（式）丌（其）臣。（郭_唐虞_9）

（193）周客監匿逅楚之散（歲）享月乙卯之日，下鄗（蔡）蕁里人舍（余）䶂（猬）告下鄗（蔡）釓敕（執）事人、昜（陽）城公 睪。䶂（猬）言胃（謂）：邦倦 （竊）馬於下鄗（蔡）而價之於昜（陽）城，或（又）殺下鄗（蔡）人舍（余）睪，小人命爲肝目（以）傳之。昜（陽）城（成）公 睪命倞邦、解句傳邦倦㝵（得）之。（包 120）

（194）享月丁己之日，下鄗（蔡）山昜（陽）里人邦倦言於昜（陽）成公 睪、大敏尹屈 、郫昜（陽）莫囂涑（臧）獻（?）、舍（余）羊。（包 183）

（195）甲午，愄（威）王佶室楚剸（斷）陸（陳）吉，楊𨟻（亂）人鄗（蔡）齊。（包 192）

(196) 王昏（以）睧（問）薇（贅）尹高。（上博四_柬大王_8）

(197) 命（令）尹子林睧（問）於大（太）剢（宰）子止（步）。（上博四_柬大王_22）

(198) 厐（成）公朝（乾）友（擾）① 償（疇）② 中。（上博六_王子木_1、5）

(199) 女（如）③ 毀新都、戏陸（陵）、臨昜（陽），殺左尹蠱（宛）④、少帀（師）亡（無）悬（忌）。（上博六_鄭壽_2、3）

(200) 武王睧（問）於帀（師）丄（尚）父曰。（上博七_武王（甲）_1）

(201) 帀（師）丄（尚）父曰。（上博七_武王（甲）_1/2、3）

(202) 帀（師）丄（尚）父弄（奉）箸（書），道⑤箸（書）之言曰。（上博七_武王（甲）_3）

(203) 鄧戲上連囂之還蒦（集）瘅（瘍）族衍一夫，凥（處）於鄧悥（國）之少桃邑，才（在）陸（陳）豫之典。（包10）

(204) 東周之客響（許）綎至（致）作（胙）於葳郢之戠（歲）顕（夏）屎之月甲戌之日，子左尹命漾陸（陵）宫大夫獻（察）郙室人某癯之典之才（在）漾陸（陵）之厽（參）鈴。（包12）

(205) 周客監匡逅瓘楚之戠（歲）享月乙卯之日，下都（蔡）蓐里人舍（余）鼅（猾）告下都（蔡）勎敦（執）事人、昜（陽）城公羿。鼅（猾）言胃（謂）：郊倅（竊）馬於下都（蔡）而償之於昜（陽）城，或（又）殺下都（蔡）人舍（余）羿，父=（小人）命爲肸目（以）傳之。（包120）

(206) 秦競夫人之人舒慶坦凥鄸（陰）郯（侯）之東鄸之里，敢告於昙=（視日）。鄸（陰）人苟冒、赶（桓）卯目（以）宋客盛公鵬之

---

① 讀爲"擾"，見陳偉：《讀〈上博六〉條記》，簡帛網，2007年7月9日。
② 整理者讀爲"簿"，凡國棟讀爲"疇"，見《〈上博六〉楚平王逸篇初讀》，簡帛網，2007年7月9日。
③ "女（如）"字從陳偉讀，見陳偉：《讀〈上博六〉條記》，簡帛網，2007年7月9日。
④ "蠱（宛）"字從陳偉《讀〈上博六〉條記》（簡帛網，2007年7月9日）、何有祖《讀〈上博六〉劄記》（簡帛網，2007年7月9日）釋讀。
⑤ 整理者釋爲"道"，郝士宏疑此字當爲從辵更聲之字。見郝士宏：《讀〈武王踐阼〉小記一則》，復旦大學出土文獻與古文字研究中心，2009年1月2日。

散（歲）習（荊）尿之月癸巳之日，𥻂殺僮（僕）之䣛（兄）盷。（包132、133）

（207）苛冒、趄（桓）卯𥻂殺僮（僕）之䣛（兄）盷，会（陰）人陞（陳）臧、陞（陳）旦、陞（陳）郔（越）、陞（陳）䣅、陞（陳）竉、連利皆智（知）亓（其）殺之。（包135）

（208）僮（僕）軍造言之：見（視）日目（以）郐（陰）人舒慶之告諈（囑）僮（僕），命遬（速）爲之剗（斷）。（包137反）

（209）左尹目（以）王命告子鄘（宛）公：命瀻上之戡獄爲郐（陰）人舒娙累（盟）亓（其）所命於此箸（書）之中目（以）爲諆（證）。（包139反）

（210）東周之客繻（紳）朝、䣌客登余善、秦客陞（陳）斳、䣍（魏）客䣌（魏）奮、䣍（魏）客公孫哀、郔（越）客㐂穢、郔（越）客左尹軙、䣍（魏）客䪞臬、郵客室（望）困羙之獻＝（宋宮）叙雁、肉壇旦瀘之，無目（以）歸（歸）之。（包145）

（211）癸未，郔（越）异之人周散，佶陞（陵）君之人登（鄧）定；甲申，喜君之人奠（鄭）雁；己丑，新都人奠（鄭）逃；壬晨（辰），鄈（梁）人獸宜；酉（丙）申，鹏鄁人黃鯛。頤（夏）柰己亥，䣠君之人登（鄧）贈。（包165）

（212）習（荊）尿壬申，鄢人獸佢余，瘟（瘴）埜（野）；乙亥，登（鄧）無龍，陸（隋）脣（晨）；戊寅，登（鄧）佶。㫆月乙亥，東㡀（宅）人舒豫；辛巳，挧邑人登（鄧）瘠，䣍鄁人陸（隋）僃，刻痡（寢）尹之人怵。（包171）

（213）辛丑，易（陽）廄（厩）尹郘之人黃欿；甲晨（辰），鹽怵；乙巳，䪞緩；戊申，易（陽）廄（厩）尹之人黃欿，新大廄（厩）陞晉。（包189）

（214）辛巳，䣱邑人秀僃，䜌㐂，楚勒遹。九月癸亥，某訓；乙丑，易（陽）陞（陵）人遠從志。十月乙亥，易（陽）翟人翏燢（賢），膚勁，壬丹青，邡（邾）戛（獲），𨝣君之人舒熼（遷）。（包193）

（215）戊寅，正易（陽）邵奐，邡（蔡）嵀，枼（集）胆鳴夜，舒衛（率）鯢，鄢人鹽憖。（包194）

（216）東之客䚻（許）綎逗（歸）脤（胙）於葴鄁之散（歲）昔

（冬）柰之月癸丑之日，罷禱於卲（昭）王，戠牛（特），大瑩（蠲），饋之。（包205）

（217）枲膞尹之人盬巸（强）告絅多命目（以）嬰賷。（包278反）

（218）九月辛栖（酉）之日，新大廄（厩）陞（陳）漸受昏（幾），十月辛未之日不行代昜廄（厩）尹郙之人或栽（載）於長鼻（沙）公之軍，阩門又（有）渼（敗）。（包61）

（219）九月癸亥之日，鄝之市里人腳（殷）忉受亓（其）毕（兄）腳（殷）朔。（包63）

（220）十月壬晨（辰）之日，大凍（臧）之州人窋聃受昏（幾），臮（暨）月辛丑之日不諰人於郗豫，阩門又（有）敃（敗）。（包72）

（221）翮（荊）尿之月己丑之日，膚人之州人陛（陳）德訟聖夫人之人郜鏖、郜未，胃（謂）殺亓（其）毕（兄）臣。（包84）

（222）翮（荊）尿之月戊戍之日，鄎昜（陽）君之萊陞邑人紫訟羕陞（陵）君之陞（陳）泉邑人逗墀，胃（謂）殺亓（其）弟。（包86）

（223）八月乙栖（酉）之日，遠乙訟司衣之州人苛鱗，胃（謂）取亓（其）妾嬾。（包89）

（224）競昃（得）訟綵丘之南里人韗怵、韗栖（酉），胃（謂）殺亓（其）毕（兄）。（包90）

（225）九月戊申之日，佶大賊六敏（令）周霖之人周雁訟付舉（舉）之闍（關）人周璨（瑤）、周敛，胃（謂）甕（葬）於其土。（包91）

（226）九月戊申之日，郜（宛）陞（陳）午之里人藍訟登（鄧）脂尹之里人苛黯，目（以）亓（其）桑（喪）亓（其）子丹，而昃（得）之於黯之室。（包92）

（227）九月戊申之日，郜（宛）人舭（范）繡（紳）訟舭（范）駁，目（以）亓（其）斂亓（其）逡（後）。（包93）

（228）九月戊午之日，卲無割（害）之州人鼓跳（鼗）張怵訟鄝之鳴瓢（狐）邑人某懋與亓（其）嵞大市米塭人查（本），胃（謂）查（本）犛（雜）亓（其）弟芻而懋殺之。（包95）

（229）十月辛巳之日，灃宎（反）人舭（范）臣訟灃宎（反）之南昜（陽）里人墬緩、李螢（螢），胃（謂）殺亓（其）觇（兄）。（包

96)

(230) 十月戊戌之日，宎（中）昜（陽）𠭍盤邑人䢵（沈）繄目（以）訟坪昜（陽）之枸里人文适，目（以）亓（其）斂宴（妻）。（包 97）

(231) 𦍒殺僕（僕）之䘒（兄）䵮。（包 133）

(232) 吟（今）佥（陰）之敓客不爲亓（其）剖（斷），而倚𫢢（執）僕（僕）之䘒（兄）經。（包 134）

(233) 佥（陰）之正或（又）𫢢（執）僕（僕）之父𡇯。苛冒、赹（桓）卯𦍒殺僕（僕）之䘒（兄）䵮，佥（陰）人陞（陳）脈、陞（陳）旦、陞（陳）邺（越）、陞（陳）䣅、陞（陳）寵、連利皆智（知）亓（其）殺之。（包 135）

(234) 苛冒宣（桓）卯殺亓（其）䘒（兄）䵮。䢵（陰）之敓客䡅（捕）旻（得）冒，卯自殺。羣（陰）之敓客或（又）𫢢（執）鄘（僕）之䘒（兄）𡊄，而舊（久）不爲剖（斷）。（包 135 反）

(235) 丙（丙）戌，舍（熊）相瘡，少妾鈷。（包 171）

(236) 舉（與）禱楚先老僮、祝虈（融）、鬻酓（熊），各一䍽，由（思）攻解於不𤯓（辜）。（包 217）

(237) 舉（與）禱楚先老僮、祝融、鬻酓（熊），各兩牯。（包 237）

(238) 刉豉之少僮鹽（監）族郲天=（一夫）、疾（瘡）天=（一夫），尻（處）於鄴逄（路）區潒邑，凡君子二夫，敓是亓（其）箸（書）之。（包 3、4）

(239) 九月癸亥之日，鄡之市里人䏁（殷）咓受亓（其）硅（兄）䏁（殷）朔。（包 63）

(240) 凍（臧）王之墨目（以）内（納）亓（其）臣之縣（溺）典：悥之子庚一夫，尻（處）鄴里，司馬徒箸（書）之；庚之子暗一夫，暗之子疤一夫，未才（在）典。（包 8）

(241) 各（冬）桼之月甲晨（辰）之日，少凍（臧）之州人冶士石佢訟亓（其）州人冶士石脈，言冒（謂）剔（傷）亓（其）弟石𦚢𪗛。（包 80）

(242) 習（荆）屍之月己丑之日，膚人之州人陞（陳）德訟聖夫人

之人郘繫、郘未，胃（謂）殺亓（其）兒（兄）臣。（包84）

（243）不量亓（其）力之不足，起（起）帀（師）日（以）伐昏（岷）山是（氏），取亓（其）兩女晉（琰）、**驫**（琬）。（上博二_容成氏_37、38）

（244）瘴言曰：甲晨（辰）之日，小人之州人君夫人之敂愴之苟一夫遊（卻）趣（趣）至州菶（巷）。（包142）

（245）君王尚（當）日（以）暬（問）大（太）剸（宰）晉矦（侯），皮（彼）聖人之孫＝（子孫），牁（將）必 智之 。（上博四_柬大王_10）

（246）虐（吾）先君凍（莊）王迲（躇）河離之行。（上博六_王子木_2）

（247）先君霝（靈）王軋（乾）① 涤〈溪（溪）〉② 云（殞）③ 薔（沈）④。（上博七_君人者（甲）_8、9）

（248）��（武）王暬（問）於大（太）公䁥（望）曰。（上博七_武王_11）

（249）大（太）公䁥（望）含（答）曰。（上博七_武王_11/12）

（250）��（武）王齋七日，大（太）公 䁥（望）弄（奉）丹箸（書）日（以）朝。（上博七_武王_12、13）

（251）登人所漸（斬）木三（四）百��於��君之陞（地）襄溪（溪）之中，亓（其）百又八十��於罼（畢）陞（地）鄭中。（包140反）

（252）舉（與）禱兒（兄）佛（弟）無迻（後）者邵良、邵��（乘）、縣駱（盧）公，各冢冢，酉（酒）飤（食），蒿之。（包227）

（253）姑（苦）成豪（家）父曰（以）亓（其）族參（三）珪（邰）正（征）百（百）豫（豫），不思（使）反，躬與士尻（處）垍，旦夕絢（治）之，思（使）又（有）君臣之節。（上博五_姑成_1、6）

---

① "軋（乾）"字從復旦大學出土文獻與古文字研究中心研究生讀書會讀，見《〈上博七·君人者何必安哉〉校讀》，復旦大學出土文獻與古文字研究中心網，2008年12月31日。

② "涤〈溪（溪）〉"字從復旦大學出土文獻與古文字研究中心研究生讀書會讀，見《〈上博七·君人者何必安哉〉校讀》，復旦大學出土文獻與古文字研究中心網，2008年12月31日。

③ 整理者認爲"云"通"員"，何有祖認爲"云"當讀作"殞"，指損毀、死亡。見何有祖：《上博七〈君人者何必安哉〉校讀》，武漢大學簡帛研究中心，2008年12月31日。

④ 白於藍《戰國秦漢簡帛古書通假字匯纂》按，"薔"似當讀作"沈"，第419頁。

（254）目（以）虐（吾）族参（三）坓（邵）與□□□於君，犾（幸）① 勳（則）晋（晉）邦之坛（社）祖（稷）可旻（得）而事也，不犾（幸）勳（則）取②字（免）而出，者（諸）矦（侯）畜我，隹（誰）不目（以）羣（厚）③？（上博五＿姑成＿2、3）

二、名詞1＋名詞2＋名詞3

（1）㝅（爨）月辛栖（酉）之日，䣼（滕）敓之郱邑人走仿登（鄧）城（成）訟走仿郘𦅅，目（以）其敓湶汸與爾澤之古（故）。（包100）

（2）宋客盛公䜈萼（聘）楚之散（歲）屈柰之月戊寅之日，邚昜（陽）公命邺窵（國）之客、葦歔尹癸𦍈（察）之。（包125）

（3）牵居郚，與亓（其）季父逢連嚚陞必同室。（包127）

（4）䣼（陰）人苛冒、趄（桓）卯目（以）宋客盛公䜈之散（歲）習（荆）层之月癸巳之日，𦍈殺僃（僕）之𧠗（兄）刵。（包132）

（5）東周之客繡（紳）朝、鄎客登余善、秦客陞（陳）斬、䢵（魏）客䢵（魏）渇（奮）、䢵（魏）客公孫哀、邩（越）客㝹稯、邩（越）客左尹甡、䢵（魏）客鼙枭、郙客㝉（望）困羕之窀宮叙雁、肉豢旦瀘之，無目（以）歸（歸）之。（包145）

（6）䣼（陰）人舒娙命諅（證）䣼（陰）人迎（御）君子陞（陳）旦、陞（陳）龍、陞（陳）無正、陞（陳）狭，與亓（其）歑客、百宜君、大叏（史）連中、左闟（關）尹黃惕、酪（酷）差（佐）都（蔡）惑、坪狭（射）公都（蔡）冒、大賺尹連虗（且）、大胅尹公甥必，與𦍈卅＝（三十）。（包138、139）

（7）乙巳，鄝昜（陽）人陞（陳）楚，新楚（野）人少妾㔖，邸寅。（包183）

（8）宋客盛公䜈甹（聘）於楚之散（歲）習（荆）层之月乙未之日，鹽吉目（以）保豪（家）爲左尹舵貞（貞），自習（荆）层之月目

---

① 整理者認爲字待考，季旭昇釋爲"幸"，見《上博五芻議（下）》，簡帛網，2006年2月18日。
② 何有祖讀爲"取"，見《〈季康子問於孔子〉與〈姑成家父〉試讀》，簡帛網，2006年2月19日。
③ 整理者讀爲"苦"，陳劍讀爲"厚"，見沈培文：《上博簡〈姑成家父〉一個編聯組位置的調整》注釋16，簡帛網，2006年2月2日。

（以）臺（就）習（荊）层之月，出内（入）事王，聿（盡）䤂（卒）散（歲），躬身尚（尚）毋又（有）咎。（包197）

（9）宋客盛公䚇冑（聘）於楚之散（歲）習（荊）层之月乙未之日，石被裳目（以）訓䜌爲左尹𨚓卣（貞），自習（荊）层之月目（以）臺（就）習（荊）臺（就）習（荊）层之月，聿（盡）䤂（卒）散（歲），躬身尚（尚）毋又（有）咎。（包199）

（10）宋客盛（公）䚇冑（聘）於楚之散（歲）習（荊）层之月乙未之日，䣜（應）會目（以）央蓍爲子左尹𨚓卣（貞）；自習（荊）层之月目（以）臺（就）習（荊）层之月，出内（入）事王，聿（盡）䤂（卒）散（歲），躬身尚毋又（有）咎。（包201）

（11）裕於新（親）父都（蔡）公子豪（家），䍧（特）獵，酉（酒）飤（食），饋之。（包202）

（12）東周客䚇（許）經逞（歸）胙於葴郢之散（歲）臬（爨）月酉（丙）晨（辰）之日，攻尹之䂝報（執）事人頤舉（與）壐（衛）焉爲子左尹𨚓舉（與）禱於新（親）王父司馬子音，䍧（特）牛，饋之。（包224）

（13）東周之客䚇（許）經逞（歸）𩜁（胙）葴郢之歲臬（爨）月酉（丙）晨（辰）之日，䂝尹之䂝報（執）事人頤舉（與）灿（衛）焉爲子左尹𨚓舉（與）禱於殤（殤）東陞（陵）連囂子發，肥豕，蒿祭之。（包225）

（14）昔（冬）柰之月甲晨（辰）之日，少凍（臧）之州人冶士石䢴訟亓（其）州人冶士石臧，言胃（謂）剔（傷）亓（其）弟石䏓䤂。（包80）

（15）昝（冬）柰之月癸丑之日，周賜訟鄢之兵虞（甲）報（執）事人宮司馬競丁，目（以）亓（其）政亓（其）田。（包81）

（16）九月戊午之日，卲無割（害）之州人鼓䚇（鼗）張忻訟鄢之鳴瓜（狐）邑人某䜌與亓（其）喬大市米塭人杳（本），胃（謂）杳（本）犪（雜）亓（其）弟䍧而䜌殺之。（包95）

（17）十月辛丑之日，䜮䚇目（以）訟邘昜君之人㔴公番申目（以）責（債）。（包98）

-262-